テクノロジーの実装で新たな社会を創造する

SMART X SOCIETY

スマートエックスソサエティ

デロイト トーマツ コンサルティング合同会社・慶應義塾大学
「都市と地域のモビリティー産業論」講師チーム

東洋経済新報社

はじめに

今、VUCAの時代といわれている。VUCAは「Volatility（変動性）」「Uncertainty（不確実性）」「Complexity（複雑性）」「Ambiguity（曖昧性）」の頭文字をとった造語であるが、そのような時代であるからこそ、考えるべき問いがある。

われわれは未来をどのように捉え、どのように生きていくべきなのだろうか。

この問いに簡単な答えはない。ただ1つ言えるのは、過去の延長線や従来の価値観にとらわれず、時代を正しく捉え、本質的に何が求められているかを考える必要があるということである。われわれがまず認識しないといけないのは、世界の経済成長のスピードが遅くなっており、とくに日本は高度経済成長後、1％程度の成長しか実現できていない点である。考えてみれば日本は長い間、低成長となっている。2000年の1人当たり名目GDP（USドル）は世界2位であったが、2021年には27位に後退している。[注1]貧富の格差は引き続き存在し、勤労によって富める感覚も薄くなってきている。同時に、モノはあふれ始め、商品を購買することで幸福感を得るのは難しくなっている。

モノを買っても幸せになれない。仕事ばかりしていても豊かになれない。

COVID-19（新型コロナウイルス感染症）の脅威がわれわれを襲った。今やわれわれは、バーチャルを好み、在宅勤務を当たり前とし、何より、大量にモノを買ったり猛烈に労働したりするよりも、モノを買うことで満たされる喜びや、働いて豊かになるという考え方から脱却しなければならないタイミングに来ている。価値観は変わった。

われわれには新しい幸福追求のモデルが求められている。

モノ余りの世界において、企業はすでにモノの生産・販売だけでは収益性を確保できなくなっており、「モノづくりからコトづくりへ」と変革を模索してきた。COVID-19によってもたらされた価値観の変化に対応しながら自社の成長を引き続き実現させるために、コトづくりへの変革に一層取り組み、新たな需要を生み出すことが必須となっている。このような時代背景の中で、われわれは生きていかなければならない。

COVID-19の影響で生まれた消費者の環境変化や持続的成長への関心には、大量生産・大量消費を前提とした経済モデルでは対処しえない。大量生産・大量消費はモノ余りを生み出し、資源を食い尽くし、環境を破壊する根源となる。それではわれわれの世の中は持続できない。このような社会的な課題に対しても、世界はコトづくりを求めている。持続性のない経済活動に対して疑問を持つ若い世代も増えている。コトづくりが重要になる社会では、この持続可能性や健康や環境といった事柄に対しても答えを持ちながら事業活動を行わなければならないのである。

「社会課題に立ち向かいWell-being（ウェルビーイング）を中心に据える」という発想がこれからの時代の与件である。「新しい社会を創るというコトづくり」に幸せを見いだそう。

Well-beingとは「肉体的にも、精神的にも、社会的にもすべてが満たされた幸福な状態」を意味している。これまでは物質的・経済的な充足に意識が向いていた側面があったようにも思われるが、物質的・経済的な面が一定程度満たされてその追求の先にさらなる幸福が存在しないことに気づき、より本質的な幸福を求めた結果、この言葉に行き着いたのだと理解している。

モノづくりにウェートを置くとどうしても安く大量につくることが主な手段となってしまう。大量につくらないと固定費が削減できないので、量をつくることに事業の焦点を当てざるをえないからだ。

では、モノを主眼に置かないで事業を成長させるとはどういうことなのだろうか。それはモノと同時にコトを売って付加価値を増大させるということである。それこそがこれからの社会の産業構造の根幹となろう。一例として、日本が得意な漫画やアニメといった産業がある。近年は『鬼滅の刃』の事業規模が１兆円になったという分析もある。[注2]アニメの世界は、モノづくりとは異なり資源制約を伴わない。正確には作家のクリエイティビティと時間的制約を除けば、ほとんど天然資源などの消費を伴うことはない。言い換えれば、無限の成長市場が存在しているといえるのである。そのような観点では、サービスの資源制約は人間のみであり、直接的には環境問題を引き起こすことなく市場の成長が期待されるのである。

漫画やアニメのようにデジタル技術を最大限活用すると、自然資源を消費することなく付加価値を生み出せる。企業はデジタル技術を活用することで、一層「モノづくりからコトづくりへ」のシフトを実現できるようになる。

近頃は経済界もこの問題を受け止めており、ダボス会議で有名な世界経済フォーラムも人々の生活の質や環境、そして成長のバランスをとるべきだと提言をしている。金融業界でも「ESG投資」(環境・社会・ガバナンスに配慮した企業を重視して行う投資）という言葉を目にしない日はないほど、サステナビリティに関する取り組みが投資基準において重要になってきている。

よい「コトづくり」は単独では生まれない。

Well-beingを意識した事業活動を営むうえで最も重要な視点は、コトづくりは1社単独のサービス提供ではわれわれの想像を超える水準にはならないということである。使ってみて「すごい」とか「びっくりした」にはならず「あったらいいが、なくてもかまわない」というサービスになる傾向が強い。1社単独では、社会課題の解決に対しても生活者に対しても付加価値の高いサービスを提供するのが難しいのである。そこで大切になってくるのが、複数の企業が連携して、生活者に対してサービスを提供することだ。

モノづくりで成長してきた企業は、自らの技術で製品を差別化する自前主義で競争力を磨いてきた。しかしながらこれからは、競争力のあるモノをつくりながら、同時に、複数の企業の強さやサービスを束ねて生活者へ展開するというコトづくりも行っていかなければならない。モノづくりに最適化された文化からの脱却が求められているのである。読者の皆さんが生きるこれからの世界は、エコシステムをリードするリーダーシップやオーケストレーション能力が求められる。自らだけが成功する我田引水モデルでは、健全なエコシステムは形成できない。

とくに、社会課題を扱うテーマにおいては、いち早くこのようなエコシステム型の事業が立ち上がってきている。われわれはその勃興の真っ只中にあり、皆さんの将来の生活に大きく影響すると信じている。それがスマートX社会と呼ぶ新しい社会の在り方である。

スマートX社会とは、新しい社会を創ることを通じて幸せが生み

出される社会である。さまざまなモノやデータがつながり、エコシステムで社会課題を解決しながらWell-beingを向上させるサービスが絶え間なく提供され続けているという世界である。

たとえば都市においてはさまざまなデータを連携させて、住民へのサービスレベルを上げようという取り組みが行われている。政府も「デジタル田園都市国家構想」を掲げ、スマートシティを実現すべく、官と民が一緒になって地域住民の生活水準を高めようとしている。

また、自動車業界は「100年に一度の大変革期」にあるといわれており、どの企業も自動車会社からモビリティー会社へと変革を進めようとしている。移動データやエネルギーデータを活用しつつ、EV（電気自動車）・FCV（燃料電池自動車）や自動運転車の普及が促進されている一方、MaaS（Mobility as a Service）のビジネスも勃興してきている。これもスマートモビリティーという世界観で語ることができる。同様のことがエネルギー分野や金融分野でも起こっている。

各社は強いコアとなる技術やサービスを持ちながら、連携し助け合うことで今まで未充足だったニーズに対する革新を起こしている。これから先も、都市や移動、そしてエネルギーや医療に至るまでさまざまなデータや仕組みがつながり、新しいサービスが出てくるであろう。さらに近年の量子コンピューティングやメタバースなどのディスラプティブな技術を組み合わせることで想像もできなかったことが実現される。

だからこそ、技術や知識を統合して解決策を見いだす力が、スマートX社会実現に向けた重要な能力となる。

一方で、社会にとっても生活者にとってもすばらしいと思えるサービスが技術的には実現できるようになったとしても、必ずしも社会への実装につながるわけではない。われわれはメリットを理解し不安が解消されないと新しいサービスを利用しないものである。事業者もビジネスとしての成立を見込めることが必要になる。またそのためには、法規制変更や新たな政策の導入が必要になることも多い。自動運転車や空飛ぶクルマにモノとしての安全性が担保されても、すぐに移動サービスを開始できるわけではない。関連するさまざまな利害関係者との調整を経て、初めて実際にサービスを提供できるのである。

つまり、課題の本質を見極め合意形成に導く力も、スマートX社会の実現に向けた重要な能力である。

さらには、解決策を見いだす力、合意形成に導く力に加えて、もう１つ重要な能力がある。それは能力を磨き続ける力である。変化し続ける社会で新たな解決策を生み出し続けるには、社会でどのような変化が起きているのかを常に考え、状況に合わせて取り組みをアップデートしていかなければならない。能力を磨くことを怠るとあっという間に時代遅れになってしまう。

能力を磨き続ける力を高めることで、初めて「新しい価値を創ることを通じて幸せが生み出される社会」を持続させることができる。

そして、これらの３つの能力を磨き、実践するうえでカギとなるアプローチがある。それが「適応型アプローチ」である。ソフトウェアシステム開発の世界では「アジャイル開発」、新事業開発の世界では「リーンスタートアップ」と呼ばれることが多いが、環境の変化に柔軟に対処しながら進めるアプローチのことだ。

創りたい社会を描き、技術や知識を統合して実現可能な解決策を見いだし、多様なステークホルダーの合意形成を図るには、共通の大義となるビジョンやパーパスを共有することがまず出発点になるが、実際に進めていく中では次々と新たな課題が発生する。大きな投資が必要になるといった経済面での課題かもしれないし、関与者の感情的なしこりが発生するといった心理面での課題かもしれない。いずれにせよ、多様な課題に対処しながら実験と学習を繰り返し、最適解を見いだそうとするアプローチが求められている。

大義を持って長期的な目線で主体的に社会価値創出に取り組む一方で、現場では適応型アプローチを使いこなし、実験と学習を繰り返すことで、スマートX社会を実現できる。

さて本書は、2020年に慶應義塾大学経済学部で開始した当社の寄附講座「都市と地域のモビリティー産業論」の内容をベースにしている。この講座は毎年500人以上の学生が受講しているのだが、不幸中の幸いというべきかCOVID-19によって大学での講義形式はとれず、オンラインという形になったおかげで、多くの学生が同時に学習できるようになった。もし、オンサイトでの授業であったとすると、受講生数をここまで増やすことはできなかったであろう。

「都市と地域のモビリティー産業論」という講義タイトルではあるが、内容は自動車や移動に限定したものではない。モビリティーの世界も、たとえば自動車産業では「100年に一度の大変革期」といわれているが、よいクルマをつくるだけではなくサービス化への展開も強く求められている。そこには移動と生活の強固な結びつきによる展開が求められるMaaSもあれば、エネルギーに革命を起こすEV化の流れもある。都市や地域の生活にまつわるありとあらゆるテーマがつながっているのである。

また、都市や地域によってさまざまなサービスが提供されており、都市や地域はサービスのプラットフォームとしての機能を果たしている。そう考えると「都市と地域のモビリティー産業論」とは、新しい都市・地域をプラットフォームとして展開されるさまざまなイノベーションの体系として語るべきであると考えている。

この講義は、当社コンサルタントによる講義型の授業と、各分野で活躍している企業や政府・自治体の方をお招きしての講演と対談で構成されている。学習としての授業と現場のリアルな実情報告という両面があり、理論と実践を学ぶことができる。これらの講義を担当する当社のコンサルタントは、「SMART X LAB.」という業界横断の視点で新たな価値の創出を目指す組織のメンバーが中心となっている。時代は単一の企業が提供するサービスから、複数の業界や企業が協業しながらエコシステムを形成し、サービスを提供する時代になってきている。したがって、当社も業界横断でチームを構成し、知恵を出し合いながらビジネスモデルを組み立てて、政府や企業と一緒になって実現に向けた活動を行っているのである。

また本書は、学生や社会人になって間もない人を読者と想定しつつ、われわれが生きる社会についてできるだけわかりやすく予見し、生きるうえでの考え方について示唆を与えたいと思いながら執筆を進めた。もちろん、社会人経験が長い人にとっても参考になる内容になっていると思う。

第1章では、世の中の変化とわれわれが向かうべき今後の方向性について言及している。今の時代をVUCAの時代と捉え、コロナ禍以降の世界を「グレート・リセット」というキーワードで読み解いている。その根底には持続可能な社会の実現という思想があるが、代表的な事例として、気候変動対応および人権対応に関する取り組みを紹介している。事例は必ずしも簡易ではないものの、日本の企業の現実を知ることができる。とくに、自前にこだわって製品やサービスを提供してきた時代から、エコシステムを構築して社会課題を解決しつつ生活者に満足のいくサービスを提供する時代へとシフトするに当たって、日本企業は自前主義の呪縛を打ち破りつつ、エコシステムの構築に挑戦している。

第2章では、モノづくりからコトづくりへと世の中の要求が拡大する中での、エコシステム構築の重要性を語り、その進め方について言及している。エコシステムとは、過去の日本の強さであるすり合わせによる自前主義と決別をしたうえで、富を分け合って戦略を構築するもので、今までの考え方とは大きく異なっている。さらに言えば、そのエコシステムは社会との共生をテーマとして挙げなければならず、社会との調和をとる戦略でなければならない。

その中で近年「パーパス経営」という言葉がよく聞かれるようになった。企業があらためてパーパスをつくり、社会における立ち位置を明確にしなければならない世界になってきている。われわれはこのパーパスをどのように捉え、戦略に実装するかについても解説している。エコシステムやパーパスというキーワードに関心のある人は第2章から目を通してもよいと思う。

第3章では、あらためてイノベーションについて語っている。今の時代をVUCAと捉え、持続可能な社会の実現を目標に据える中で求められているのは、エコシステム型の社会的イノベーションであると考えている。何かと技術革新が注目されがちであるが、ピーター・F・ドラッカーは1985年に日本の成功は社会的イノベーションによるものであると述べた。しかし、いわゆる「失われた30年」の中で、その社会的イノベーションを生み出す競争力が失われている。社会的イノベーションを生み出す力を取り戻すためには、技術や知識を統合して解決策を見いだす力、合意形成を導き出す力、そして能力を磨き続ける力が必要なのではないかと考える。その挑戦への一例として空飛ぶクルマの普及に関する事例を紹介する。イノベーションというキーワードに関心の高い人は第3章から読み進めるのもよいだろう。

第4章は、ニーズの移り変わりを的確に捉えて実践するための手法として、適応型アプローチを解説している。かつて日本が強みとしていた計画型の開発に縛られることなく、常に仮説と検証のサイクルを回しながら開発を進めるという、一見すると大胆に思えるプロセスを取り入れていくことが必要となる。デジタル分野を学習している人や事業開発のリーダーは第4章から読み進めてもよいだろう。

各章末には、寄附講座の受講生に関するアンケート調査結果を掲載している。学生の皆さんの生の声をぜひ読んでほしい。

さあ、本編の始まりだ。

注

1 *IMF - World Economic Outlook Databases*（https://www.imf.org/en/Publications/SPROLLs/world-economic-outlook-databases）（2023/04/10アクセス）

2 中山淳雄「『鬼滅の刃』が推定1兆円の巨大経済圏を生んだ「LTV志向」とは」日経クロストレンド（2021/12/02）（https://xtrend.nikkei.com/atcl/contents/watch/00013/01664/）（2023/03/14アクセス）

Contents

第3章 イノベーション
——新たな技術を社会に実装する

第4章 適応型アプローチの実践

凡　例

一　本書に収録する図のうち、デロイト トーマツ コンサルティングまたは慶應義塾大学独自による作図以外は、出所に記載の当該書誌またはURLを参照し、本書の表記ルールにのっとり作成しております。

一　本書に記載のURLは各アクセス日時点で確認したものです。

第1章

持続可能な社会創りによって幸せを生み出す未来

今の時代をどう捉えるか

VUCAの時代

近年、世界中で急激かつ、とてつもない規模の変化が起きている。COVID-19のパンデミックに、ロシアのウクライナ侵攻。それらに伴って長年にわたって続いたデフレがにわかに終わりを告げ、インフレ懸念により市場は大いなる試練に直面している。すべてが想像を超える規模で変化していると皆さんも感じているのではなかろうか。世界は大きな曲がり角にいるのかもしれない。

VUCAという言葉を聞いたことがあるだろうか。VUCAとは「Volatility」「Uncertainty」「Complexity」「Ambiguity」の頭文字をとった造語である。もともとは1990年代にアメリカでつくられた軍事用語といわれており、社会が複雑化し、従来の考え方や従来のフレームワークでは未来の予測が困難になってきた時代を総称している。近年、このVUCAが再び注目を集めている。時代の流れがCOVID-19によるパンデミックをきっかけに、まさにVUCAと表現するにふさわしいほど激しくなってきているからだ。

われわれは、すべての人々が従来の予測のフレームワークを捨て去り、新しい価値観をもって対応しなければならない時代に突入していることをあらためて認識しなければならない。ここで、これからの時代を読み解くために、VUCAについて論じながら、われわれが今この時代にどういう能力を身につけて挑む必要があるかについて整理していきたい。

Volatilityは直訳すると「変動性」だが、その大きさが尋常ではないことを表す。

たとえば自動車業界では、そう遠くない将来にICEV（内燃機関自動車）の販売を停止すると発表する企業が出てきている。ICEVからEVに全面的に切り替えるということは、既存の自動車メーカーにしてみれば新規の参入を許し、収益基盤を揺るがすことを意味する。もっと言えば、モノづくりの優位性に裏支えされた価値構造を揺るがすということであり、事業の構造転換に関する意思決定を意味する。このような覚悟を持って発表をしているのである。

一方で、発電エネルギーの問題は、各国が再生可能エネルギーの活用に取り組み始めていたところにウクライナ危機が始まった。それによって各国とも、クリーンなエネルギーをつくるという観点からエネルギー政策を転換し、さし当たって足元のエネルギー自給率を上げるべく石炭火力を復活させる国まで出てきた。よって、EV普及を促進する政策が急きょ変更されることも考えられる。エネルギー政策から補助金、そして生産のサプライチェーンや資源を巻き込んで、EV化から逆EV化へと急速に舵を切る可能性もある。その意味では、EVへの意思決定はVolatilityの高い意思決定といえる。

Uncertaintyとは「不確実性」を意味する。考えてみれば、われわれの社会は合理的な判断と物事の進め方で構成されている。あらゆる事象は一定の論理性で説明がつくため、予測はある程度可能であると考えられている。合理的な考え方が社会で普及・定着しているともいえる。そういう意味では、安定的な社会の状況が維持されてきたのであろう。

しかしその論理性では説明がつかないことが増えており、確実といえる事象が少なくなってきているのが不確実性の本質であると考える。とくにCOVID-19によるパンデミックの始まりから収束への道筋はまさに不確実である。同時に近頃は温暖化の影響もあってか、サル痘ウイルスなどの感染症が流行するなど、人類はさまざまなウイルスとの戦いを続けている。原因はいろいろと考えられるが、その影響は人類の価値観すら揺るがすような方向へと向かっている。

たとえば、通貨を扱ううえで衛生面の問題を考え始めたり、リモートでの仕事や学習が普通であると認識し始めていたりする。この考えがどこまで広がり、どのような影響をもたらすのかを予想することが難しくなっている。ウイルスとの戦いには不確実な要素が多く、われわれはまだ将来の道筋を描くことができていない。不確実性とはこういった事象を指している。

Complexityとは「複雑性」を意味する。複雑性は、とくにデジタル化の進展の中で生まれていると考えられる。デジタルによってさまざまな企業や政府機関、個人がつながり、新しい価値やサービスが生み出されていく。

SNSでのつながりを通じて、個人が情報を発信し、社会の動向に影響を及ぼすようにもなっている。マスメディアからの発信に影響を受けながら比較的同質性の高い価値観の中で生活する社会から、双方向型で情報を得て、多様な価値観を認識・受容しながら自分自身が好む生活スタイルを見いだす社会へと変化してきている。1人ひとりがさまざまなコミュニティに属し、コミュニティ同士も蜘蛛の巣のごとくつながり合っている姿はまさに生態系＝エコシステムのようでもある。このエコシステムは拡大を続け、さまざまな目的を持ったコミュニティがつながり、ときには協調し、またあるときには競争をしながらそのエコシステムを形成・維持している。異なる興味を持ったエコシステムのプレーヤーを協力的に維持する行為そのものが、非常に複雑で困難を極める。

最後に「曖昧性」を意味するAmbiguityは、起こった事象がいくつかの解釈で説明をつけられるような状況を指している。この考え方は前述のUncertaintyとも関係があるが、企業活動の境界線や誰がイニシアチブをとるべき事案なのか、曖昧なものが増えてきている。

巨大化したエコシステムにおいては、企業間の協調に関しても曖昧な部分が多いうえ、このような曖昧さは至るところで見受けられる。

近年は自治体でスマートシティなどが計画され、日本政府としてもデジタル田園都市国家構想などを打ち出し、各自治体のデジタル化、スマートシティ化を推進している。その主役となるのが政府のときもあれば民間企業のときもある。かつては官が主導して進められていたスマートシティ化を、さまざまな地域で企業がイニシアチブをとって推進している事例も出てきている。

こうしてVUCAの意味を読み解くと、VUCAの時代とはすべてのものがつながり、エコシステムを形成しながら進化する世の中だということがわかる。一方で、COVID-19によるパンデミックのような人々の予想を超えた出来事が発生し、人々の価値観すら変えていく。その中で経済活動を続けるという時代であるといえる。

それこそが社会や企業がつながり新しい価値を紡ぎ出す「スマートX社会」といえる。

COVID-19によって価値観や社会の在り方が変わった

ここまでVUCAについて簡単に解説をしたが、このVUCAの時代においてCOVID-19ほど社会に大きな変化をもたらし、将来の見通しが立たない事象はないであろう。われわれの生きるこれからの時代は、こういった予測すら立たないような困難と共存していかなければならない時代であるといえる。

COVID-19は人間の内面や生活スタイルを大きく変えた。たとえば、デジタルによるバーチャル化の進展は、結果として人々の生活スタイルを変えた。それに伴い、人々の間で価値観を含めた内的な変化が起きたと考えられる。ある意味で、人と直接触れ合わなくても普通に生活ができることを認識させられたし、バーチャルな世界が普通だと思えるようにもなってきた。

また、コロナ禍で在宅時間が長くなり、自宅での生活の質について意識することが増えた。家族と触れ合い、子どもの送迎を今まで以上にできるようになった人も多いだろう。それ以上に、地域やコミュニティとの関わり合いが増えた人もいるだろう。そのような背景の下、「自分の生活の質について妥協せず、快適さを追求することが普通なのである」という意識が芽生え始めた。その中には、日常生活の質を高めたいという意識と、自らを取り巻く社会の健全性や効率性を求める意識、そして自らを取り巻く自然環境に対する意識なども含まれる。これらの意識の変化が、社会の価値観そのものを変え、持続性を重んじる考え方が主流になり始めた。まさにこれが「Well-being」という言葉で表現されるようになり、社会のベースとして受け入れられ始めているのである。

COVID-19によってバーチャル化も加速した

リモートでの仕事や学習が一般的になり、経済行為のバーチャル化が加速している。考えてみれば、COVID-19によって人々は分断されるはずだったが、スマートフォンのおかげでいつでもつながることができているし、買い物もできている。もしスマートフォンがなかったら、生活をまともに送ることはできなかっただろう。すなわち、デジタルの力がわれわれの生活を支えてくれたわけである。

とくにZoomのようなリモート会議のツールが普及し、オンライン会議が一般的になったのは、非常に大きな変化だったといえる。創発を必要とするようなワークショップまでも、そのようなツールを使いこなすことで問題なく実施できるようになった。このようなバーチャル環境で会議を活性化させるツールを使いこなすことは、もはや必須のビジネススキルの1つといってもよい。

リアルな会議にはそれなりのよさはあるが、このようなバーチャル会議は、いたずらに時間が延びるのを防ぎ、効率的に会議を進行できるというメリットもある。これからの時代は、リアルとバーチャルの2つをうまく利用することになるであろう。

買い物も一層のバーチャル化が進んでいる。消費者は密を避けるため、大型ショッピングセンターや百貨店には足を運ばず、Amazonや楽天のようなインターネット通販を積極的に利用するようになった。2021年4月29日に発表されたAmazon社の四半期決算[注1-1]では、COVID-19の影響で純売上高が1,085億ドルと、前年同期の755億ドルから約44%増加した。他の国々でもバーチャルショッピングの比率は高くなり、今後もより一層高くなると予想される。

さらにこういったバーチャルショッピングの拡大は、物流業界にも大きな影響を及ぼしている。国土交通省がまとめた2020年度の宅配便取扱個数は、前年度比11.9%増の48億3,647万個と6年連続で過去最多を更新した。増加率は過去20年で最大。[注1-2] COVID-19のパンデミックに伴う巣ごもり需要でインターネット通販の利用者が増えたことが主因だと考えられる。

バーチャルショッピングは今後も成長を続けると考えられる。その中で宅配便のような「ラストワンマイル物流」はさらに求められるようになり、2023年春時点では運送業者の人員はまったく足りていない状況が続く。そのうえUber Eatsなど、料理の宅配も増え続けている。このように物流事業の需要は今のところ、とどまることを知らない。

生活スタイルの変化に始まり、バーチャル化の進展に伴ってリアルな業務である物流業界も大きく変わり始めている。一方で人員不足、カーボンニュートラル対応など業界全体をめぐる課題は山積している。そのような課題に対しても、データ連携を加速させ、効率的な物流事業の構築が求められる。リアルな物流業界なども含めてますますバーチャル化への対応は進むと考えられる。

バランスのとれた経済活動へのシフト

このように、COVID-19は生活者の価値観や生活様式を変えてきた。もうコロナ禍以前の状態には戻らないだろう。さらには気候変動も、年々規模を拡大し続け、人類が地球に住み続けるために対応が不可欠であるという考え方も主流になり始めている。

たとえば従来の価値観では企業の大命題は利益の最大化であり、存在価値ともいえるものであった。ところが、近年になって環境問題や格差社会の問題が表面化してきた結果として、企業の存在意義や目的は利益の最大化にとどまらなくなってきたというのは大きな変化ではないか。

同様にCOVID-19がわれわれに気づきと変化をもたらした。価値観としてのWell-beingについても、人の幸福や持続可能性についての在り方について議論を巻き起こしていると思われる。

かつて企業や個人の経済活動は、欧州においてはノブレスオブリージュ（ドラッカーは「Integrity（真摯さ）」と言っている）という考え方でまとめられていた。自らの地位や特権とは社会から与えられたものであり、それ故に自らを犠牲にしても公共のために資するべきということが伝わってきていた。

日本では「三方よし」が経済活動における重要な要素として唱えられてきた。三方よしとは近江商人の商売における考え方で、「商売というものは売り手や買い手が商売を通じて満足するだけではなく、社会に貢献できてこそよい商売である」というものである。

そもそも日本では企業を公器として捉えており、元来、社会的ミッションを担っているとしてきた。しかし、高度経済成長期の名残から、バブル崩壊後も過度な成長を追い求め、自らの持続可能な成長を無視しながら、あえて言うならば無理な成長を追い求めてきた。それがCOVID-19のパンデミックで再認識され、近頃は、投資家を含めて企業経営がレジリエンス（回復力、復元力）や持続可能性にコミットしなければならないという風潮がグローバルで加速している。世界中で経済活動はバランスを求められ、経済成長だけにコミットした経営では社会の賛同を得ることができない。経営者はそのバランスをどうとるのかについて明確なビジョンや戦略が求められる。まさに複雑な経営の舵取りが必要なのである。

持続可能な社会の実現に向けた日本の取り組み

前節では、今の時代をVUCAの時代と捉え、COVID-19を1つのきっかけとして、人の幸せの在り方が再考され、企業が社会の持続可能性にコミットすることを求める世界へとシフトしてきていることについて述べた。では、日本では実際にどのような取り組みが行われているのだろうか。ここで、世界の潮流との対比も交えながら、日本における持続可能な社会の実現に向けた取り組みの概観を説明する。

投資家の視点

Environment（環境）、Social（社会）、Governance（ガバナンス）を投資判断の要素に取り入れ、リスク管理と同時に長期での持続的な運用成果を目指すESG投資が増加している。SDGsを掲げる企業にとって、気候変動リスクや人権リスクへの対応は避けて通ることのできない問題であり、投資家にとっては、企業のリスクそのものであるという認識が浸透しつつある。それ故、投資家がこれらの問題を考慮することは、受託者責任を果たすという点から重要になっている。環境問題や人権問題といった外部不経済が発生する場合、企業が自ら発生させた社会的費用を内部化するか、もしくは公的機関が対処することで解決に向かうが、一般的に、外部不経済は意図しない結果であることが多く、これを企業が自ら認識することは難しい。そこで投資家やNGOなどに問題を指摘されて初めて外部不経済の発生に気づき、社会的費用の内部化を実施する場合がある。一方で、外部不経済が放置され、問題が解決されないままとなっている事例も数多く存在している。

ESG投資の拡大は、市場において社会的課題解決への資源配分が増加していることを意味している。世界のESG投資額は2014年には18兆3,000億ドルであったが、2018年には30兆7,000億ドル、2020年には35兆3,000億ドルに増大し、世界全体の投資額に占めるESG投資の割合は35.9%になっている。運用資産額に占めるESG投資の割合を地域別に見ると、2020年はカナダ61.8%、欧州41.6%、アメリカ33.2%、日本の場合は2016年の3.4%から2020年には24.3%と大幅に増加している。[注1-3]

2014年２月、金融庁から日本版スチュワードシップ・コード[注1-4]が発表された。これにより日本の上場株式に投資する機関投資家は、投資先企業との対話などを行うことで企業の持続的成長を促しつつ、顧客である投資家から資金を預かる受託者として顧客の利益を追求する責任を果たすことが求められるようになった。

イギリスのシュローダー・グループ社CEOのピーター・ハリソンは2020年の時点で、「５年後にはもはやESG投資は存在しなくなる。つまり、あらゆる資産運用会社が実行するためESG投資はまったく当たり前のことになる」[注1-5]と語っている。また、アメリカのステート・ストリートの資産運用部門であるステート・ストリート・グローバル・アドバイザーズ社CEO（当時）のサイラス・タラポールバラも、投資先の企業経営者に宛てた書簡にて「近い将来、ESGは信用格付と同等の重要な位置づけとなり、財務情報と同じくESGについて単独で語られることはなく、判断材料の１つになる。そしてESG評価スコアが低く、改善が見られない企業について、株主総会で取締役選任を反対・保留する」という方針を伝えている。[注1-6] ESG投資はもはや特別なものではなく、当たり前の投資行動となるであろう。

また、株主提案の提出を通じて企業に問題提起を行い、働きかけるESGアクティビズムが活発化している。ESGアクティビスト（ESG投資を軸に企業活動の改善を求めるモノ言う株主）の背景も多様である。アクティビストファンド、独立系ESGファンド、株主擁護団体、個人投資家などの株主が企業の在り方について声を上げている。

とりわけアメリカではESGアクティビズムで話題になる分野も多様である。アメリカの企業の株主総会では、気候変動問題、海洋プラスチックの問題、食品安全性、人種・ジェンダー間平等、労働環境、児童労働問題などさまざまなテーマを軸に議論がなされている。たとえば、独立系ESGファンドが大手IT企業に対して職場のハラスメントに関する年次報告書の発行を求める株主提案が2021年11月の株主総会で約78%の賛成比率を獲得するなど、歴史的な事例も誕生している。また、投資ファンドが主要企業の男女間の賃金格差を開示した報告書を発表するなど、着実にS（社会）領域に投資家の関心が高まっている。

周回遅れの日本企業

日本企業のサステナビリティに関する取り組みはどうだろうか。ドイツ最大の財団・ベルテルスマン財団と、持続可能な開発ソリューション・ネットワーク（SDSN）は、各国の国連持続可能な開発目標（SDGs）達成状況を分析したレポート「SDG Index and Dashboards Report」を発行している。このレポートによると、日本は2016年は18位、その後上下しながら、2022年は19位で史上最下位となった。内訳を見ると、教育、産業、平和においては達成と評価されたが、一方でジェンダー平等、気候変動、リサイクルなどにおいては後退と見なされた。

また、NGOのWorld Benchmarking Alliance（WBA）、イギリ

スのKnowTheChain、ビジネスと人権リソースセンター（BHRRC）は、2022年５月に日本企業の人権に関する取り組みについてのレポートを発行した。それによると、調査対象となった日本企業67社の大半（79%）が人権へのコミットメントを開示しているにもかかわらず、人権デューデリジェンス[注1-7]においては、企業の約３分の２（64%）が未実施（スコアゼロ）であった。もちろん一部には、優れた取り組みをしている企業もある一方で、大多数の企業は大きく後れを取っていることが明らかになった。

市民社会の意識

日本の投資家や企業の取り組みが遅れている背景には、市民社会の意識の遅れもある。日本の市民社会におけるサステナビリティへの意識は、欧州のそれとは大きく異なっている。たとえば、スーパーマーケットの棚にはフェアトレードなどのサステナビリティに関するマークがついた商品があちこちで見られるが、日本では実に限られた商品にしか見られないのが現状である。

欧州議会による「Special Eurobarometer」というEU加盟国28カ国の約2万8,000人の市民を対象とした調査によると、2018年のフェアトレードの認知度はオランダが最も高く、次いでスウェーデン、イギリス、デンマークと続いている。これらの国では7割超～9割弱の認知度であるのに比べ、日本では別調査（国際協力機構、2022年）の結果ではあるが1割程度である。しかし年代別に見ると、10代が35%、次いで20代が12%のほかは1桁台にとどまっている。10代が突出している背景としては、学校の教科書でフェアトレードが取り上げられ、授業で触れる機会が増えていることも挙げられる（**図1-1、2**）。

また若年層が好んで使用するSNSにおいて、著名人がサステナ

図1-1 欧州と日本における国際フェアトレードロゴ認知度*

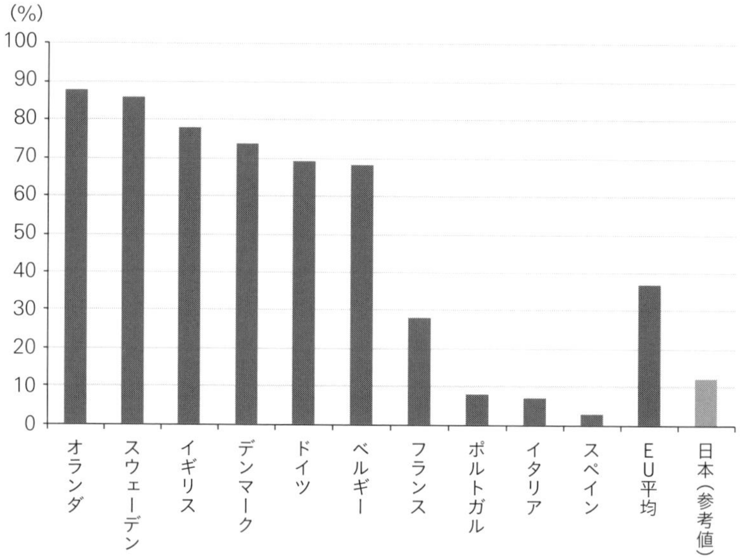

*日本：n=1,400、日本以外：n＝約1,000

出所：欧州議会『Special Eurobarometer 473』99ページ（2018/02）、独立行政法人国際協力機構「コートジボワールにおけるブロックチェーンを活用した児童労働の防止に係る調査」21ページ（2022/02）を基に作成（https://www.jica.go.jp/activities/issues/governance/platform/information/nced070000007tq3-att/20220204_01.pdf）（2023/04/13アクセス）

ブルな製品をファッションの一部として発信していることから、エシカル消費をポジティブに捉える層も一定数存在する。若年層の意識は、現在の企業の経営者層の意識とは大きく異なっていることを認識したうえで、今後拡大するエシカル消費を見据えた製品の開発と販売を推進し、新たな市場を創造するチャンスと捉えることが求められている。

ここまで投資家、企業、生活者の視点で、日本の取り組み状況に関する概観を説明したが、次節以降では具体的な取り組みとして、カーボンニュートラルと人権問題に関する事例を紹介したい。

図1-2　サステナブルチョコレート購買行動*

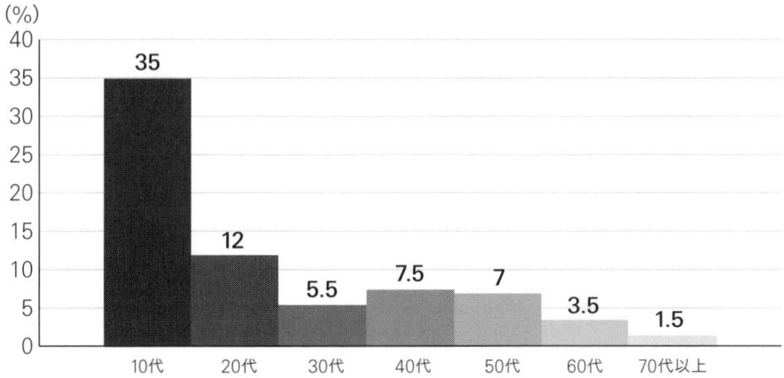

＊「製品パッケージに国際フェアトレード認証のマークが記載されたチョコレート製品を購入したことがあるか」の設問に対して「はい」と回答した各年代の割合
n=1,400（年に１回以上チョコ―レートを購入する人）

出所：独立行政法人国際協力機構「コートジボワールにおけるブロックチェーンを活用した児童労働の防止に係る調査」21ページ（2022/02）を基に作成（https://www.jica.go.jp/activities/issues/governance/platform/information/nced070000007tq3-att/20220204_01.pdf）（2023/04/13アクセス）

カーボンニュートラルへの取り組み

日本政府が掲げるカーボンニュートラル社会に向けた移行シナリオ

カーボンニュートラル社会（温室効果ガス排出量の実質ゼロ）への転換を前提とした政策および戦略転換が大きく進んでいる。アメリカでは、バイデン政権が2050年までにGHG（温室効果ガス）排出をゼロに移行すること、2035年までに発電部門のGHG排出をゼロに移行することを目標に掲げている。EUでは2018年に2050年のカーボンニュートラル経済実現を目指すことを表明した。中国は、2020年に習近平国家主席が「2030年までに二酸化炭素排出を減少に転じさせ、2060年までに炭素中立を達成するように努める」旨を表明した。[注1-8]

このような欧米中の表明を受けて、わが国でも当時の菅首相が2020年10月の所信表明演説において「2050年のカーボンニュートラル」を表明した。これを契機にわが国も諸外国と並んでカーボンニュートラル社会に向けて官民が取り組むことになった。

日本政府の宣言に加えて、投資家が自身の投資先のGHG排出量を実質ゼロにする目標を立てたり、投資先に対して排出減を具体的に求めたりするケースも増えてきている。このような動きを受けて、東京証券取引所は2021年6月にコーポレートガバナンス・コードを改訂し、上場会社に対してサステナビリティについて基本的な方針を策定し、自社の取り組みを開示することを求めている。とくにプライム市場上場会社に対しては、それに加えて「気候変動に係るリスクおよび収益機会が自社の事業活動や収益等に与える影響について、必要なデータの収集と分析を行い、国際的に確立された開示の枠組みであるTCFD（Task Force on Climate-related Financial Disclosures：気候関連財務情報開示タスクフォース）またはそれと同等の枠組みに基づく開示の質と量の充実を進めるべきである」と一段高い水準の対応を求めている。

これまでは経済合理性を優先し、その範囲内で環境に配慮する姿勢（いわゆるCSR）が主流であったが、ここ数年は、カーボンニュートラルを前提として業界や市場環境が大きく転換し、その転換期の下で各企業がビジョンを立てて、それをいかに具体的に実行し開示するかを強く求められるようになった。まさにビジネスの前提が大きく変わったといえるであろう。

自社が排出するGHGを2050年までに実質ゼロにすることを宣言している企業はわが国だけでも150社以上に上り、一部の企業では目標年次を前倒しにしたり、自社（スコープ1、2）だけでなくサプライチェーン全体（スコープ3）にわたって実質ゼロを宣言する企業も出てきたりしている。

スコープ1、2は自社におけるGHG排出量に関する事項のため、自社でコントロールできる範囲内であり、その気になれば目標を掲げて具体的な施策を打つこともできうる。しかし一方で、スコープ3は範囲がサプライチェーン全体に係るため、継続的なモニタリングをするには負担が生じる。また、現実的には排出量を減らす取り組みを自社だけでコントロールできるものではないため、サプライヤーなどのステークホルダーに働きかけることや、場合によってはアメとムチを使い分けながらステークホルダーを動かすことを求められたりする。このようにスコープ1、2からスコープ3に各社の責任範囲が拡大することで、GHG排出量をマネジメントする難易度が非常に高まってきているのである。

投資家へのエンゲージメントとしても、機関投資家の行動規範ともいうべき日本版スチュワードシップ・コードの見直しが開始され、2020年3月に改訂版が発表された。その中にESGへの取り組みがガイダンスとして明確に組み込まれたのである。もちろん株主への還元が最も重要であるが、今後も投資家の投資基準の中にESGへの取り組みがさらに明確に入ってくることは間違いない。

企業のカーボンニュートラル社会に向けた移行はどこまで進んでいるのか

外部環境が急速に変化している中で、各企業はどのようにマネジメントの転換を進めているのだろうか。デロイト トーマツが日常行っているコンサルティング業務の現場から、その実態と課題について整理したい。とはいえ、わが国においては、カーボンニュートラルに向けての取り組みを先進的に実践できている企業は決して多くない。自身の業態、市場環境、企業文化、トップのコミットメントに応じて、暗中模索しながら取り組みを始めたというのが多くの企業の実態ではなかろうか。

そのような中で企業が歩むであろう、カーボンニュートラルに向けたトランジションプロセスは次のとおりである（**図1-3**）。

戦略・開示：多くの大企業がTCFDやSBT（Science Based Targets）などの枠組みの下に、カーボンニュートラルを前提としたビジョン・目標、中長期的な戦略を定め、開示している。ただし、定量的な分析に基づいた具体的な削減策やその実行プラン、実行を促進するための評価制度などのインセンティブ導入などは、多くの企業で十分に検討されていないのが実情である。

GHG排出量算定：スコープ1～3のGHG排出量を算定する。スコー

図1-3　脱炭素経営のアジェンダの広がり

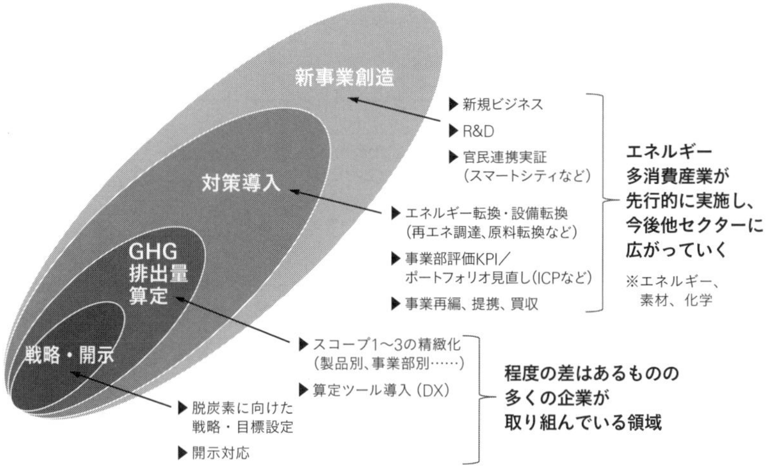

出所：デロイト トーマツ コンサルティング作成

プ1（燃料使用）、スコープ2（電力使用）は自社のエネルギー使用量を集計することで算定可能なため比較的容易である。省エネや設備更新などによってその削減策を具体的に検討・実行することも可能である。しかしスコープ3となると、**図1-4**のとおり算定範囲は大幅に拡大する。大企業としては、自社のGHG排出量を管理するのは当然として、自社の事業活動に関与するあらゆるステークホルダーのGHG排出量をモニタリングしたうえで削減する努力をすることへのコミットメントが求められる。どこまで対応すべきなのか、多くの企業が悩んでいるのが実態である。詳細は後段で解説するが、次のプロセス（対策導入）に進むには、会計データを基にした概算での算定ではなく、事業部別、製品別、サプライヤー別までブレイクダウンし、具体的な削減策と優先度を検討できるレベルにまで精度を上げておく必要がある。

図1-4 スコープ3の把握におけるイメージ

■基本的な算定方法
▶スコープ1、スコープ2：**エネルギー使用量**を基にGHG排出量を算定
▶スコープ3（上流）：**調達量**を基にGHG排出量を算定
▶スコープ3（下流）：**販売した製品の仕様と標準的な使用のシナリオ**を用いてGHG排出量を算定

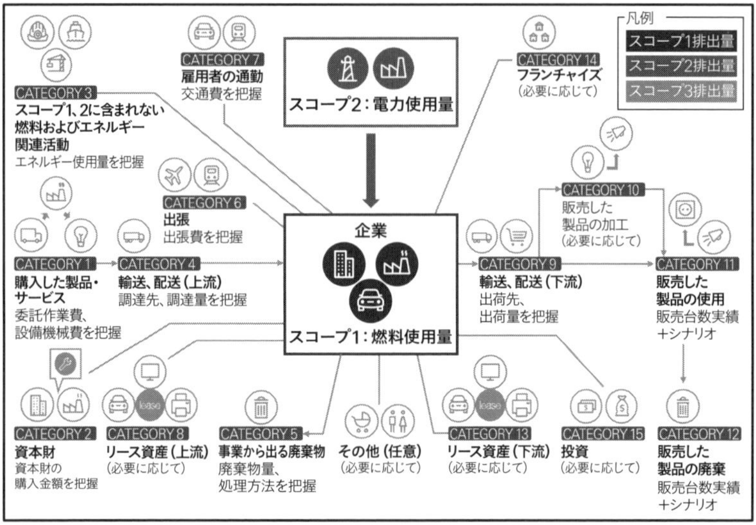

出所：環境省「グリーン・バリューチェーンプラットフォーム」を基に作成
（https://www.env.go.jp/earth/ondanka/supply_chain/gvc/estimate.html#no02）
（2023/03/30アクセス）

対策導入：自社の事業活動に関連するGHG排出量を定量的に把握できれば、具体的な削減策の検討に入ることになる。スコープ1、2の削減策の多くは、クリーン燃料への転換、省エネ、電化および再生可能エネルギー電力の調達が中心になる。しかしこれらは各企業の置かれた状況によって投資対効果が異なるため、その点を勘案しながら優先度を決めていくことになる。スコープ3になると上記の取り組みをサプライヤーに促すだけでなく、資材やサプライヤーを評価し、改善を促し、場合によっては取引先を変更することも考えなければならない。また、自社製品のカテゴリー11（販売した

製品の使用に伴うGHG排出量）を削減するために設計の見直しなども必要となる。さらには、企業によっては事業ポートフォリオの見直しや、事業部の評価指標にGHG関連のKPIを導入するなどの取り組みも検討し始めている。自助努力だけで解決できない場合は、事業売却などにより事業再編を進め、スコープ3削減を検討している企業も出始めている。

新事業創造：これまで検討してきた対策はあくまで規制などを順守するための「守り」の方策である。しかし、カーボンニュートラルへの移行は、新たなマーケットやビジネスチャンスが創造されたり、これまでのパワーバランスが変わっていったりする機会でもある。そこで、いくつかの企業はこの新たなマーケットを捉えるべく、新規ビジネスを立ち上げたり、技術開発のための投資を行ったりするなどの「攻め」の対策も進めている。中には、国の予算を活用しながら自治体・企業と連携してコンソーシアムを組成し、大規模な社会実証を推進する企業も見られる。

わが国では、ほとんどの上場企業は戦略を定めて概算のスコープ3の把握・開示は行っているはずである。ただし、この算定結果を基に削減策を具体的に計画・実行したり、具体的な経営の意思決定システムや組織評価、人事評価のシステムに落とし込んだりする活動にまで至っている企業はまだまだごく少数である。GHG削減の要請や規制強化が比較的厳しい、素材、化学、エネルギー、自動車などの業界企業は、先進的に取り組みを進めている状況である。

スコープ3マネジメントをどこまですべきなのか

それでは、スコープ3排出量の算定やマネジメントはどのレベルまですべきなのか。多くの企業が悩んでいる命題であろう。

結論としては、スコープ3での排出量削減目標に向けて着実に方策を掲げることができ、そのために持続的にモニタリングする仕組みを構築するレベルまで持っていく必要がある。具体的には、事業別、製品別のGHG排出量をスコープ3レベルで可視化し、目標を定めておくべきであるし、依存度の高いサプライヤーを中心に会計データに基づく算定から、1次情報に基づく算定に切り替えるべきであろう。会計データに基づく算定にとどまってしまうと、その削減策は調達量を減らすしかなく、各企業固有の事情に応じた具体的な削減策を講じることが難しいからだ。

以下にスコープ3対応を高度化させる段階を、4つのレベルに整理した。

レベル1　概算による算定：各社の会計データを用いて、すべてのカテゴリーのGHG排出量を算定するレベル。必要最低限の対応といえる。

レベル2　詳細な排出量算定：排出量が多い活動などに着目し、削減活動を検討できるよう詳細に算定するレベル。たとえば、資材別、製品別、サプライヤー別、事業部別などスコープ3排出量をカテゴリーごとに算定して、具体的な目標設定や経営意思決定に反映できるもの。

レベル3　削減策や目標設定：レベル2の算定結果をもって具体的な削減策と目標を設定。加えて、持続的にGHG排出量データの収集・モニタリングを行ったり（システム導入を含む）、削減策の実行結果を踏まえて定期的に見直しを行ったりするなど、目標達成に向けて着実に進んでいける「仕組み」を築いているレベル。事業評価などの指標にGHG指標を導入するなどの検討を行っている例もある。

レベル4　企業間連携：上流、下流の企業と1次情報を連携させながら、協力してスコープ3排出量の把握、削減策の実行を行うレベル。海外では、サプライヤー企業から１次情報を収集し、自社のスコープ3の算定に用いるなどの情報プラットフォームや、下流の大企業が上流企業に対してGHG算定や削減のためのアドバイザーを派遣してともに削減活動を進めるなどの事例もある。またドイツのCatena-Xという自動車メーカー横断のコンソーシアムのように、自動車業界横断でデータ連携させてGHG関連をはじめとする情報を共有する仕組みを構築するような取り組みも見られる。

このような4つのレベルに鑑みると、多くの日本企業はレベル１か２くらいのステータスではなかろうか。ただし、気候変動に関連する非財務情報の開示指針がより厳格化されてくることを見越してあらかじめ準備を進めている企業や、業界でリーダーシップを発揮しようと先進的に動こうとしている企業では、レベル3や４まで検討を進めている例も徐々に見られるようになってきている。

GHG排出量を適切かつ継続的に管理しながら経営の意思決定をすることまで視野に入れているのであれば、レベル3～４まで高めていくことを前提に、検討を進めるべきではないか。

GXとDX

以上のように高度なGHGマネジメントとは、

- 社内外のGHG排出量に関連する大量のデータ連携・収集を行い、正確に（GHGプロトコルに基づいて）一定のスキルのある者が計算を行う（計算に当たっては自社の会計情報との連携も必要）。
- 計算結果は、事業、製品、資材別といった分類を行い、サプライチェーン、資材、事業に関連する意思決定に反映させる。
- 上記の計算·分析を一定頻度で行う(月、四半期、半期、年次)。

といった取り組みが継続的に行われている仕組みだと考える。多くの企業の担当者にとってはまだまだ現実味を持って捉えることは難しい、理想的な構想と思われるかもしれないが、わが国でも一部の先進的な企業はこのレベルを目指して検討を進めているのが事実である。

GHG排出量算定を行う企業が増えるにつれ、効率的にスコープ1～3排出量を分析できるツールの導入ニーズが高まっている。他方、多数のITベンダーが算定ソフトウェアをリリースしている状況で、かつソフトウェアのコストやスペックがさまざまである中、企業担当者はどのソフトウェアを導入すべきか悩んでいるのではなかろうか。

ちなみに、このような悩みを持つ企業の方々に当社が説明しているのは、何を狙いとしてツールやソフトウェアを導入するのかを定義すべきである、ということだ。自社では脱炭素を目指す中でどのようなマネジメントシステムを導入すべきなのかを議論したうえで、それに見合ったシステム導入を進めてほしい。たとえば、以下のような機能を持つシステムが役立つ可能性があるだろう。

①**効率化・省力化**：煩雑なスコープ3算定の手間を省力化できるもの。すでにある多くの算定ツールがこの機能を持っている。

②**対外開示**：顧客やステークホルダーに対してタイムリーに自社の排出量や自社製品のカーボンフットプリントについて開示するためのレポーティングをできるもの。自社のスコープ1～3については多くのソフトウェアが開示·レポーティング機能を持っている。

加えて今後は、以下のような作業をデジタルツールによって効果的に進めるべきと考えている。

③リアルタイムなモニタリング：月次や年次で、取り組みの成果をモニタリングすること。
④入力データ・算定ロジックの精度・正確性の担保：会計データを基にGHG排出量の概算を算定するだけでなく、サプライヤーからの１次情報を活用したり、製品別や組織別に排出量を配賦してより詳細に分析したりするようなニーズが今後は増えると見込んでいる。その場合、算定ツールに誤ったデータが入力されていないか、算定ロジックは適切かを検証できるような機能が求められる。
⑤経営の重要意思決定：サプライチェーンや資材調達の見直し、新規事業や新製品開発の判断、事業の買収・売却など、重要な経営意思決定を行ううえで活用できるデジタルツールが必要となってきている。

とくに④や⑤については、汎用的なソフトウェアでは到底対応できるものではない。自社の基幹システムと連動させた高度なシステムが求められるが、このようなシステム導入を検討する動きもわが国の先進的な企業の中では始まっている。デジタルの力を活用してマネジメントを高度化することで、GX（Green Transformation）を加速させることが重要である（**図1-5**）。

図1-5 CO_2排出量可視化対応にGXが必要な理由

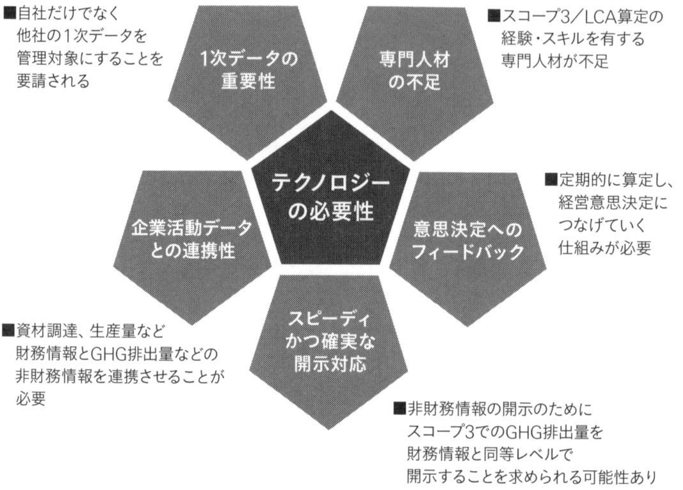

出所：デロイト トーマツ コンサルティング作成

人間尊重社会への取り組み

人間尊重社会

資本主義社会において経済成長を追い求めた結果、環境を破壊し、世界に格差と分断を生み出してきた。先進国に住むわれわれの豊かな生活は、見えない誰かの犠牲の上に成り立っている。さまざまな食料品、衣料品、工業製品などの原材料や製造工程で深刻な環境破壊や人権侵害が起きているが、安価な食べ物、安価な洋服がどのようにつくられ、どこから来ているのかについて思いを馳せることはなかなか難しい。仮に知りたくても、正しい状況を把握することはそう簡単ではない。

かつては、ある製品の原料が不当に安い労働力でつくられるのは世の中の秩序である、という認識を持つ経営者がいたかもしれない。また本当に安価な製品を求め続ける消費者もそれは当然の権利であると考えていたかもしれない。しかしわれわれは自らの行動を振り返るときが来ている。誰かの犠牲の上に成り立つ社会は持続可能ではなく、企業にとっても良好な経済活動を維持し続けることは困難になるであろう。

企業としては、他社が不当に安い価格で原料を仕入れ、低賃金で労働者を働かせ、低価格製品をつくり続けているにもかかわらず、自社のみ正当な価格で原料を仕入れ、正当な賃金で労働者を雇い、価格を上げた製品をつくっても市場では売れない、と考えるのが通常だろう。そのような価格の製品を消費者は望んでいない、と考えるかもしれない。

消費者にしてみても、ほかに安いものが棚に並んでいるにもかかわらず同等の品質で価格が高いものを買おうとは思わないだろう。もしくは、人権に配慮した正当な価格の製品を買いたいと思っても、お店の棚にないので買うことができないと思うかもしれない。いつも誰かのせいにして、何も変わらない状況が続けば、サステナブルな社会は実現せずこれからも犠牲者が増える一方である。

鶏が先か卵が先かという議論がある。企業が変わり、人権に配慮した製品をつくり、新たな市場をつくっていくのか。もしくは投資家や消費者が企業に働きかけ、企業に変革を促すのか。今はお互いにそれぞれ周りが変わるのを待っているという状況かもしれない。しかし、持続可能な社会の実現に向けては、企業、投資家、消費者といったすべてのステークホルダーが行動を変えていかなくてはならない。もはや、人権問題への対処について、実施するかしないかを選択するステージではない。対処を当然のものとして捉え、何ができるかを考えなければ、自身の持続可能性、つまり存続が危ぶまれるステージである。

これまでは遠い国のことを知るのは簡単ではなかった。しかし現在は、ネット上のニュース配信、動画配信、SNSなどで世界の状況を瞬時にして知ることができるようになった。知ることは変革への大きな一歩である。

一方で、ニュースとしての情報だけではなく、現地の状況をより正しく把握するためのテクノロジー活用も検討すべきである。たとえばブロックチェーン技術を活用してサプライチェーンの透明性を高め、トレーサビリティを担保するプラットフォームの検討が進んでおり、このグローバルバリューチェーンからもたらされる利益を適切に還元する仕組みの構築が求められている。

また、人間の行動は、よくも悪くもインセンティブに支配されており、インセンティブをいかに設計するかで社会課題を解決することが可能である。環境問題については、ボトルを返却するとお金が戻ってくるデポジット制度のほか、レジ袋有料化、エコカー減税など、すでにさまざまなインセンティブ設計がなされており、欧州では一般化している。同様に人権問題についても、人権に配慮した製品を購入するためのインセンティブ設計を検討する必要がある。

ルール形成も必要になってくるであろう。たとえば、児童労働のない製品の関税を無税にする提案もその1つである。児童労働を飛躍的に減少させるには「企業が児童労働を用いれば用いるほどコストアップもしくは売上ダウンになる世界」をつくり、企業の経済合理性をリ・デザインすることが大きな一手となりうる。デロイトトーマツでは「児童労働がない地域」の認証制度を設立し、その地域で生産された製品は関税がかからない、国際通商ルールを策定することを提案している。これは、児童労働を用いないほうが企業が利益を得られる仕組みを構築して「児童労働がない製品」の優先的な調達を促進し、児童労働撤廃への動きを大きく加速させるものである。多様な要因が複雑に絡み合う社会課題の解決には、テクノロジーの活用に加え、インセンティブ設計、ルール形成などの組み合わせで実施していくことが求められている。

人権問題への取り組み

人権とは、すべての人々が生命と自由を確保し、幸福を追求する権利であるとともに、生まれながらに持つ権利である。[注1-9] 経済のグローバル化により、企業活動が及ぼす人権への影響は拡大する一方である。たとえば多国籍企業のような圧倒的な力を持つ企業が、生産国で働く人への社会的な配慮をすることなく利潤を追求することはこれまで当然のように行われてきた。しかしそれを放置すれば、世界各地で深刻な人権侵害や経済的格差の拡大など、負の影響が起こり続ける。

2011年に「ビジネスと人権に関する指導原則」が国連で承認された。これは「企業の人権尊重責任、そして救済へのアクセス」という枠組みに基づき、企業活動すべての局面において国際人権基準に沿って行うべきとする原則である。これは企業の自主的な順守を期待するもので、法的な規制を設けるものではない。

日本企業の一層の取り組みを促す観点から、2020年10月、政府は「『ビジネスと人権』に関する行動計画」を策定した。そして2022年9月には「責任あるサプライチェーン等における人権尊重のためのガイドライン」も発表した。これは日本企業の人権尊重の取り組みを推進し、サプライチェーンにおける人権デューデリジェンスの実施を促すために策定されたものである。人権デューデリジェンスとは、自社の事業のどこにどのような人権侵害リスクがあるのかを特定し、リスクの大きさを評価したうえで、負の影響を防止・軽減するための是正策を講じ、救済メカニズムを構築、また、適宜情報開示を行う一連のサイクルである。

ガイドライン策定に先立ち、2021年9～10月に行われた日本の上場企業の人権に関する取り組み状況についてのアンケート調査[注1-10]によると、人権デューデリジェンスを実施している企業は5割強という結果が出た。しかしそのうち、間接仕入先にも実施している企業は約25%、販売先・顧客まで実施している企業は約10～16%となっており、本来対象とすべき範囲まで拡大して実施している企業は限定的であることもわかった。

人権デューデリジェンスを実施することにより、自社のみならずサプライチェーン上の人権リスク低減と外部ステークホルダーからのレピュテーション向上に寄与し、たとえばESG評価機関からの評価向上にもつながる。人権への取り組みは、負の影響をゼロにするだけでなく、積極的な取り組みにより社会からの信用を獲得し、企業価値向上につなげることもできるのである。

サプライチェーン上の児童労働・強制労働の実態を把握することは大変難しいが、だからといって企業の活動による人権侵害を放置してよい理由にはならない。途上国での児童労働や劣悪な労働環境を関知せずに事業を継続させることは許されず、投資家やNGOから批判を受け、ブランド価値の低下、企業価値の低下を招く。そこでサプライチェーン上の人権問題を把握し、その問題に対して是正措置を講じるための仕組みづくりが求められる。

実践例：JICA「児童労働防止に向けた挑戦」

アフリカの子どもの5人に1人ともいわれている児童労働の問題は、実はわれわれにとって身近な問題である。たとえば、バッテリーに使われるコバルトなどの希少金属の鉱山や、アパレル製品などに使われるコットンやチョコレートの原料になるカカオの生産現場など、アフリカやアジアを中心に劣悪な環境や低賃金で労働に従事させられる子どもの問題が深刻である。児童労働による製品を購入するということは、この問題に知らず知らずのうちに加担していることになる。それは企業にとっても同様であり、複雑なサプライチェーンにおける児童労働を把握するのは簡単ではないものの、欧米企業は取り組みを進めており、日本企業も開始しつつある。

児童労働は1970年代からさまざまな国際条約で禁止されており、SDGsターゲット8.7（SDG8.7）においても2025年までにあらゆる形態の児童労働を撤廃することがうたわれている。国際社会の取り組みにより、児童労働者数は減少傾向にあるものの、世界では児童全体の9.6%に当たる1億5,200万人が児童労働に従事している。2020年にシカゴ大学が発表した調査報告書[注1-11]によると、カカオの世界2大生産国であるコートジボワールとガーナのカカオ生産地域農業世帯の5～17歳の子どものうち45%（156万人）がカカオ生産関連の児童労働に従事している。国別では、コートジボワールでは同国の子どものうち38%（約79万人）、ガーナでは同55%（約77万人）を占める。そのうち危険有害労働に従事している割合は約95%（148万人）に上り、コートジボワールの子どもの37%（約77万人）、ガーナの子どもの51%（約71万人）が危険な労働に従事している。

カカオ生産における子どもの危険有害労働として、鉈《なた》などの鋭利な刃物の使用（36%）、重い荷物の運搬（29%）、および農薬への曝露（24%）が挙げられ、その割合はいずれも増加傾向にある。カカオ生産はコートジボワールのGDPの10%を占めており、持続可能なカカオ生産は、子どもたちの生活だけでなく、多くのカカオ農家の生活やコートジボワールの経済に大きな影響を与えるものである。2019年末に発生し、2020年に感染拡大が始まったCOVID-19の猛威は、世界の児童労働者を数百万人増加させるとして、各国際機関、NGO・NPOが警鐘を鳴らしている。

2011年の国連における「ビジネスと人権に関する指導原則（United Nations Guiding Principles on Business and Human Rights：UNGPs）」の採択を経て、児童労働を含む多様な人権リスクに対する企業対応への社会的要請は、いまだかつて経験したことがないほどに強まっている。各国政府は「ビジネスと人権に関する国別行動計画（National Action Plan：NAP）」を策定し、欧米を中心に人権デューデリジェンス実施を企業に義務づける法制化が加速している。日本においても、2020年10月にNAPが策定されるなど、政府や産業界、一般社会を巻き込んだ議論が進められており、今後、さらに日本企業も人権リスクへの対応強化が迫られるであろう。

産業界での取り組みが必要（根深い課題）

児童労働問題はカカオ生産者の低収入に起因することから、コートジボワール、ガーナの両政府より2019年6～7月にLID（Living Income Differential：カカオ豆の最低価格方式）が提起された。新方式では1トン当たりの買い取り価格を400ドル上乗せし、カカオ生産者の支援に充てるというものである。

しかしカカオは先物市場で取引されているため、実際には価格上昇分が割り引かれて取引され、400ドルの上乗せには至っていない（2019年12月時点で1トン当たり120ドル分のみ上昇）。2021年4月には、チョコレートの世界的な需要減少により、コートジボワールのカカオの公式価格は25%引き下げられている。生産国の施策に頼るのではなく、産業界が直接的に関与し、かつ積極的に取り組める仕組みを構築する必要がある。

プロジェクトの概要

前述した背景を踏まえてJICA（独立行政法人国際協力機構）が2021年3月に「コートジボワール国ブロックチェーン技術を活用した児童労働の防止に係る情報収集・確認調査」として一般公示した件につき、デロイト トーマツ グループが受託したプロジェクトを紹介する。

国際社会からの児童労働に対する問題意識の高まりに対して、欧州企業の一部ではサプライチェーンの透明性を高めるために分散型台帳技術（ブロックチェーンなど）のテクノロジーを活用し、トレーサビリティを担保する仕組みの検討が進んでおり、このグローバルバリューチェーンからもたらされる利益を適切に還元する仕組みの構築が求められている。

カカオ事業のサプライチェーン最上流に位置する生産者に対して利益が適切に還元されるには、最終消費者が賛同して多少プレミアムを支払ってでも児童労働フリーチョコレートを購入する動機づけがされることが重要である。そのために現地で実態を正しく記録し、改善サイクルを回すなど、正確な情報を消費者に還元する必要がある。

児童労働への誘因とインセンティブモデル

児童労働の実態を正しく記録する仕組みを構築するに当たって、コートジボワールの主なプレーヤーを概観する。コートジボワールのカカオ産業はCCC（Conseil du café-Cacao）が管理している。CCCの目的は、生産性を向上させ、生産者の収入を確保し、コートジボワールのサステナブル・カカオとコーヒーを発展させることにある。CCCは農家によるカカオ豆の販売価格であるファームゲート価格を設定し、取引を管理し、輸出ライセンスを発行している。

カカオのサプライチェーンは農家から始まるが、協同組合や農民組織に属している場合、農家は協同組合によって特定され、登録される。

本取り組みは、農家コミュニティに着目したうえで周囲のステークホルダーと協調し、児童労働の抑止（児童を学校に通わせる活動）に向けて自ら取り組むよう、適切なインセンティブを提供し、かつ関連事業者はその活動に賛同し協力しうるかどうかを検証するとともに、継続的な仕組みになるよう簡易アプリを構築することとした。コミュニティ内で自主的に児童労働をなくすための活動が続くよう、学校の協力を得て児童の出席率を確認し、NGOや地域リーダーの協力を得てコミュニティへの啓蒙活動を促進させる取り組みを進めている。

ブロックチェーンの活用

農家コミュニティの適切な行動にインセンティブを付与する仕組みを構築するためには、信頼されたプロセスで情報が登録されることをインセンティブや地域の協力で促進するほかに、登録された内容やそれに基づき評価された情報が下流のステークホルダーまで一貫して連携する、まさに信頼の連鎖を構築する必要がある。ブロックチェーンは、サプライチェーンの課題を解決しうる「監査可能性」「不変性」「リアルタイムトラッキング（透明性）」「直接的な管理」を備えたテクノロジーである。従来型データベースとは異なり、多岐にわたるステークホルダーに対して１つのファクト（Single Source of Truth）を提供することができる点が魅力である。

今回のプロジェクトにおいては、サプライチェーントレースの仕組み構築に実績のあるDLT Labs社と協力して実施した。ブロックチェーンはこの報告情報の格納とスマートコントラクトによるインセンティブロジックの提供を担う。また、将来的にはここで一定期間蓄積された情報から農家コミュニティの信頼指数をポイント化し、農機具のレンタルや調達コストを融通するなど、トークンエコノミーの活性化も検討しうるであろう。

企業へのインサイト

社会実装を進めるには、問題の根源にある１次情報（生データ）を正しく取得する仕組みの構築が必要である。一定のコストがかかるため企業が躊躇する部分ではあるが、インセンティブループを検討しつつ、価値ある小さな一歩から始めることが有効である。そして自社だけで囲うことなく、この仕組みを要する既存の関係企業の中に積極的に組み込み、成功体験を広く共有して改善サイクルのスピードを速めることが重要である。ここに至るまでには一定のコストがかかるが、信頼できる情報流通が適切に構築された結果、最終消費者と生産者が直接つながり、新たな付加価値が生まれ、事業・商品・サービスの価値が向上することで、そのコストが吸収される。また、消費者のライフスタイルに合った生産が適切に行われ顧客体験が飛躍的に向上するなど、効果は計り知れない。実際、カカオ生産地におけるトレーサビリティシステムを導入する日本企業も出始めており、さらなる発展が期待されるところである。

プラットフォーム形成の構想

持続可能なカカオ産業(サステナブル・カカオ)の実現を目標に、多様なステークホルダーが課題解決に向けて協働することを目指し、2020年、JICAは「開発途上国におけるサステイナブル・カカオ・プラットフォーム」を設立した。デロイト トーマツはこのプラットフォームに参加し、多様なアクターによるコレクティブ・インパクトを推進している。

2022年9月には、JICAサステイナブル・カカオ・プラットフォーム児童労働分科会にて、各ステークホルダーに期待される具体的な行動を示した「児童労働撤廃に向けたセクター別アクション」が発表され、多様なステークホルダーがこれに賛同し、今後のアクションについて進捗を報告することになった。

サステナブルな原料調達を確実に行うため、サプライチェーンの上流における児童労働問題を把握し、適切な是正措置を実施するサプライチェーン、トレーサビリティシステムの構築は必須である。サプライチェーンを可視化し、生産地の状況を把握することにより、生産者や子どもたちへの適切な支援が可能になる。前述のブロックチェーンシステム実証実験の結果を基に実運用を目指して、現在、各ステークホルダーと協議をしているところである。

目指すべき姿としては、カカオ農家の児童労働問題の解決に資する、また農家の収入向上につながる仕組みを備えたシステムとすることが理想である。トレーサビリティシステムの構築に加え、児童労働の予防・監視・改善システムと生産者支援プログラムを併せて実行する必要がある。実現に向けては、サプライチェーン上の複数プレーヤーの参加が求められる。

複雑な社会課題は企業単独では解決できないため、セクターを超えた連携が必要不可欠であり、このような仕組みを構築するに当たってはコレクティブ・インパクトの推進が重要である。コレクティブ・インパクトを成立させる条件としては共通のアジェンダがあることや、課題に関わるデータの収集とインパクト測定が可能であること、そして参加者が相互に強化し合える取り組みと継続的なコミュニケーションが求められる。また、これらの取り組みを支える組織の存在が重要であり、JICAの「開発途上国におけるサステイナブル・カカオ・プラットフォーム」は、まさにこれに該当する取り組みである（**図1-6、7**）。

図1-6　コレクティブ・インパクトを成立させる条件

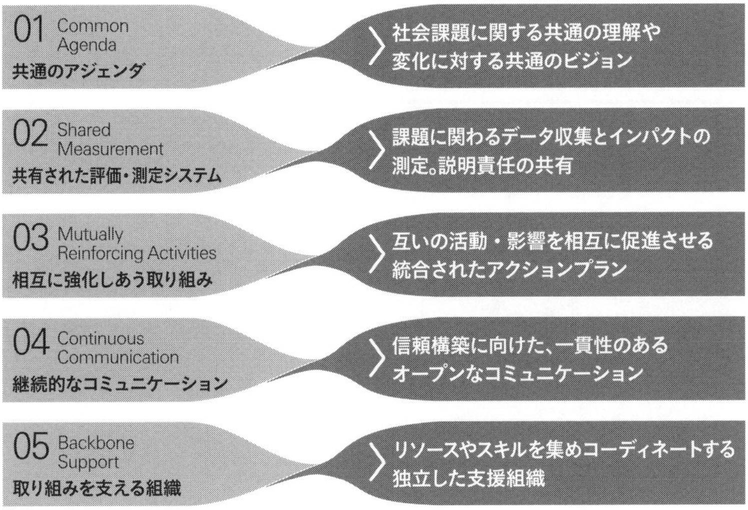

出所：Foundation Strategy Group『SSIR Live! Collective Impact: Creating Large-Scale Social Change』4ページを基に作成（https://www.fsg.org/wp-content/uploads/2021/11/Collective_Impact_Webinar_presentation.pdf）（2023/01/27アクセス）

図1-7 カカオサプライチェーンにおけるコレクティブ・インパクト

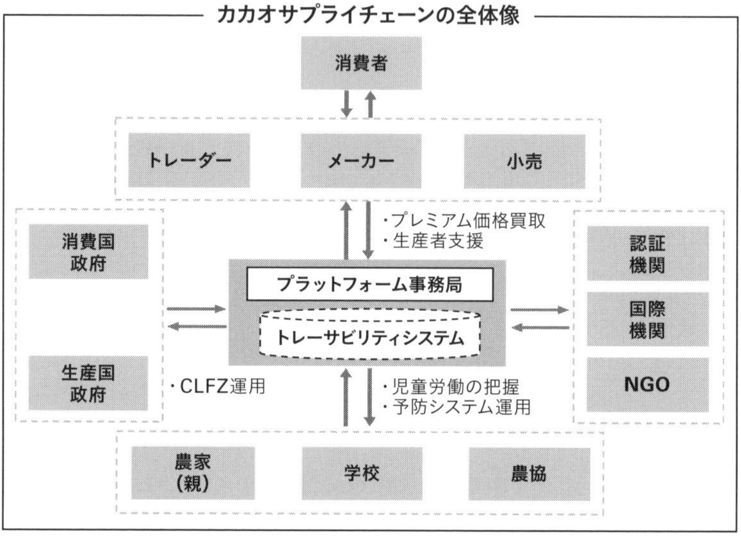

出所：デロイト トーマツ コンサルティング作成

これからの社会の方向性

日本企業が取り組むべきこと

ここまでカーボンニュートラルと人権問題に関する日本企業の取り組み事例を紹介した。欧米と比較して遅ればせながら取り組み始めているわけであるが、実際にはまだ覚悟を持って取り組んでいない企業が存在しており、様子見や模索をしながら進めているというのが実態である。「掛け声だけで実態が伴っていない」と非難されないためにも、本気で社会課題解決と社会価値創出に取り組まなければならない。

一方で、本気で取り組んでいる企業は意思を持って企業や人をつなぎ、技術を使ってデータやモノをつなぎ、エコシステムとして課題解決·価値創出に当たっていると感じられる。自社単独ではなく、企業横断・業界横断のプラットフォームを構築し、データを共有・可視化しながらよりよい方向へと導けるよう、プレーヤー同士が協力し合っている姿がそこにはある。

グレート・リセット

世の中が社会の永続性や持続可能性へのコミットを重視する流れに大きく舵を切ったと認識できる特徴的な事例としては、世界のさまざまな課題を解決するために1971年に経済学者クラウス・シュワブにより設立された世界経済フォーラム（World Economic Forum：WEF）から2021年5月に開催するダボス会議のテーマを「グレート・リセット」にすると発表されたことが挙げられる。

今、われわれが生活する世界は、さまざまな金融システム、社会経済システムの下で動いている。こうしたシステムの多くは、世界の高度経済成長期につくられてきたものだ。われわれの生き方や働き方の基本方針は、これらのシステムによって決定されているといっても過言ではない。しかし、既存のシステムのすべてが完璧だったわけではなく、現代社会が抱える多くのひずみも生み出してきた。それが気候変動をはじめとするさまざまな問題を生み出していると考えられる。

そのさまざまな問題を解決するために、これまでは当たり前であったシステムをいったんリセットし、まったく新しい仕組みをゼロからつくり出すことこそがグレート・リセットである。

言い換えるならば、COVID-19のような感染症や気候変動に際して、企業経営の在り方を見直さないと、われわれ人類の存続そのものが脅かされ、永続的な経済活動ができなくなるということへの危機感が世界で共有されていると考えられるのである。

デロイトトーマツは、2021年1月21日に報告書「Driving Growth Using ‘Practical Wisdom’ : Japan’ s Perspectives」（日本語版「日本の視点：『実践知』を生かす新たな成長モデルの構築に向けて」）を発表し、日本におけるグレート・リセットの在り方について報告した。

グレート・リセットというスローガンに対して、日本はより実現性のある取り組みに落とし込む力が世界的に優れていると結論づけ、「実践知」というキーワードを軸に進むべき道をまとめた。

本報告書は、以下の4つの分野をリセットする取り組みにおいて、日本がその実践知を生かすことを提案している。

意識面のグレート・リセット：持続可能性や気候変動といった構造的な問題に対処するには、時が解決するだろうという希望的観測を捨て、より現実的に取り組まなければならない。ここには大きな意識改革が必要であり、次の3つがポイントとなる。①政府・民間・国民の間でより大きな危機感を共有すること、②国民の信頼を得るように永続的でインパクトのある変革を加速すること、そして③既存の課題解決に早急に取り組み、日本の新時代の幕を開けようとする意識を持つこと、である。

企業文化面のグレート・リセット：企業のリーダーには、自らのビジネスの在り方を変革することが求められている。自社の成功に注力するだけではなく、事業を通じた共通善への貢献に注意を向けなくてはならない。この分野については、①長期的な価値創出を重視する、真にパーパス志向のビジネスを育てる、②「デジタルリープフロッグ」によって新たな地域社会・環境ソリューションを提供する、③ダイバーシティ＆インクルージョンを推進してリーダーシップを再活性化する、という3つのステップが提案されている。

経済面のグレート・リセット：株主資本主義からステークホルダー資本主義へ、経済システム全体を変革する必要がある。この変革を支えるのは、①経済的成功の在り方を再定義する、②シェアホルダーとステークホルダーのバランスを図り、経済の焦点を捉え直す、③投資家の関心を短期的なリターンの追求ではなく長期的な価値創造に向ける、という3つの方策である。

グローバルな連携・協力のフレームワーク面のグレート・リセット：日本は、ルールフォロワー（ルールを順守する役）という伝統的な役割から脱却し、ルールシェイパー（ルール・メイキングの環境づくり役）となってグローバル規模での連携・協力の基盤を再構築していかなければならない。これは、①既存のルールの調整・最適化を通し、新たな協力の時代を創造する、②グローバル貿易システムを再構築する、③さまざまな分野の多国間連携・協力において重要な仲介役を務める、という3つのアプローチにより実現が可能である。

業界のリーダーたちによってまとめられたこの実践知は、非常に意味深長な方向性であり、今までに議論してきた問題や社会的な変化を的確に捉えていると考える。

繰り返しになるが、われわれが生きる時代は、COVID-19によって人々の生活スタイルや価値観を大きく変えられてきた。企業もさまざまな意思決定を迫られている。それほどの大変化をもたらしたのである。

ところが、事はそれにとどまらなかった。世界経済フォーラムも「行き過ぎた」成長に警鐘を鳴らし、ポストコロナの世界における新しい経済の枠組みを再構築するよう、グレート・リセットを提唱した。さまざまな変化が立て続けに起き、その規模も決して小さいものではない。まさにVUCAの時代である。

ロシアのウクライナ侵攻についても、いつ、どのように終わるのか、そしてその波及効果はどこまで拡大するのかはまったくわからない。また、それに伴って、各国のエネルギー政策も、脱CO_2からどのような方向性に向かうのかわからなくなってきた。しかしながら、温暖化の影響やCO_2排出に伴う環境への影響に対する対応は不可逆な動きであり、短期的な揺り戻しはあるにせよ恒久化するとは考えにくい。すなわち、世界はさまざまな困難を乗り越えながらレジリエントな社会の枠組みをつくるべく動き続けることとなる。

日本はこのグレート・リセットを実践し、よりよい社会をつくる取り組みを加速させる必要があるし、加速しなければならないと考える。すなわち、経済成長と持続可能（サステナビリティ）や復元力（レジリエント）、包摂性（インクルーシビティ）を備えた社会を創造するために、上記の4つの視点を推進することで世界をリードすることができる。また、そのような観点から世界への貢献を果たさなければならない。

注

1-1　Amazon「Investor Relations」
(https://ir.aboutamazon.com/overview/default.aspx)（2023/03/14アクセス）

1-2　国土交通省「令和２年度宅配便取扱実績について」（2021/08/06）（https://www.mlit.go.jp/report/press/jidosha04_hh_000235.html）（2023/03/30アクセス）

1-3　GSIA（Global Sustainable Investment Alliance）
(https://www.gsi-alliance.org/)（2023/04/26アクセス）

1-4　スチュワードシップ・コードに関する有識者検討会（令和元年度）「『責任ある機関投資家』の諸原則《日本版スチュワードシップ・コード》―投資と対話を通じて企業の持続的成長を促すために」（2020/03/24）
(https://www.fsa.go.jp/news/r1/singi/20200324/01.pdf)（2023/03/14アクセス）

1-5　「ESG won't exist 5 years time - Peter Harrison, CEO Schroders」（https://www.youtube.com/watch?v=e4VIXx4PTdk）（2023/03/22アクセス）

1-6　小平龍四郎「ESGの公用語、知っておきたいSASB（サスビ）」日本経済新聞（電子版）（2020/07/22）
(https://www.nikkei.com/article/DGXMZO61735290Q0A720C2000000/)
（2023/03/14アクセス）

1-7　「人権デューディリジェンスに関する日本企業の評価から得られたエビデンス」World Benchmarking Alliance、KnowTheChain、ビジネスと人権リソースセンター（BHRRC）２ページ（https://media.business-humanrights.org/media/documents/Evidence_from_Japanese_companies_assessment_on_Human_Rights_Due_Diligence_JP.pdf）（2023/03/14アクセス）

1-8　マット・マグラス、BBC環境担当編集委員「中国のCO2排出量、2060年までに実質ゼロに　習主席が表明」BBC NEWS JAPAN（2020/9/23）
(https://www.bbc.com/japanese/54260510)（2023/03/14アクセス）

1-9　経済産業省「責任あるサプライチェーンにおける人権尊重のためのガイドライン（案）」（2022/08/04）
(https://www.meti.go.jp/shingikai/economy/supply_chain/pdf/20220808_1.pdf)
（2023/03/22アクセス）

1-10　経済産業省、外務省「『日本企業のサプライチェーンにおける人権に関する取組状況のアンケート調査』集計結果」（2021/11）（https://www.meti.go.jp/press/2021/11/20211130001/20211130001-1.pdf）（2023/03/14アクセス）

1-11　NORC (the National Opinion Research Center)
(https://www.norc.org/Research/Projects/Pages/assessing-progress-in-reducing-child-labor-in-cocoa-growing-areas-of-c%C3%B4te-d%E2%80%99ivoire-and-ghana.aspx)（2023/04/26アクセス）

参考文献

世界経済フォーラム「パンデミックからの回復における「日本の視点：『実践知』を活かす新たな成長モデルの構築に向けて」（2021/01/21）
(https://jp.weforum.org/press/2021/01/jp-driving-growth-using-practical-wisdom-japans-perspectives-in-recovery-from-the-pandemic/)（2023/03/14アクセス）

第1章まとめ

今の時代をどう捉えるか？

VUCAの時代と捉えている。「Volatility（変動性）」「Uncertainty（不確実性）」「Complexity（複雑性）」「Ambiguity（曖昧性）」の4つのキーワードが意味するところは、画一的な将来像が存在すると考えるのではなく、変化に柔軟に対処しつつ将来像を創り出そうという姿勢が求められるということである。将来像を創り出すには単独では実現が困難なため、エコシステムを形成する必要がある。その結果、さまざまなプレーヤーがつながり、エコシステムを通じて新しい価値の創出や社会課題解決が実践される社会への転換が進むのである。

COVID-19は何をもたらしたか？

われわれの価値観や社会に大きな変化をもたらした。Well-beingへの関心が高まり、家庭や地域社会との調和、地球環境との調和といった持続可能な社会の実現を重視するようになった。また、バーチャル化が進み、リアルとバーチャルのハイブリッドで物事を進めることが当たり前になってきた。

持続可能な社会の実現における日本の立ち位置は？

残念ながら今の日本は世界をリードしている立場になく、遅れを取り戻そうとしているところである。気候変動への対応は模索しながらも広がりつつあるが、人権問題をはじめとする人間尊重社会の実現に向けた取り組みは緒に就いたばかりである。

持続可能な社会の実現に向けて取り組まなければならないことは？

「ウォッシング」*と言われないようにするためにも、本気で社会課題解決と社会価値創出に取り組まなければならない。意思を持って企業や人をつなぎ、技術を使ってデータやモノをつなぎ、エコシステムとして課題解決・価値創出に当たることが重要である。

また「グレート・リセット」を実践することが必要である。「意識：楽観主義から新現実主義へ」「企業文化：私益から共通善へ」「経済：シェアホルダーからステークホルダーへ」「グローバル連携・協力：ルールフォロワーからルールシェイパーへ」という４つの視点を推進し、日本から世界へ貢献を果たすべきであると考えている。

＊何らかの目標達成に向けて取り組んでいるように見せてはいるが実態が伴っていない状態

Column

企業の社会的責任と経済活動の両立
——経済学の視点

慶應義塾大学経済学部教授　直井道生

企業の社会的責任（CSR）の重要性が強く認識されるようになって久しく、近年ではSDGs（持続可能な開発目標）に対する社会的注目の高まりやESG投資の進展なども相まって、重要な経営戦略上の課題の1つとして考えられるようになっている。

CSRが対象とする領域は幅広く、製品・サービスの安全・品質管理はもとより、消費者保護、労働慣行の改善、人権への配慮、環境問題への取り組み、地域貢献などが含まれる。またその方法は、寄付などによる資金的援助、自社製品やサービスの提供、設備・施設等の貸し出しなどの物的支援、社員の派遣や技術協力・ノウハウ提供などの人的支援と多岐にわたる。

本コラムでは、こうした多面的な要素を持つ企業のCSR活動について、経済学分野における研究上の知見を紹介するとともに、その論点を整理する。具体的には、①企業のCSR活動を説明する経済学的メカニズム、ならびに②企業の経済活動とCSR活動に関する実証的知見といった内容が中心となる。①は、なぜ多くの企業は利潤追求を目的とする本来の事業に加えて、CSR活動にも従事するのかという疑問に答えるものであり、企業の行動原理やCSR活動のメリットやインセンティブに関わる内容である。②は、①の観点を踏まえたうえで、企業のCSR活動と利潤追求は両立可能かという疑問に答えるものであり、いくつかの実証的知見の紹介を行う。

CSR活動の経済学的メカニズム

図1-1-1は、東洋経済新報社が実施しているCSR調査に基づいて、企業のCSR対応状況における近年の動向を見たものである。[注1-1-1] これによれば、2021年時点ではおおよそ4分の3（74.6%）がCSR担当部署を設定していることがわかる。また、CSR専任部署の設置割合は期間中ほぼ一定の水準にとどまっているものの、兼任部署の設置を合わせると、この割合は上昇傾向にあることもわかる。年次のCSR報告書など、CSR活動についての基本姿勢・CSR方針の文書化については、直近で約7割（68.7%）の企業が何らかの文書を公表しており、かつこの水準は年々高まる傾向がある（**図1-1-2**）。

多くの企業が、このように幅広いCSR活動を行っているのはなぜだろうか。多くのCSR活動は、負の外部性の存在や公共財の過少供給といった「市場の失敗」に対する、民間企業による自発的な是正活動であると考えられる（たとえば温室効果ガスの削減といった環境問題を考えるとわかりやすい）。「標準的」な経済分析では、利益追求を目的とする民間企業は市場の失敗を是正するようなインセンティブを持たず、したがってこうした活動は公的主体（政府）が担うべきものとされる。[文献1-1-1] そのため、経済学の分野では、この疑問に対して長らくさまざまな検討が行われてきた。

この疑問に対する解答の1つは、企業の行動原理に立脚したものである。今、自社の利益追求のみを行動原理とするような民間企業は、コストのかかるCSR活動を自発的に行うインセンティブを持たない。これに対し、現実の企業（より正確にはその所有者たる株主／シェアホルダー）は、自社の利益だけでなく、社会全体の利益

図1-1-1 企業のCSR対応状況（2007～2021）
CSR担当部署の設置状況

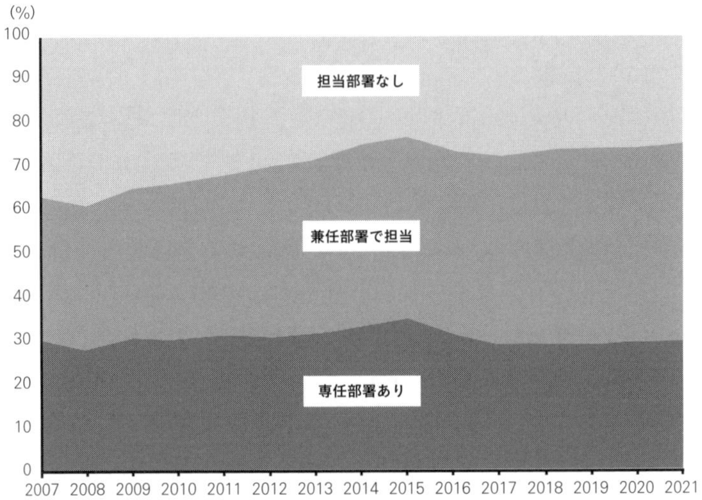

出所：東洋経済新報社『東洋経済CSR調査』各年版を基に慶應義塾大学作成

図1-1-2 企業のCSR対応状況（2007～2021）
CSR方針文書の有無

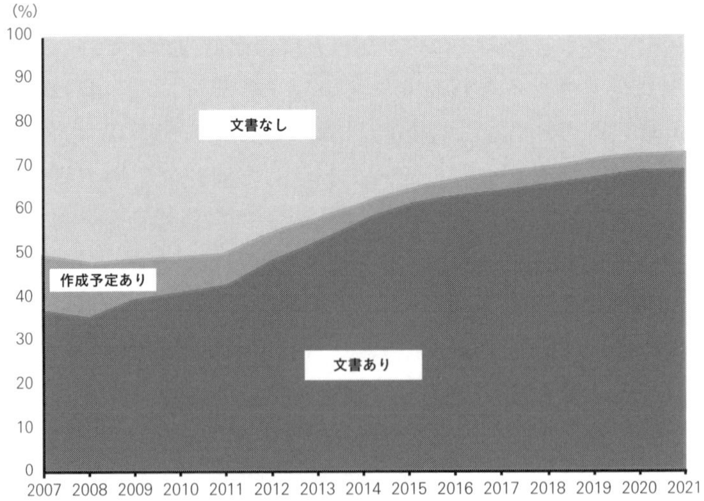

出所：東洋経済新報社『東洋経済CSR調査』各年版を基に慶應義塾大学作成

についても一定の考慮を行うと考えるのが自然であろう。この場合、自社の利益を犠牲にして（追加的なコストを負担して）でも、社会的な利益のために自発的なCSR活動を行うことが正当化される。

図1-1-3は、このような考え方に基づき、CSRの類型を示したものである。[文献1-1-2] 表頭は企業の所有者であるシェアホルダー（株主）の行動原理（「選好」）を示している。ここで「古典的選好」は、標準的な経済分析で想定されるような自社の利潤最大化のみを目的とする行動原理を表す。一方「社会的選好」は、自己の利益に加えて、社会的な利益をも考慮するような行動原理を表す。[注1-1-2] 図1-1-3ではさらに、従業員・顧客・取引先といったステークホルダーの行動原理についても同様の分類を行っている。結果として、両者の組み合わせによって4つに分類される。

前述のとおり、シェアホルダーが社会的選好を持つのであれば、自発的なCSR活動が正当化される。これは図1-1-3の（A）および（B）の類型に対応しており、自社の利益を犠牲にしてでもCSR活動による社会的利益を追求するという意味で「非営利CSR」（not-for-profit CSR）と呼ばれる。ただし、実際にCSR活動によって自社の利益が損なわれるかどうかは、ステークホルダーの行動原理にも依存する。このことを確認するために、たとえばフェアトレードコー

図1-1-3 CSRの類型

	シェアホルダー（株主）	
ステークホルダー	社会的選好	古典的選好
社会的選好	（A）非営利CSR （利潤±）	（C）戦略的CSR （利潤最大化）
古典的選好	（B）非営利CSR （利潤−）	（D）CSRなし （利潤最大化）

出所：文献1-1-2を基に慶應義塾大学作成

ヒーの販売を考えてみよう。

今、フェアトレードコーヒーの取り扱いは、最低価格保証や奨励金などを必要とするため、企業にとっては追加的な費用負担につながる。ステークホルダーである消費者が、こうしたフェアトレード商品に対して何の価値も見いださない（古典的選好）のであれば、こうしたコスト増を商品価格に転嫁できず、企業の利潤は低下することになる（図1-1-3（B））。一方で、消費者も社会的選好を持っている場合、価格プレミアムを支払ってでもこうした商品を購入するかもしれない。この場合、追加的な費用を価格に転嫁することで（企業自体は利潤最大化を目的としているわけではないにもかかわらず）結果として利潤が増加する可能性がある（図1-1-3（A））。

非営利CSRは、企業が社会全体の利益を考慮した行動原理を持っているために生じるものであり、ある種、自明な結果ともいえる。これに対し、図1-1-3の類型からは、企業が純粋に自社の利益のみを追求するような場合でも、CSR活動が行われる可能性があることが示される。再びフェアトレードコーヒーの例を考えると、消費者が社会的選好を持っている場合、企業は通常のコーヒーよりも高い価格でこの商品を販売することができる。このような価格の増分が、フェアトレードコーヒーの取り扱いによるコスト増を補って余りあるのであれば、仮に企業が利潤最大化のみを目的とする古典的選好を持っていたとしても、フェアトレードコーヒーの販売を選択することになる。[注1-1-3] 逆の例としては、違法あるいは非倫理的な企業の行動に対する消費者の不買運動の可能性が、結果として社会利益を重視した企業行動を促すといった説明もある。こうしたメカニズムに基づくCSR活動は、社会的利益を増進するような活動によって、間接的に自社の利益を高めることを目的としているという意味で「戦略的CSR」（strategic CSR）と呼ばれる（図1-1-3（C））。

実際のCSR活動は、どのようなメカニズムによって発生しているのだろうか。この問いに明確に答えることは難しいが、社会貢献活動に関する企業アンケート調査の結果が参考になる。[注1-1-4] **図1-1-4**は、社会貢献活動の役割と意義について、経団連の加盟企業を対象に尋ねた結果をまとめたものである。これによれば、社会貢献活動の役割として「企業の社会的責任の一環」(95%)や「社会の健全な発展への貢献」(81%)といった、前述の非営利CSRと整合的な内容を挙げる企業が多い一方、「社員のモチベーション向上や帰属意識の強化」(45%)、「ブランディング戦略の一環」(27%)、「レピュテーション(評判)の獲得・向上」(24%)といった回答も散見される。これらの結果は、実際の企業のCSR活動には、純粋な社会的動機による非営利CSRと、間接的な自社の利益追求を動機とした戦略的CSRが混在していることを示しているといえる。

図1-1-4　社会貢献活動の役割と意義

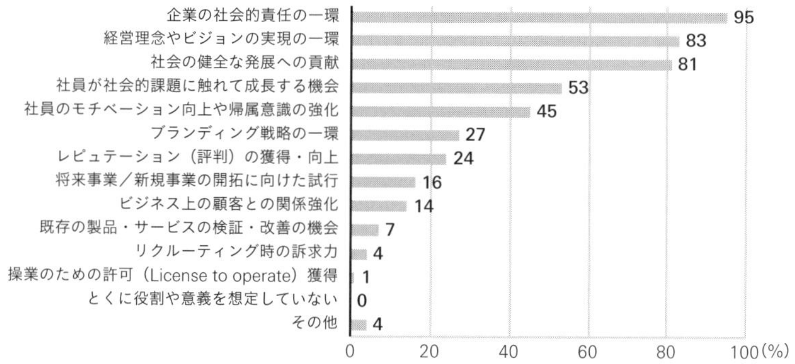

＊n=178、2020年度の調査、5つ以内複数回答
出所：一般社団法人日本経済団体連合会 企業行動・SDGs委員会「社会貢献活動に関するアンケート調査結果」2ページ（2020/09/15）を基に慶應義塾大学作成
（https://www.keidanren.or.jp/policy/2020/078_honbun.pdf）（2023/01/27アクセス）

CSR活動と企業のパフォーマンス

経済学分野における分析の近年のもう1つの大きな柱は、CSR活動が企業のパフォーマンスに及ぼす影響である。こうした分析の多くは、CSR活動と企業の財務的なパフォーマンス（利益・利潤）の関連を検討している。**参考文献1-1-3**は、こうしたトピックに関する既存の実証的知見を包括的にレビューしたものである。彼らは、既存の52本の研究論文における分析結果に基づいて、企業のCSR活動が、総資産利益率（ROA）、自己資本利益率（ROE）、売上変化率、株価上昇率といった企業の財務パフォーマンスに及ぼす影響を検討している。その結果、企業のCSR活動は、平均的に財務パフォーマンスを向上させることを明らかにしている。[注1-1-5]

また、CSR活動と企業のパフォーマンスを結びつける個別の要因についても、労働市場における影響や顧客による商品評価など、数多くの研究がある。たとえば、従業員や求職者を対象としたサーベイ調査の結果は、企業のCSR活動が従業員のモチベーションや職務コミットメントを高め、[文献1-1-4] 求職活動の際に重視する要因の1つとなっていることを示している。[文献1-1-5] 一方、消費者による評価についても、さまざまな研究の蓄積がある。消費者は、フェアトレードコーヒーに対して（そうでないコーヒーと比べて）15～30%の価格プレミアムを許容し、[文献1-1-6] 再生可能エネルギーに対して5～20%の料金プレミアムを許容し、グリーンビルディング認証[注1-1-6]を取得したオフィスビル物件に対して3%の賃料プレミアムを許容する。[文献1-1-7]

これらの実証的知見は、いずれもCSR活動のメカニズムの（部分的）検証になっている。図1-1-3で示した類型によれば、CSR活動が企業の財務パフォーマンスに対して正の影響を持つ（少なくとも負の影響を持たない）ことは、戦略的CSRが存在することと矛盾しないからである。したがって、現実のCSR活動を考える際には、企業やシェアホルダーの社会的動機づけだけでなく、こうした活動が間接的に企業業績に及ぼす影響を考慮することが重要であるといえる。

同時に、これらの知見のより重要な示唆は、CSR活動と企業の財務的・経営的パフォーマンスは必ずしもトレードオフの関係にはないことを示している点にある。すなわち、社会的な利益のためのCSR活動は、必ずしも自社の収益を犠牲にした活動ではなく、むしろ競争力強化のための重要な経営課題の１つとして考えられるのである。

注

1-1-1　この調査の対象は上場企業全社および主要未上場企業であるため、比較的規模の大きな企業に関する集計になっている点に注意する必要がある。また、各年の回答企業数は約1,000～1,600社であるが、おそらくはCSR活動の重要性の高まりを反映し、近年になるほど回答企業数が多くなる傾向がある。結果を解釈する際には、こうした点にも注意が必要である。ただし、すべての調査年次（2007～2021年）に継続して回答した企業に限定しても、図1-1-1に示した傾向は変わらない

1-1-2　このような行動原理には、社会全体の利益を増大させることが直接的な目的となるような選好（利他的選好）や、そうした行動によって社会的な「評判」を高めることを目的とするような選好など、いくつかのバリエーションがある

1-1-3　別の例としては、労働市場に着目した説明もある。今、社会的利益を考慮した活動によって、それに共感した従業員の帰属意識やモチベーションが高まったり、より有能な人材を採用できるようになったりするといったメリットが生じるかもしれない。この場合にも、そうしたメリットがCSR活動によるコスト増を上回るのであれば、利潤最大化を目的とする企業のCSR活動につながる

1-1-4　「社会貢献活動に関するアンケート調査」（一般社団法人日本経済団体連合会、2020年）による。この調査における「社会貢献活動」は「収益を目的とする事業活動に短期的には直接、つながるものではないが、企業が実施している社会的課題の解決に資する活動」として定義されており、広義のCSR活動と見なすことができる

1-1-5　より最近の研究としては、文献1-1-8があり、こちらもCSR活動と財務パフォーマンスの間の正の関連を明らかにしている

1-1-6　グリーンビルディング認証は、省エネ性能の高さや再生可能エネルギーの利用、持続可能性を考慮した原材料の利用といった、環境・社会への影響に関連するいくつかの観点から、一定の基準を満たす不動産に付与される評価であり、わが国では日本政策投資銀行によるDBJ Green Building認証などが知られている

参考文献

1-1-1 Friedman, M.(1970) "A Friedman Doctrine: The Social Responsibility of Business Is to Increase Its Profits", *The New York Times,* September 13, p.32-33, p.122-126.

1-1-2 Kitzmueller, M., and Shimshack, J.(2012) "Economic Perspectives on Corporate Social Responsibility", *Journal of Economic Literature,* 50(1), p.51-84.

1-1-3 Orlitzky, M., Schmidt, F. L., and Rynes, S. L.(2003) "Corporate Social and Financial Performance: A Meta-Analysis", *Organization Studies*, 24(3), p.403-441.

1-1-4 Peterson, D. K.(2004) "The Relationship between Perceptions of Corporate Citizenship and Organizational Commitment", *Business and Society*, 43(3), p.296–319.

1-1-5 Backhaus, K. B., Stone, B. A., and Heiner, K.(2002) "Exploring the Relationship between Corporate Social Performance and Employer Attractiveness", *Business and Society*, 41(3), p.292–318.

1-1-6 Loureiro, M. L., and Lotade, J.(2005) "Do Fair Trade and Eco-Labels in Coffee Wake Up the Consumer Conscience?", *Ecological Economics*, 53(1), p.129–138.

1-1-7 Eichholtz, P., Kok, N., and Quigley, J. M.(2010) "Doing Well by Doing Good? Green Office Buildings", *American Economic Review*, 100(5), p.2492-2509.

1-1-8 Margolis, J. D., Elfenbein, H. A., and Walsh, J. P.(2009) "Does It Pay to Be Good... and Does It Matter? A Meta-Analysis of the Relationship between Corporate Social and Financial Performance", manuscript.(doi：10.2139/ssrn.1866371)

受講生アンケート　その1

寄附講座「都市と地域のモビリティー産業論」での講義において受講者の皆さんに投げかけた質問への回答の中で、本章に関係しそうなものをいくつか紹介する。

Q 質問

VUCAの時代に自分が磨くべき能力は何だと思いますか？

A 回答（抜粋）

比較的回答が多かったもの

- 「考える力」だと思う。与えられたタスクを言われたとおりにこなすだけで済むような時代はすでに終わり始めている。このVUCAの時代において、日々求められることは変化し、それに対応することが必要になる。変化した今にどう応じるかを考えたり、将来がどうなるかを考えたりするためにも「考える力」を磨くべき。
- とくに「Ambiguity（曖昧性）を許容する能力」が必要だと考える。曖昧性の許容というと、能力というよりマインドセットに近いかもしれないが、物事の複雑性を受容し、単純化し過ぎずに思考することが非常に重要だと思う。そうすることで、画一化され量産化される価値観ではなく、本来の意味で多様な価値観を包み込む社会を目指せると考える。

回答が一定数あったもの

- 「希少性を兼ねる能力」だと思う。今までの日本社会では終身雇用制度の下、社会人は勉強する必要がないといわれることが多かったが、今後は各個人が確固たる能力を身につけ、変動性や不確実性の高い状況においても生き抜いていくことができる力を身につけるべきだと考えている。また、この能力は希少性が高いほど需要が増し、世の中からより必要とされるのではないか。

- 「リーダーシップの能力」だと思う。理由は、VUCAの時代において、社会が変動し、不確実で複雑な世の中では人々が力を合わせて解決しなくてはならない問題が増えてくるはずで、その時代を改革させるには、人を束ねる能力が必要だと考えるからだ。
- 「常に最悪の状況を考える能力」だ。VUCAの時代ではいくら先のことを見据えたからといっても何が起こるかを予測することは不可能に近く、予測できないことによる被害はとてつもなく大きくなりがちだ。そこで必要になってくるのが最悪な状況を考える能力である。最悪の状況を考えることで、予測不可能な事態で被害を最小限に抑えることができる。楽観的に捉えて失敗するよりも、失敗しない方が得策といえる。
- 「社会の動きに対して、自らの意見を持って発信する力」を磨くべきだと思う。VUCA時代において、物事に興味関心を持つだけでは表面的な知識の吸収にとどまってしまうと思うからだ。したがって、多様な事象を受け止めて考えられるような姿勢が重要だと考える。また、思考を言語化することで他者との考え方の相違を学びながら、複雑で終わりのないテーマについてアプローチし続けることができるのではないか。

※2022年秋学期第1回授業時のアンケート結果（回答者320名）

解説

われわれが講義や本書を通じて伝えたかった重要なメッセージの1つは、自らが実現したいこと（個人パーパス）を探し続け、その実現に向けて個としての能力を磨きつつ、いろいろな人の声に耳を傾けながら仲間を探して挑戦し続けよう、ということだ。アンケートの回答から、そのメッセージが一定程度共有できたのではないかという印象を受けた。

一方で「最悪の状況を考える力」という回答が出ているように、不確実性が高いと感じられる時代においては、生き抜くためにはどのようにすればよいか、というようなリスク志向の考え方になりがちだという点もあらためて認識させられた。危機感を持って臨むべきである、と考えれば大変頼もしくもあるが「気楽に全力投球をしよう」という気持ちで、楽しく取り組んでほしいとも考えている。

Q　質問

COVID-19で自分の生活で大きく変わったことは何でしょうか？

A　回答（抜粋）

比較的回答が多かったもの

- 通学の時間がなくなり時間的な余裕が生まれたため、内省の時間が大幅に増加した。それにより、自分が本当に好きなことや嫌いなことは何なのかを真剣に考えるようになり、好きなことを重点的に行うようになって、QOLが上がった。一方で、人とのコミュニケーションをとる機会は大幅に減ったので、意識的に複数のコミュニティに属し、コミュニケーションをとるようになった。
- 日常（学生）生活において効率化できるものとできないものが整理された。移動して、人に会って、雑談して、また移動するという経済的に見れば非効率な行動、いわゆる「無駄」なことの重要さを再認識できた。
- 人間関係が最も大きく変わったと感じる。コロナ禍以前はどちらかといえば広く浅い交友関係を結ぶタイプの人間であったが、コロナ禍以降は本当に会いたい人以外とは予定を組まなくなったため、狭く深い人間関係を結ぶようになった。また、大学や就職活動においても直接他者と会わなかったため、新たに交友関係を広げる機会も減った。

回答が一定数あったもの

- 地元をより意識するようになった。徒歩圏内での散歩をするようになったり近所の友達と過ごすようになったりなど。その過程で地元のよさを再認識し、周辺地域の意味で住環境に対する要求が以前より高くなった。
- 今まで当たり前のように使っていた電車をあまり使わなくなり、自動車に乗るようになった。コロナ禍では人との接触自体が脅威になるため電車を使わず自動車で移動するようになった。自動車に乗るようになったことで、移動が楽になり、行動範囲が広がった。

※2021年秋学期第1回授業時のアンケート結果(回答者396人)

Q 質問

低成長時代において、自分にとっての喜びとは何でしょうか?

A 回答(抜粋)

比較的回答が多かったもの

- 自分と自分の身の回りの人、自分と関係を持っている人がドラマティックではなくても幸せに、平穏に過ごせることが喜びであると感じる。
- 自己成長を少しでも実感することだと考える。経済成長を実感しにくいときこそ自己研鑽を積み、自身の価値を高めることによってその先の将来を見据えることが必要ではなかろうか。

- 企業の成長は自分にとっての喜びだが、本質的な喜びは社会に貢献することであり、小さい単位でいえば誰かに感謝されるようなことをすることだと思った。低成長時代において、企業の成長が第一という前提に疑問が持たれている中、まずは自分以外の誰かに貢献することに喜びを感じることで、結果的に自らの成長、企業の成長にもつながると思った。
- 自分の中で幸せに対する価値観を確立することで得られるものだと考える。現在に至るまでの社会は、競争の中でどんどんと消費し豊かになっていくことが喜びにつながっていた側面があっただろう。しかしこれ以上豊かにならないかもしれない低成長時代においては、他人の価値観に身を置いてプレッシャーや劣等感を持つより、自分らしく生きることが重要になっていくと思う。

回答が一定数あったもの

- 「人に必要とされる」という、精神的な喜びである。大学入学以前は高収入や、高級車などの物質的なものに魅力を感じていた。しかしながら、大学に入学し自分から見える世界が少し広がったことでそのような物質的なものから得る喜びは際限のないものであり、自分を真の意味で満足させてくれるものではないのではないかと思うようになった。その一方でサークル活動などを通して人から必要とされる経験が増え、そのことに喜びを感じるようになった。
- 「刺激がある」ことが最大の喜びだ。低成長でも時代は常に変化し新しいことが見いだされていたり、あるいは昔の流行などがリバイバルしたりすることもしばしばある。かつてほどの経済的な成長がなくても学べることは多々あり、周りの人々から学ぶ機会も豊富にある。私は変化を好み知識や経験などを吸収することを大切にしているので刺激があれば楽しく、個人的な成長にもつながると考えている。

※2022年秋学期第1回授業時のアンケート結果（回答者320人）

解説

COVID-19やウクライナ侵攻を通じて、平穏に暮らせることそのものの価値が再確認されたこともあってか、「1億円稼ぎます!」というような経済的・物質的な面での成功を強調した回答はほぼ皆無で、平穏に暮らす、自己成長を実感する、社会や他人に感謝される、といった回答が多かった。また、低成長時代でも「刺激」は豊富に生み出すことができ、そこから喜びを見いだせる、という考え方は将来をポジティブに見いだしうるよい視点だと思う。

そして、非常に本質的だと感じたのは「自分の中で幸せに対する価値観を確立すること自体が重要であり、他人の価値観に身を置かず自分らしく生きることが重要」という回答だ。大いに賛同する。自分の幸せの価値観を確立する前提として、誠実であり向上心を持ち努力をし続けることが必要ではあるが、その努力を他人と比較するためではなく、本質的に自分が求めている幸せに振り向けたいものである。

Q 質問

環境等に配慮した製品と通常の製品があった場合に、環境等に配慮した製品が2割ほど高い場合でも購入しますか？　その理由は何ですか？

A 回答

- 買う（143人：34%）
  - └ 価値との比較（明確に効果が記載されている前提など含む）
  - └ 買うことでの環境貢献と、価格の低減が見込めるから
  - └ 長期的視点（その選択が将来自分または自分の子孫が生きる世界を大きく変えるかもしれないから）
- 買わない（176人：42%）
  - └ 金銭的理由
  - └ 価値との比較
  - └ 現状の価値基準が機能面のみであるから
  - └ 社会が負うべき費用ではないかと思うから
  - └ 自身も以前、研究で商品価格100円、付加コスト10円の商品にいくらまで払えるかを尋ねたことがあり、その際120円以下と答えたのは回答者の4%、110円、105円では33%、40%だったから。2割ほど高くても購入する大学生は多くはないが、商品にストーリー性があり、具体的にイメージできるとプレミアムを支払う意思が高まると思う
- 条件次第（99人：24%）
  - └ 品質や価値基準
  - └ 高額なものであれば、環境配慮製品を買う（長寿命、消費財ではない）
  - └ 低額なものであれば、環境配慮製品を買う（コスト面）
  - └ 環境配慮の影響度が定量化していれば買う可能性がある

※2021年秋学期第４回授業時のアンケート結果（回答者418名）

解説

現時点の日本における一般的な水準は「買う」の割合が20%程度

といわれているようなので、その対比でいうとおそらく受講生の受容度は比較的高いのではなかろうか。とはいえ「買わない」という回答が依然40%を超える水準で存在しているので、実態として環境などに配慮した製品を広く普及させるためには、意識変革やコスト削減を引き続き徹底的に行わなければならない。

第2章

エコシステム
——仲間をつくって実行に移す

これから求められるエコシステムとは何か

第1章では現在をVUCAの時代と捉え、これまでの常識を覆すような社会変化が起こりうる世界の中で、持続可能な社会で人間らしく生きることに対する関心が高まっており、これからは「グレート・リセット」の推進が必要であると述べた。このグレート・リセットを推進する際にカギとなるのが「エコシステム」である。

本章では、エコシステムとは何か(What)、なぜ重要なのか(Why)、どのようにすればよいのか(How)、について説明する。まず本節では、エコシステムとは何か、これから求められるエコシステムとは何かについて解説する。

そもそもエコシステムとは何か

2007年に出版された『キーストーン戦略』[注2-1]は、イノベーションを持続させるカギとして「生態系:エコシステム」という生物学のメタファーをビジネスに適用し、「ビジネス・エコシステム」という概念を世に示した名著である。

著者のマルコ・イアンシティとロイ・レビーンは、その中で「決定的な競争は企業間で起きているのではなく、企業ネットワーク間で起きている」「緊密にネットワーク化されたシステムの一部となることをより深く理解するためには、生物界のシステムから見ていくのがよいだろう」と、ビジネス・エコシステムの概念を述べた。

自然界のすべての興味深い現象は、おびただしい数の生物による集合的な相互作用によって生じたものであるため、相互依存性が生物界のシステムにおける安定性、生産性、創造性の基盤となっている。つまり種の運命は、システムの他の種も含めた全体のネットワークの運命と結びついている。たとえば、イチジクは季節に依存せず実ができることで幅広い動物種にとって必須の食物源となっており、もし何らかの理由でイチジクが取り除かれるようなことがあれば、エコシステム全体に壊滅的な影響が出る可能性がある。

その中で、人間は自然のシステムの一部でありながら自然のシステムを外部から操作してしまう存在であるにもかかわらず、自然界の複雑で繊細なネットワークの性質に注意を払ってこなかったため、不注意な操作でシステムを破壊してしまうリスクを孕んでいる。とはいえ、基本的には自然界の全メンバーが共通する利益のために相互依存を共進化させてきており、想定外の外部からの破壊さえなければ、力強く持続可能なものになっている。

このような相互依存のパターンと、安定性とイノベーションを生み出す、共有されている関係性は産業の中にも見いだすことができる。コンピューター産業はその一例である。

たとえば、マイクロソフト社（以下、マイクロソフト社の許可を得て掲載）の視点からソフトウェア・エコシステムのドメインを見てみると、システムインテグレーターや導入トレーニング企業、ビジネスコンサルタント、ハードウェア販売企業など、パートナー企業は数十のセクターにまたがっている。同社のパフォーマンスは、これらのセクターが健全であることに依存している。したがって、同社はソフトウェア・プラットフォームを中核にビジネスモデルを構築し、そのプラットフォームやツール群などを多様なパートナーにライセンスし、パートナーの多様性や生産性、イノベーションの速度などを促進させることで、ソフトウェア・エコシステム全体の健全性を高めることに成功している。

自然界のエコシステムにせよ、産業界におけるビジネス・エコシステムにせよ、いずれも自律性と相互依存性を両立させながら進化し続ける集合体を意味しているものと捉えることができる。つまりエコシステムとは「自律的に活動する集団同士が相互依存性を高めながら持続可能な形で進化する関係性の総体」と定義することができる。言い換えると、各集団は「自律的に活動する」ものでなくてはならず、そこに相互依存性が存在しており、その性質が持続可能な形で進化する関係性でなければならない。

マイクロソフト社のソフトウェアが世界中に広く普及した一方で、性能が高くても普及に至らなかった無数のソフトウェアが存在している。その事実からも、持続可能な形で進化する関係性を構築することが、いかに容易ではないかが推察される。

これから求められるエコシステムとは何か
——「エゴ」システムから「エコ」システムへ

企業同士が共同で何かに取り組むのは、何も今に始まったことではない。販売網を共有したり、相手先ブランドの生産を受託したり、相手先ブランドでのサービス提供のオペレーションを受託するといったことを、業務提携を通じて行うのは非常に一般的なケースである。また、もう少し踏み込んだ取り組みとして、出資を伴うケースもある。複数企業で出資をしてジョイントベンチャー（JV）を立ち上げ、共同で事業を行うケースや、マイノリティ出資を通じて緩やかに事業に参画するケースもある。あるいは、同じ業界のプレーヤーが業界団体を設立し、製品の規格統一を推進したり、業界共通のプラットフォームを構築したり、共同で政策提言をすることも広く行われている。

オープン・イノベーションも企業同士が共同で価値創出を追求するアプローチの1つである。まさにその普及に寄与した書籍『OPEN INNOVATION』[注2-2]の著者ヘンリー・チェスブロウは「オープン・

イノベーションとは、企業内部と外部のアイデアを有機的に結合させ、価値を創造すること」と定義しており、企業内外のアイデアを結合して新たな価値を生み出すという意味において、エコシステムのアプローチに通じるものであることがうかがえる。

これらの取り組みにより企業はさまざまな成果を出してきた。それは特定のターゲット顧客に対する課題解決を通じてマネタイズを図ることを目的に行われたものが多く、中には自社事業の成功には貢献したものの、一方で社会課題を生み出してしまったケースも存在する。そのため、政府や自治体、NGO、市民などから、企業が営利目的で社会によくないことをしていないかを監視されてきた側面もある。

オープン・イノベーションの考え方も、商品投入のスピードアップや研究開発効率化の文脈で語られることが多く、社会課題解決まで含めたものとして理解されているとは言いきれない。このような考え方は、営利目的・自社マネタイズ目的のみのアプローチで自社のエゴを押し通しているだけなので、筆者は「エゴ」システムと呼んでいる。

一方で、これから求められているのは、特定の顧客課題解決を目指す個別商品・サービスの提供にとどまらず、社会課題解決・社会価値創出が目的として組み込まれた「エコ」システムである。自社の利益と顧客の満足の双方を満たすために多様なプレーヤーを巻き込んでビジネス・エコシステムを構築するという取り組みはこれまでも行われてきたが、そのことで社会環境・地球環境が破壊されてしまっては持続可能ではなくなってしまう。社会課題解決と社会価値創出を同時に満たすことが目的に組み込まれて初めて持続可能な形で進化するといえる。

このエゴシステムからエコシステムへの考え方については、当社が発行する『パワー・オブ・トラスト——未来を拓く企業の条件』[注2-3]（ダイヤモンド社、2022年）の中でも言及している（**図2-1**）。

図2-1　「エゴ」システムから「エコ」システムへ

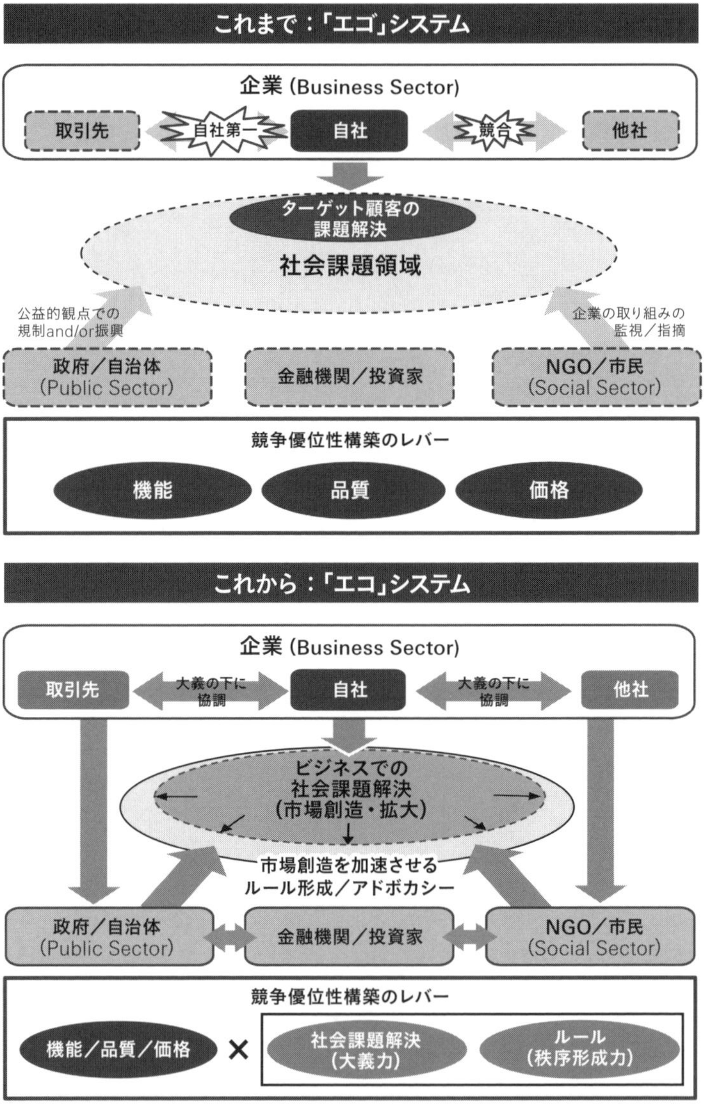

出所：デロイト トーマツ コンサルティング作成

なぜエコシステムが重要なのか

ここまで、エコシステムとは「自律的に活動する集団同士が相互依存性を高めながら持続可能な形で進化する関係性の総体」であり、これからの時代において持続可能な形で進化するには、社会課題解決や社会価値創出までを視野に入れたエコシステムの形成が必要であるということを説明してきた。

では、なぜこのようなエコシステムが必要なのか。端的にいえば、エコシステム形成によるアプローチでないと、社会課題解決・社会価値創出を実現できないからである。社会課題・社会価値に関わるステークホルダーは多岐にわたるため、少数の特定プレーヤーのみで実現することは難しい。加えて、現在注目されている社会課題・社会価値は特定のコミュニティにとどまらず地球規模のものが多く、関わるステークホルダーはさらに広がる。

このような状況では、自律的に活動する複数の集団が相互にポジティブな影響を及ぼしながら課題解決に取り組まないと実現にたどり着くことはできない。本節では、この社会課題解決・価値創出の難しさと、それが故のエコシステムの重要性について詳述する。

社会課題・社会価値をWell-beingとして捉える

ここ数年で「Well-being」という言葉を耳にすることが増えた。前述のとおり「肉体的にも、精神的にも、社会的にもすべてが満たされた幸福な状態」を意味しているが、人間のあらゆる活動がこのWell-beingの実現を目指しているのではなかろうか。これまでは物質的・経済的な充足に意識が向いていた面があったようにも思われるが、物質的・経済的な面が一定以上満たされるとその先にさらなる幸福は存在しないことに気づき、より本質的な幸福を求めた結果、この言葉に行き着いたと理解している。

デロイト トーマツは「人とひとの相互の共感と信頼に基づく『Well-being社会』」を目指すことを掲げており、そこでは3つのWell-beingを定義している。1つ目はPersonal Well-being（パーソナル・ウェルビーイング）、2つ目はSocietal Well-being（ソシエタル・ウェルビーイング）、3つ目はPlanetary Well-being（プラネタリー・ウェルビーイング）である。

Personal Well-beingでは社会価値創出の起点となるもので、デロイト トーマツにおいては、グループメンバーが心身ともに健康で、社会への貢献を通じて自らの成長と働きがいを実感し、お互いを高め合うことができるような環境整備と機会拡充に一層注力することを掲げている。

Societal Well-beingでは、教育・経済・生活インフラや福祉などの分野において社外のさまざまなステークホルダーとの連携・協力を強め、各種制度の改善を促しながら、社会全体の構成と一体感の確保、持続可能で活力のある地域社会の実現に主眼を置いた活動を強化することを掲げている。

さらには、すべての基盤であるPlanetary Well-beingでは、とくに気候変動への対応やカーボンニュートラル社会の実現に向けて、自身の事業活動の在り方を見直すとともに、顧客や社会全体の意識変容・行動変容を促す取り組みを加速させる方針を掲げている。

デロイト トーマツはあらゆる業界の顧客に対してサービスを提供している企業であるため非常に包括的な内容となっているが、この3つのWell-beingの要素に応えていくという考え方はいずれの組織においても適用可能なものだと考えている（**図2-2**）。

図2-2 3つのWell-Being

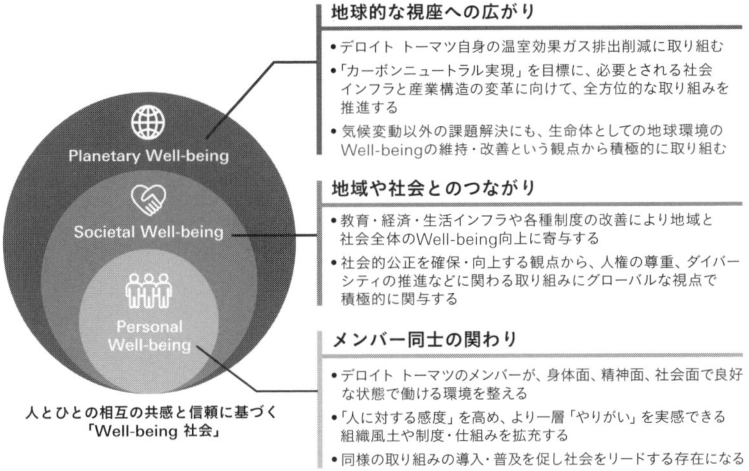

出所：デロイト トーマツ コンサルティング作成

Personal Well-being

「World Happiness Report」という世界幸福度ランキングが国連から定期的に発表されているが、2022年3月18日に2022年のランキングが発表された。10回目の節目を迎えたこの調査は、世界149の国・地域を対象に実施されたが、日本は54位であり先進国の中では非常に低い結果となった（**図2-3**）。

このランキングは、主に①人口当たりGDP、②社会的支援（ソーシャルサポート、困ったときに頼ることができる人の存在）、③健康寿命、④人生の選択の自由度、⑤寛容さ（寄付の有無など）、⑥腐敗の認識、という6つの項目へのアンケート調査を基に順位づけされるが、日本はとくに、④人生の選択の自由度、⑤寛容さ（寄付の有無など）、の2項目が上位10カ国と比べると低いことがわかっ

図2-3 **Ranking of Happiness 2019-2021**

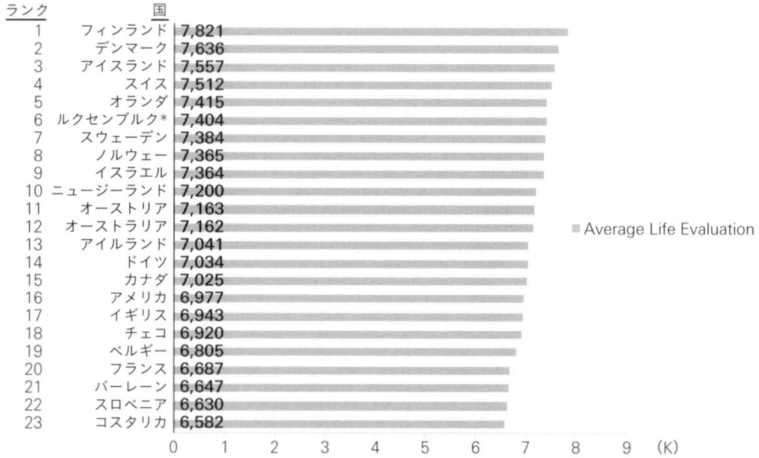

＊Those with a do not have survey information in 2020 or 2021. Their averages are based on the 2019 survey.

出所：『World Happiness Report 2022』17ページを基に作成
（https://happiness-report.s3.amazonaws.com/2022/WHR+22_Ch2.pdf）（2023/01/27アクセス）

た。人生で何をするかを選択できる自由度や相手を受け入れて人とのつながりをつくる寛容さが幸福度に影響するということは、心理学や幸福学などのさまざまな研究で検証されているとおりである。

また、ハーバード大学が1938年から約80年、724人の男性を調査し続けた研究によれば、人の幸福度に最も影響を与えるのは「よい人間関係に尽きる」[注2-4] と結論づけている。すなわち、選択の自由度と寛容さを保てる環境を整え、新しい出会いを楽しみ、人と人とのつながり・結びつきが強くなることで幸せの総量が高まっていくと考えられる。

では、どうすれば新たな出会いが訪れ、人同士の結びつきが強くなるのだろうか。つながりを持つ場は「コミュニティ」と表現されることが多いが、このコミュニティは、仕事で知り合った仕事コミュニティ、趣味で知り合った趣味コミュニティ、学生時代からのつながりである同窓生コミュニティ、近くに住んでいたことがきっかけで知り合った地域コミュニティなど、さまざまなきっかけで構成されるため、われわれは複数のコミュニティの一員として過ごしていることになる。

インターネットの普及によりバーチャルコミュニティが急拡大し、つながることができる対象も爆発的に広がった。現在注目されているメタバースも、こうしたバーチャルコミュニティの拡張と捉えることができる。COVID-19を通じてバーチャルコミュニティが急拡大した一方、リアルコミュニティの重要性も再認識されたとの印象を受けている。これからの時代に求められているのは、ある特定のコミュニティに偏るのではなく、仕事や地域、趣味のコミュニティ、バーチャルやリアルのコミュニティ、そして最も身近な家庭というコミュニティといったように多様な場で結びつき、幸せを実感できる機会を増やすことだと考えている。

Societal Well-being

一方で、誰一人取り残さず、すべての人が多様な場で深い結びつきを持てる社会を実現するには、複雑な課題がいくつも存在する。たとえば、人が集まる場所に出かけようとしても車の運転ができず、気軽に使える安価な公共交通手段もなく、結局、家に引きこもってしまう高齢者がいる。買い物だけでなく、親の病院や子どもの習い事の送り迎えで１日中車の運転に忙殺され、自分から主体的につながりをつくる暇がない主婦もいる。仕事に忙殺され、余暇の時間や文化に触れる機会が確保されない人もいる。

また、高度経済成長期に整備した社会インフラが老朽化して放置されているなど、安全面が担保されない状況になってしまっている場所も存在する。さらには、バーチャルコミュニティの広がりに伴い、世代間での情報格差の拡大やフェイクニュースの拡散、監視社会が台頭するリスクの拡大など、新たに発生する課題にも対処しなければならない。

Societal Well-beingの実現に向けては、個々が幸せと感じるだけではなく、高齢者が安心してアクティブに生活ができる社会、子育てしやすく、心豊かに子どもが成長する社会など、人のさまざまな面に焦点を当てて実現したい社会像を描くことが必要となる。1人ひとりが個人の幸せを追求するためにも、その前提となる環境を整えておく必要があり、コミュニティ全体の幸せの総量最大化に意識を向けて行動することが求められている。

Planetary Well-being

「地球」という単位で捉えて行動が求められている事象も多く存在する。気候変動問題や資源枯渇問題への対応はその典型例である。

人類は、自らがあたかも自然をコントロールできる存在であるかのように社会活動を行ってきた側面があり、結果として地球環境や生態系を破壊してきた。しかしながら当然、人類も自然の一部であり、自然の中で共生すべき存在である。自らの手で人類が住むことのできない地球にしてしまわぬよう、大量生産・大量消費型社会から環境に負荷をかけない循環型社会への転換が求められている。稼働率を最大限に高めたり、利用できる期間をできる限り長くしたりするなど、そもそも資源を使わないようにする取り組みもあれば、中古品や廃材を再利用し、追加資源を必要としないモノづくりへと変える取り組みもある。

この方向性を突きつめると、できる限りモノを動かさないほうが地球環境負荷を小さくできるため、地産地消をベースとする自律分散型の都市·コミュニティモデルを目指すことになると考えられる。

自律分散化の進展は、都市・コミュニティ間の交流がなくなってしまうことを意味するのではなく、むしろ自律した都市・コミュニティ同士の交流が一層強化され、もし何らかの自然災害があったときにはすぐに協力を求めることができるなど、これまで以上に都市・コミュニティとしてのレジリエンスやサービスレベルが高まった姿を想像している。

このような地球規模の課題は、世界中の国々が利害関係者となってしまうため、共通の枠組みを見いだすことすら非常に難しいが、国連をはじめとする国際機関や世界中のあらゆるプレーヤーが真正面から取り組もうとしている。

エコシステムで、「三方よし」を拡張する

このように、Well-beingにPersonal Well-being、Societal Well-being、Planetary Well-beingの3つの要素が含まれていると捉え、いずれの要素に対しても矛盾なく価値を提供しつつ、かつ事業として成立させることをわれわれは求められている。

近江商人の商売の理念を表す言葉として「三方よし」(売り手よし、買い手よし、世間よし)があるが、現代では「世間よし」の範囲が地球環境も含めたマルチステークホルダーに拡張されている。加えて、買い手も「世間よし」が担保されていないと「買い手よし」とは言わないようになってきている。売り手も「世間よし」に気を配っていないものを売ることができなくなってきている一方で、「世間よし」に率先して取り組むことが「買い手よし」につながり、「売り手よし」にもつながるという好循環を生み出せるようになってきた。おそらく以前は「売り手よし」「買い手よし」が成立したうえで「世間よし」でもあるほうがいいよね、という考え方だったのではないかと推察するが、これからは「世間よし」であることを担保したうえで「買い

手よし」「売り手よし」を成立させようという考え方に変化しているのではなかろうか。

さらに言うと、「世間よし」の中に新たな「買い手よし」「売り手よし」の機会を探しているとも解釈できると考えている。というのも、経済低成長社会において、モノの提供によって新しい提供価値で「買い手よし」「売り手よし」を実現させることは年々難しくなってきており、むしろ「世間よし」となるコトの提供が新たな「売り手よし」「買い手よし」を成立させる機会となっているのではなかろうか。そして、3つのWell-beingを矛盾なく価値提供できるように「世間よし」を実現しようとすると、これまでの価値提供モデルを根本的に変える必要があるため、1社単独で価値を創出することが難しく、あるいは1社単独どころか1つの業界で価値を創出することすら難しくなり、業界を超えたエコシステムを構築することが必要となる。

たとえば、移動に関わる「世間よし」の一例としてEVが注目されているが、EVをモノとして見ると「ガソリン車より少し高いクルマが発売されているだけ」と捉えている人も少なくないかもしれない。しかしながら、実際には家で充電できるようになることで、ガソリンスタンド難民となっている過疎地域の人たちに大きな利便性をもたらしたり、動く電源という意味合いから非常用電源の役割を果たしたり、電力の調整弁となることで系統の安定化に貢献をしたり、といった形で従来の移動体(モビリティー)としてのクルマ以上の役割を果たすことが期待されている。

これを実現するには、自動車OEMや販売店をはじめとする従来の自動車業界に携わっているプレーヤーに加えて、家に充電設備を設置する事業者や電力事業者など、新たな業界のプレーヤーと連携する必要が出てくる。

MaaSの普及についても、クルマ・鉄道・船・飛行機・空飛ぶクルマなど、移動手段を組み合わせてシームレスな移動サービスを提供することが価値となるため、自動車・鉄道・航空サービス業や物流サービス業など、移動に関わるサービス事業者が業界横断で連携して価値提供を考えるようになる。

さらには、移動先の目的となる小売・教育・医療・観光などの生活サービス事業者との連携により、新たな価値創造に挑戦するようになる。たとえば、移動手段を個別に都度予約・支払をしなければならない状況ではなく、ワンストップで予約・支払ができ、かつ価格もワンプライスで提供されるほうがわかりやすくてよいだろう。また、その中にさまざまな特典を組み込めば、サービス利用を促進することもできるだろう。

また、MaaS社会の実現という共通の目的を持った政府や自治体、NGO、大学、市民などのプレーヤーも、監視役から協業先という位置づけへと変化する。あらゆるステークホルダーが協業先となり、オープン・イノベーションを生み出しうる協業先が一気に広がることになる。業界を越えたエコシステム形成のアプローチをとることにより、業界の慣習に縛られて実現方法として想定していなかった新たな手法を見いだせるようになるため、社会課題解決・社会価値創出実現の可能性を大幅に広げるのである。

エコシステム形成の実践事例紹介：千葉市

ここでエコシステム形成に関する理解を深めるため、実践事例として千葉県千葉市における医療MaaSの取り組みを紹介したい。われわれSMART X LAB.のメンバーが関与する現在進行中の案件であり、エコシステムが完成形に到達しているわけでも、社会課題が完璧に解決したわけでもない。しかしながら、その実現に向けて多様なステークホルダーが協力し合いながら、同じ社会課題の解決を目指している取り組みは参考になるはずである。

地方創生の核となる医療MaaSの可能性と課題

イントロダクション：地方自治体における課題

定期的な通院を必要とする患者は、日本にどれだけいるのだろうか。

慢性疾患といわれる高血圧、糖尿病、筋骨格系疾患、認知症といった疾患を抱える人は、国内で延べ3,800万人以上と推計される（**図2-4**）。こうした慢性疾患は、高齢化とともに罹患率が高まるだけでなく、併発などさまざまな理由を背景に治療中断率が高まることが課題として挙げられる。たとえば、緑内障患者の治療中断率は39.1%と推定される。[注2-5]

他方、患者側の医療アクセス課題は、その疾患起点だけではない。国土交通省によれば、64歳以上の高齢者の移動手段は約7割が公共交通機関もしくは自家用車である。とくに自家用車移動が中心となっているにもかかわらず、社会課題を背景に近年、高齢者の運転

図2-4　通院継続が必要とされる慢性疾患

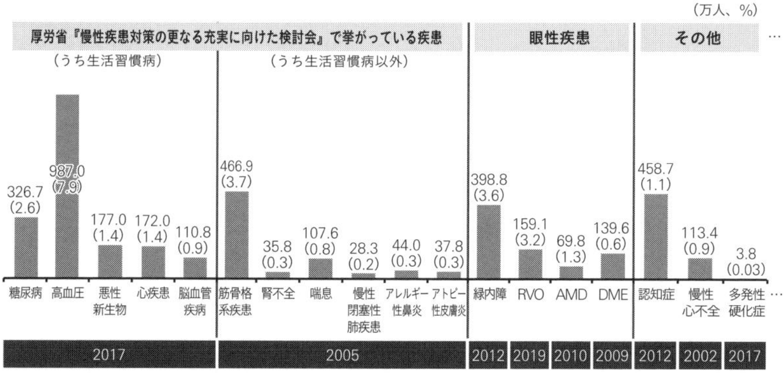

＊グラフ内の数値は日本における患者数。（ ）内の数値は日本人口に占める患者数の割合。当該年の総人口より算出
＊グラフ下の2002 ～ 2019の数字はそれぞれ年を表す
出所：厚生労働省『厚生労働統計一覧』を基に作成
（https://www.mhlw.go.jp/toukei/itiran/）（2023/01/27アクセス）

免許返納数（運転経歴証明書の発行件数）は毎年50万人前後に上る。

また、運転免許保有の有無によって高齢者の外出率にも差が出ていることも挙げておきたい。運転免許非保有の高齢者は同保有高齢者に比べて20～30ポイント、外出率が低下する。高齢化とともに医療アクセスが奪われ、通院をしたくても、通院しづらい環境に追い込まれることがうかがえる。

患者側から見ても、通院には知識・身体・精神の3つの壁があると考えられる。知識の壁とは、多くの患者が自身の疾患状況を寛解したと思い込み、治療から遠のくといったようなことを指す。身体の壁とは、たとえば疾患が理由で自身での通院が難しく、支援が必要な状態を指す。こうした知識および身体の壁が積み重なると、バスや電車の降車後、病院まで炎天下や降雨の中を数分間歩くことが厳しく、予約をキャンセルしてしまう状態が想定される。

精神の壁は、通院そのものに経済的な障害を感じたり、長引く治療への不安から治療を諦めたりする状態を指す。または、生活全般から治療の優先度が下がってしまう状態も挙げられる。病院と薬局が連携していないため、診察時間と調剤時間を合わせると、通院が一日仕事になる。ある加齢黄斑変性の患者は、家族の送り迎えや買い物などに追われているうちに治療離脱してしまったという。

精神の壁にはさらに費用といったものも含まれるが、患者に話を聞くと「やはり治療が怖い」「移動手段がなく後回しにしてしまう」といった声が多かったように思う。ただし以前、病院へのインタビューを実施した際に「当院では患者様からそのような声は聞いたことがない」と一蹴されてしまったことは追記しておく。

患者を支える側の課題に目を転じてみる。地方自治体転入のアンケートで「今後も住み続けるために重要なこと」という質問に対する回答として、第1位は「働く場があること」、第2位に「医療環境がよいこと」、第3位に「交通の便がよいこと」が挙がっている。自治体には、医療・移動サービスの持続可能な提供はあらためて必須といえるのではなかろうか。

ところが、厚生労働省調査によると、公立病院を中心に一般病院の経営状況は芳しいとはいえない。いわゆる民間クリニックである一般診療所や歯科診療所、保険薬局がいずれも黒字経営であるのに対し、一般病院、とくに公立病院の赤字状況は深刻で、総損益差額は7,400万円超／年の赤字、マイナス14%の年間損益差額率である。[注2-6]

また、地域の交通事業者においては、バス事業者は赤字が常態化しており、自治体から補填を受けているというのが基本構造である。またタクシー事業者もコロナ禍以前の営業利益率が1%という収益構造で、現在は赤字転落の企業が増加している。

図2-5　医療法人における経営状況

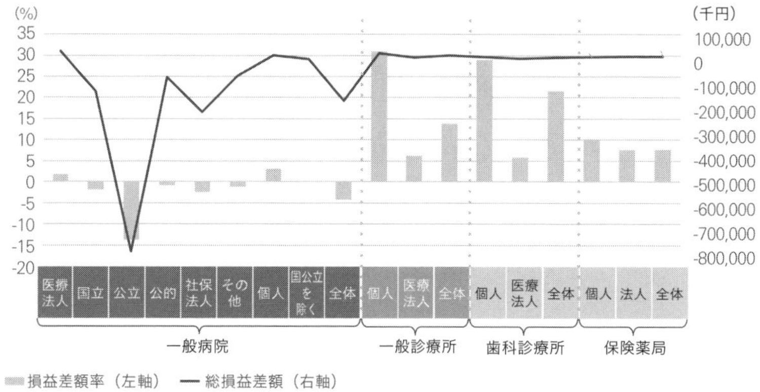

出所：中央社会保険医療協議会「第21回医療経済実態調査（医療機関等調査）報告―平成29年実施―」24ページ～28ページ（2017/11）を基に作成
（https://www.mhlw.go.jp/bunya/iryouhoken/database/zenpan/jittaityousa/dl/21_houkoku_iryoukikan.pdf）（2023/01/27アクセス）

こうした医療・モビリティーの財政状況は、自治体にとってもアキレス腱であることは前述のとおりである。ひいては住民にとっても、その街で生活をするうえでこの課題はQOLの低下につながることは明白である（**図2-5**）。

現状の医療アクセス課題では、患者側から見て疾患をはじめ複数の課題に起因して治療を中断してしまう状態にあり、またモビリティーサービス提供側から課題解決に寄与したくても経済的に難しい現状が浮き彫りになった。通院障壁から治療離脱につながり、疾患の悪化、さらに医療費・交通弱者の増大、外出率低下から地域経済の減退と、負のスパイラル状態に陥ってしまっていると推察する。

ただ、本質的な課題はもう少し根が深い。たとえば、本章で取り上げる医療へのアクセスという課題は誰が解くのか。こうした通院アクセスという患者起点の課題は、現状の関連サービス事業者が単独では積極的に手をつけにくい構造になっているのではなかろうか。

患者の医療アクセスに関する課題は、医療サービス提供者にも移動サービス提供者にも解けない。行政としても公平性の観点から一部の住民向けサービスの検討は難しい。このように、課題自体と課題を解決する提供サービス側が1：1で対応していないことがわかる。医療アクセスに限ったことではないが、いわゆるN：N課題の典型例であると推察する（**図2-6**）。

N：N課題解決を民間が行おうとしても、2つの観点から難しいと考える。1つは投資回収までの長いリードタイム。都市課題の解決には安定的な持続可能サービスであることが求められるため、回収効率から一般的なサービスに比べて時間を要する。もう1つは、

図2-6　課題と提供サービスの関係性がN：Nとなってしまう関係性

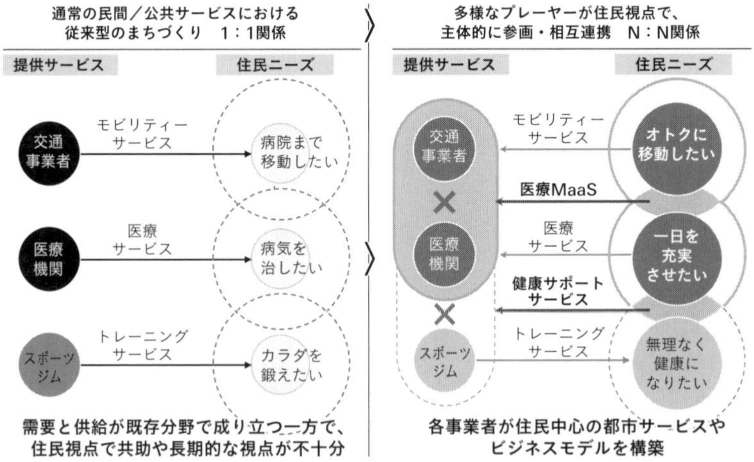

出所：デロイト トーマツ コンサルティング作成

社会的サービスを民間が提供すると多くの住民向けとなり、直接受益者以外の間接受益者（フリーライダー）が存在し、きちんと回収できなくなるリスクがあるということだ。逆に行政が行うのは難しいとも想定される。

行政が行うのが難しいのは、行政側の3つの特徴が理由だと考える。1つ目は、行政側は単年度主義となり長期的な予算編成が難しいこと。とくに会計年度をまたぐ債務負担検討は難易度が高い。2つ目は、硬直した予算編成・縦割り主義があり、横断的な課題解決に柔軟な予算支出が難しいこと。予算の付け替え・増額はさらに難しいと考える。最後に、とくに地方自治体の逼迫した行政財政が想定されること。過疎化など税収減少による予算縮小傾向が挙げられる（**図2-7**）。

以上のように、N：N課題の解決は民間企業単体・行政単体では難しいということが真因であり、こうした医療アクセス課題が存在していると理解している。

近年、パタンランゲージとアジャイル開発でも注目されている、建築家クリストファー・アレグザンダーは「都市はツリーではない」と説いた（**図2-8**）。彼の設計実践経験やフィールドワークから、都市は残念ながらツリー構造にはなりえないと指摘している。

たとえば都市課題を構成する1〜6が12と3456に分解され、12はさらに1と2に分解される、また、3456は34と5と6に分解されるとする。ところが実際はそのようなツリー構造にはおよそなりえず、123と234と345の課題があり、さらに2と3は相互に関係し合っているはずで、全体から部分へとウォーターフォールに進むのではなく、全体と部分、上下左右の相互依存関係があり、まさに課題適応で考える必要がある。

アレグザンダーは、あくまで都市の構成要素である自動車やレンガ、庭や住宅、都市の空白部分について論じているが、都市が複雑

図2-7　サービスの公共性整理

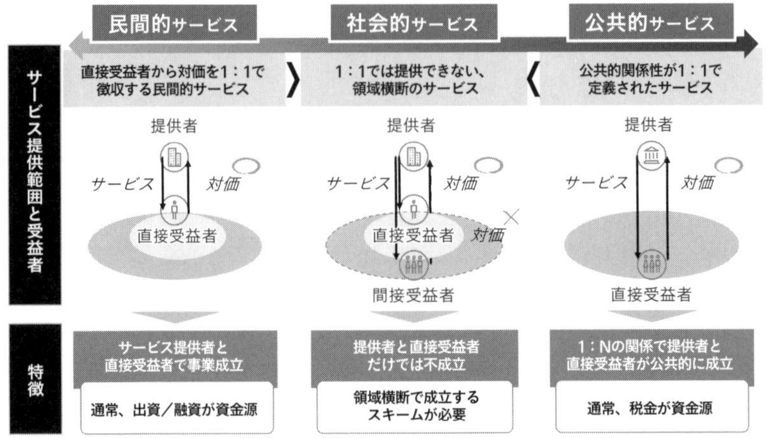

出所：デロイト トーマツ コンサルティング作成

さ、あるいは重複や曖昧さを持ち、ツリー構造ではなくセミラティス構造（集合構成の概念で互いに重なり合った集合構造を指し、ツリー構造の対比）となることでより優れたものになると説いている（図2-8）。最も重要なのは、人間はツリー構造でないと計画や思考ができないだけであって、ツリー構造から生まれる活動を通してセミラティス構造の課題が生まれるということである。

つまり、本書で取り上げる、都市計画上の課題ではないが都市が抱える課題（エネルギー、移動、教育、高齢者、医療、プライバシーなど）といった、複数の軸に分かれているものについても、ツリー構造からはみ出して存在するとも考えることができるのではなかろうか。

N：Nの課題解決に求められる基本的な考え方は、それが社会的価値の志向であるということだ。前述のとおり、民間による経済的

図2-8　クリストファー・アレグザンダーによる「都市はツリーではない」説

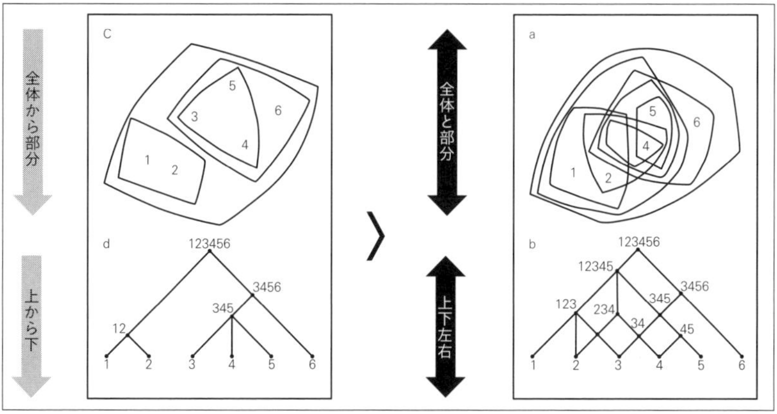

出所：クリストファー・アレグザンダー著、稲葉武司＝押野見邦英訳『形の合成に関するノート／都市はツリーではない』（鹿島出版会、2013年）222ページを基に作成

価値や行政による公共的価値の追求では解決できない。医療アクセスの提供についてセミラティス構造で解決する、つまり社会的価値の成立にはコンソーシアムを構築し、各社のサービスを共有しながら共存共栄を達成する事業形態を目指すべきと考える。

課題解決に期待される医療MaaSのコンセプト

高齢者の医療アクセス課題を物理的に解決する手段として、近年、医療MaaSが注目されている。医療の提供には、医師・患者・医療施設の3つが必須であることから、医療MaaSは移動媒体によって次の3つに分けることが可能である。

■①医師が移動：在宅支援型医療MaaS

高齢者の外出が難しい場合や、山間部など移動手段が整備されていない環境においては、医師が患者宅に出向いて診察するパターンが想定される。コロナ禍ではとくに需要が高まったサービスであり、日本では株式会社HOMEドクターがすでにサービスローンチ済みである。

■②患者が移動：通院支援型医療MaaS

本章でとくに取り上げたいパターンである。患者が公共交通などを利用しながら自身が通院する機関へ患者本位で移動し、医療アクセスを担保するパターンである。後述のとおり、現状のタクシーとバスのようなモビリティーを利用する形である。診察日時に合わせて患者自身が事前に配車予約を行うと、当日の天候等にかかわらず確実に医療アクセスを担保することが最大の提供価値である。アメリカでは、Uber社が診察予約と同社の配車予約サービスを連携させた「Uber Health」をローンチしており、患者の当日キャンセルなどを大幅に削減したという実績がある。このサービスによって患者のQOL向上もさることながら、医療機関側のオペレーションコスト削減も報告されている。

■③医療施設が移動：施設移動型医療MaaS

上記のいずれにも属さないものとして挙げられるのが、医療施設の一部である検査・治療機器そのものが移動するパターンである。これにより、一定の医療アクセスを担保することができる。医師の移動もなく、また患者自身の移動距離も短縮することが想定される一方で、医療行為そのものには制限がある。フィリップス・ジャパン社が長野県伊那市などで実証実験を推進した実績がある。

本章で深掘りする②の医療MaaSに可能性があると考える理由は、ボリュームゾーンとして①や③に比べ、日本全国を圧倒的に面でカバーするとともに、患者人口が多いことも想定されるからだ。

医療機関としても、①のようなサービスを実施するには、医師の移動時間として拘束コストが考えられる。たとえば、山間部のようなエリアを考えた際にそのコストは厖大であり、患者側や行政などによる負担増につながる。したがって①は、集合住宅などのように、効率的な診療移動が可能な場合に効力を発揮する。

患者の移動障壁は高くないが、点滴が必要な場合などは、③のようなサービスにニーズがあると考えられる。患者の立場で考えると、近隣のかかりつけの医療機関に通うこと以上の便益が提供できる場合に限られ、ボリュームとしては大きなものではないことが想定される。

したがって②のように、都心部のようなエリアも含めて、患者による移動を促すことで抜本的に医療アクセスの課題解決につながると考えられる。

②の提供価値は上述のとおり、最終的には患者のあらゆる障壁を解消するところにある。とくに高齢者に重くのしかかる知識・身体・精神の壁が取り払われることが容易に想像される。高齢化とともに疾患の併発率が上がることや、自足歩行による移動が難しくなることが理由として挙げられる。

高齢者の移動手段は、３大都市圏では自身が運転する割合は３割弱で、高齢化とともに減少して、徒歩や公共交通に頼る傾向にある。地方部でさえ、同割合は５割強から３割強まで大幅に落ち込む。そして都市部同様、徒歩やバスまたは家族同乗による運転に移行する。運転免許返納といった社会的要請も相まって、自身の運転を「諦めた」のち、何らかの支援がないと、治療離脱や治療間隔への影響が想像されることは前述のとおりだ。

またCOVID-19感染拡大は外出機会を減少させており、認知機能やADLが低下しているという報告も相次いでいる。このことも最終的に社会としての負担増につながることを忘れてはならない。上述のとおり、地方部での医療アクセスの担保は、最優先課題といっても過言ではない。

さて、医療MaaSといわれるサービスを実行する際は、既存のタクシーやバスの延長で事足りるので、本サービスが単体で成り立つかどうか、疑問に思う読者がいるかもしれない。

今回われわれがターゲットにするのは、高齢者などの慢性疾患患者である。サービスとして定期的に病院に通う必要のある住民に通院サービスを用意しながら、通院のついでにほかの用事も済ませる移動支援を設定した。通院は、その待ち時間もさることながら診察時間や移動時間が長いため、一日仕事になることが多い。よって通院にとどまらず、外出支援サービスに昇華することで、付加価値を見いだせるのではないか。

医療アクセスに対する付加価値もいくつか考えられる。上述の通院前後の移動サービスに加え、通院患者は、近隣のかかりつけ医に行くよりも大病院に通院するほうが、診察時間に遅れたくないという心理が働くのである。診察時間に確実に間に合うということには価値がある。また、公共交通機関による移動においては、東西には移動しやすくても南北には移動しづらいことがある。その場合は、直線距離は短くても結果的に大回りをせざるをえない。自由な移動サービスがあれば、この課題解決方法に付加価値があるといえる。

こういったことを踏まえ、われわれは②通院支援型医療MaaSの基本コンセプトを**図2-9**のように設計した。

1 往路配車予約

初期設定として、自身の基本情報登録に加え、病院名、経由地、診療予定日時を入力すると、自宅から病院までの最短ルートが作成される。また、過去の統計的な交通情報から移動に必要な時間が自

図2-9　通院支援型医療MaaSの基本コンセプト

出所：デロイト トーマツ コンサルティング作成

動的に算出され、待ち時間なく受診できるように配車日時が設定される。

本サービスには送客効果が見込まれるため、診察後には、病院と自宅を結ぶ経由地点の近隣情報として、スポンサー料を支払う提携企業（スーパーマーケットやドラッグストアなど）の一覧が表示・リコメンドされる。立ち寄りたい場所があれば、患者はその中から選択・設定する。

2 前日リマインド・往路送迎

患者が診療予定を忘れないように、前日になると利用者にリマインド通知が患者のデバイスに送信される。また、将来的なサービスの広がりとして、当日の問診もあらかじめ車内で回答できるように患者のデバイスに送信される。

3 病院で復路配車予約

診察終了後、患者が支払い待ちの間にアプリを起動すれば復路の配車が手配される。また、デバイス経由で電子処方箋をかかりつけ薬局と連携すれば、薬剤の処方を受けた患者は待ち時間なく薬を受け取ることができる。

4 復路の送迎（経由可）

患者はあらかじめ登録した経由地への送迎を受ける。患者のデバイスには経由地で利用可能なクーポンがスポンサー企業から送信される。たとえば、スーパーマーケットなどに立ち寄る場合は、滞在時間が長くなるため、経由地にて再度配車予約を行う。

5 疾患啓発情報を配信

将来的には、帰宅後、患者のデバイスには治療継続を促すために次回診療までの過ごし方や治療継続の重要性を啓発する情報が配信されることを企図した。

最後に本サービスにより期待できるメリットについて触れておく。

本サービスにおいては、各ステークホルダー別に以下の効果が期待できると想定している。

まず、医療機関では、治療脱落のリスクがある患者の再受診を促すことにより患者数の増加が期待できる。また、2020年から本格化したCOVID-19感染拡大によって外来受診患者が減少したといわれているが、適切な感染防止対策を講じた移動手段を提供できれば、感染を恐れて受診しなくなった患者の取り込みも可能になると思われる。

次に、運送事業者にとっては、長期の配車予約を獲得することで運転手の稼働平準化が可能になる。それにより、アイドリングタイムの減少や需要の高いエリアへのリソースの集中配置など、売上増とコスト減を実現する施策の立案が可能になると思われる。

3つ目に、自治体にとっては、慢性疾患患者の受診継続を促すことができ、重症化を予防することで将来的な医療費・介護費の抑制が可能になる。加えて、立ち寄り先企業との連携により、疾患予防に効果的な食品の購入や運動を促すクーポンを配布できれば、その効果はさらに高まると予想される。

４つ目に、医療MaaSが高齢者の外出そのものを促すことになるため、地域の経済活動活性化も期待できよう。

最後に、立ち寄り先企業にとってはシンプルに集客効果が期待でき、消費を促すことが可能になるため、顧客１人当たりの購買単価の増加も期待できると思われる。

医療MaaSに取り組む意義

本医療MaaSプラットフォームは、現状では車両予約・配車機能と地域小売店の割引クーポン表示機能に限った。今後検討したいのは以下の3つの軸での拡張とそれらの融合である。これら3つに限ることなく、教育やセキュリティ、環境・エネルギーといった都市の幅広い領域に広がる、曼荼羅図のような発展が期待できる。

モビリティー軸

- 直近に検討されるべきは地域のモビリティー事業者の変革で、これまでの運行形態では成立していないという経済環境に鑑み、抜本的に転換すべきである。
- 現在の機能の延長には、MaaSとして多様な地域モビリティーへのアクセスが期待できることと、長期的には2030年頃から徐々に進展が想定される自動運転車両機能の拡充がある。

医療軸

- 医療業界の予防から予後における技術・規制などの進展から、遠隔医療機能の拡充、そして医療関係者とのコミュニティ機能の拡充がある。

- 予後のコミュニティづくりのような自治体の既存サービスを乗せて完結化できる。

決済軸

- 上記各種予約に関する決済機能の拡充から、地域通貨や決済データを基にした各種付加価値サービスへの機能拡張がある。

簡単に挙げるだけでこのようなコンソーシアムとしての発展形が想定されており、コンソーシアムの可能性はメンバー間の相互ネットワークが高まることによって、文字どおりネットワーク効果を発揮するのではないかと推察する。図2-6で挙げたような「業界の隙間」に機会があると考えており、単に狭義の事業性があるということではない。本来、事業化するのは単に利益を追求するためだけなのだろうか。非合理的な領域はすべて排除すべきなのだろうか。

仮に本サービスの提供する価値を可視化するとしたら**図2-10**のようになる。

医療MaaSを公共交通機関やタクシーと比較した場合、モビリティーの価値としては一長一短があることがわかる。自家用車と比較しても同様の結果となるであろう。一方、モビリティーの価値だけの比較で考えるのではなく、さらにモビリティー以外も含めた価値の広がりとして医療や生活全般との連結で考えれば一目瞭然である。つまり本サービスによるワンストップサービスが示す価値の増幅であり、この増幅が住民や提供車両の増加によってマッチング率の増加につながり、住民・顧客からすればネットワーク効果を享受できるようになると想定される。そして何より、上記住民プラットフォームの構築を通じて、ほかの生活サービスとの連結と伴ってさらなる価値増幅ループにつながることが期待できるのではないだろうか。

図2-10 医療MaaSとほかの交通サービスとの提供価値比較

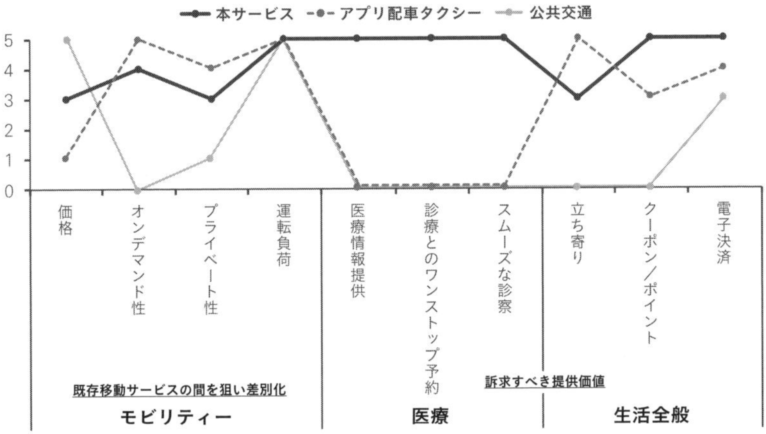

＊左軸は当社にて各提供価値を５段階で評価したもの

出所：デロイト トーマツ コンサルティング作成

エコシステム形成をどのように成功に導くか

ここまで、現在の3つのWell-beingが求められる環境下で「エゴ」ではなく「エコ」システムになるには、顧客課題解決を目指す個別商品・サービスの提供にとどまらず、新たな「三方よし」の社会課題解決・社会価値創出を伴うことが必要であることを説明してきた。一方で、実際に取り組みを進めると非常に多くの困難が立ちはだかるものである。どのような困難が立ちはだかり、どのように対処すればよいかについて本節で詳述する。

「エコ」システムとなるための条件とは何か

「エコ」システムとして機能している健全な状態とは、システムに所属しているメンバーに多様性があることで安定性がもたらされているとともに、所属しているメンバーの生産性が高い状態に保たれている状態だと考える。そして、健全なエコシステムであるためには、次の5つの条件を満たしている必要があると考える。

①進化／課題解決の方向性が一致していること（インパクト）：エコシステム形成の出発点として多くの参加者が合意できる共通の方向性を定めておく必要がある。共通の方向性がないと各プレーヤーがそれぞれの方向性を追求してしまい、そもそも目指している社会課題解決に向けての活動ができない。
②参加するステークホルダーが能力を磨き続けていること（ケイパビリティ）：当然のことながら、システムに参加しているプレーヤーに実力がなければ、いくら方向性が同じでも目標を達成できない。

したがって、各プレーヤーが価値を発揮すべく、能力を磨き続けている必要がある。

③自律的な活動と相互依存を巧みにバランスさせる秩序があること（ガバナンス）：各プレーヤーが価値を発揮すべく能力を磨き続けていたとしても、すべてのプレーヤーが同じ役割を果たそうとする、あるいは共通の基盤を用意すれば解決する取り組みに、各プレーヤーが個別に対応していては極めて非効率である。各プレーヤーが自律的に能力を磨く領域と共通基盤を用意して、システム全体の底上げを図る領域を切り分け、共通基盤がおのずと使われるような秩序を整えることで、システム全体の生産性が高まり、安定性をもたらすことが可能となる。

④新陳代謝の仕組みが保たれていること（メタボリズム）：自律と協調の秩序の中で能力を磨ききれないプレーヤーには撤退してもらい、競争力が高いプレーヤーは常に主要な役割を担い続けられる状況を維持する必要がある。企業活動でいえば、能力を磨き続けるプレーヤーに高い利益が配分され、努力をしていないプレーヤーには利益が配分されない仕組みもこの一部である。

⑤大きな変化に対応する備えができていること（ダイバーシティ）：不確実性が高い環境下において不測の事態が発生した際、そのエコシステム内に能力が類似する限られたプレーヤーしか存在しなかった場合、あっという間に絶滅してしまう可能性がある。したがって、エコシステム内にタイプの異なる多様なプレーヤーが一定数存在している状況にしておくことが望ましい。プレーヤーが限定的であるほうが生産性を高めやすい一方で、プレーヤーの多様性が高いほうが不測の事態に備えやすいという特徴がある。この相反する特徴をバランスさせ、安定性が最大化している状況がエコシステムの理想的な状態であるといえる。

「パーパス」が果たす役割

近年「パーパス」という概念が注目されている。

「社会における存在意義」と定義されることも多く、組織が社会に対してどのような貢献をしたいかを表現したものである。企業はこれまでも、ビジョンやミッションといった自社の理念・指針を掲げているが、社会的な要素をより強く持った指針を定義することで自身の社会における役割が明確になり、方向性が一致している社内外のステークホルダーから共感を得られやすくなる。そのため、パーパスの定義づけは「進化／課題解決の方向性を一致」させるうえで重要な役割を果たす。

なお、パーパスが果たす役割は、取り組みの方向性を定め、活動の推進力となることにとどまらない。その組織に属する人々にとっての「所属する理由」を提示することになるため、組織にとっての求心力としての役割も果たす。さらには、その組織の人々がどのように活動をすればよいかについての指針になっていることから、活動の自主性が高まるといった効果も期待できる。マイクロマネジメントを行うことなく積極的に１人ひとりが活動に邁進する姿を想像すると、これは遠心力としての役割を果たしているとも表現できそうだ。

さらに、自主的に能力を磨き続けるエネルギーの源泉にもなり、結果として「参加するステークホルダーが能力を磨き続けている状態」になることに加え、目的達成に向けた効果的な活動に自主的にフォーカスしようとすることで「自律的な活動と相互依存を巧みにバランスさせる秩序」をもたらすことにも貢献することになる。

一方で、パーパスが曖昧な組織は周囲のプレーヤーから共創活動への参画の声がかかりにくいため、徐々に社会における役割を果たしにくい状況に陥る。これはパーパスの有無が「新陳代謝の仕組み」

の提供にも貢献しているということだ。また、各組織のパーパスが明確になっていれば、それまで接点がなかったプレーヤーにも参画の声をかけやすくなる。これにより、さまざまなプレーヤーをエコシステム内に取り込めるようになり、エコシステム内の多様性を担保できる。すなわち「大きな変化に対応できる備え」にも貢献していることを意味する。

このように、パーパスを定義する活動が社会に広まれば、健全なエコシステムをつくりやすい環境が整っていく。健全なエコシステムがつくりやすくなれば、社会課題解決・価値創出が実現しやすくなる。このようにパーパスとエコシステムは表裏一体の関係にあるのだ。

「パーパス」に満ちた組織

ベスト・バイの経営再建を主導したユベール・ジョリーは、著書『ハート・オブ・ビジネス』[注2-7]の中で、組織運営の頂点に「ノーブル・パーパス（大いなる存在意義）」を据える大切さを説いている。その際、次の４つの要素が重なる場所を考えるという方法が紹介されている。

- 世界が必要としているのは何か
- 愛している／情熱を傾けているものは何か
- 得意なことは何か
- そのうえで、自分たちが稼げるものは何か

これらの４つの要素が重なる「ノーブル・パーパス」を定義し、従業員をハート・オブ・ビジネスとして中心に据え、顧客、取引先、地域のコミュニティ、株主と、思いやりに満ちた本物の関係を築き

育んでいくことで、組織のパーパスに貢献するだけでなく、各ステークホルダーに最高の結果を届ける存在になる。このような哲学の下で経営をしたことが再建につながったという。

ベスト・バイのケースでは「テクノロジーを通して暮らしを豊かにする」というパーパスを定義し、このパーパスと人に沿った経営慣行への変更を進めた。たとえば、組織のKPI（重要業績評価指標）として、利益や順位に加え、従業員アンケートや顧客体験を評価する指標、カーボンフットプリントなど、あらゆるステークホルダーから見た評価指標を増やした。

また、従業員を「リソース」ではなく「ソース（価値の源泉）」と捉え、金銭的なインセンティブではなく１人ひとりが大切にしているものとの結びつきを生むことによって意欲を高める方法を追求した。周りの人の原動力は何であるかを探り、その実現を後押しする姿勢を徹底し、実現にたどり着いた物語を社内に共有・奨励した。安全で透明な環境をつくり、弱さを見せることを奨励し、１人ひとりを個人として扱い敬意を育んだ。意思決定をできるだけ現場に任せ、参加型プロセスを設計し、自律性が高まるように促した。そして、結果よりも努力を重視し、コーチングを重視し、失敗する余地を残すことで、能力を高め続けられる環境を整えた。さらには可能性に目を向け、困難を利点と捉え、成長を促した。こうして人間らしいリーダーシップの在り方を奨励した。

このように、パーパスを言葉として掲げるだけでなく、あらゆる行動で示し続けることを通じて、健全なエコシステムに貢献できるパーパスに満ちた組織となっていく。そう考えると、パーパスはゼロから新たに設定するようなものではない。パーパスは組織に内在している原点のようなものであり、これまで定めているビジョンやミッション、経営理念といった中に含まれているケースもあれば、明文化はされていなかったものの脈々と文化として定着しており、おのずと体現しているといったケースもある。

これまでの取り組みを振り返りながら曖昧になっている部分をあぶり出し、組織に所属している人々にとって最も共感できる言葉で表現を見直す。そこで何より重要なことは、パーパスの実現を目指す行動を後押しする仕組みを整え、行動で示し続けることである。

エコシステムとしてのパーパスを共有する

パーパスは、個人や組織単位だけでなく、エコシステム単位でも定義されると考えられる。そこで、オーガニック農法に関わる事例を1つ紹介したい。

オーガニック農法の1つに「リジェネラティブ・オーガニック」というものがある。積極的にこれを支援しているPatagonia社のウェブサイトには「リジェネラティブ・オーガニック農業は土壌を修復し、動物福祉を尊重し、農家の生活を向上させることを目的とします」[注2-8]とある。従来の農業は気候危機を深刻化させている炭素排出量の最大25%を占めている状況であるが、リジェネラティブ・オーガニック農法を採用することで、より多くの炭素を地中に戻す一助となる可能性があるという。リジェネラティブ・オーガニックを通じて、食べる人と農業者を含めた生態系全体の健全性を取り戻すというパーパスに賛同するプレーヤーは、Patagonia社以外にも、Rodale Instituteといった民間の有機農業研究機関をはじめ、数多く存在している。さらには、リジェネラティブ・オーガニック認証（Regenerative Organic Certified：ROC）がつくられており、認証取得を目指す生産者や企業、認証を取得した製品への購入に関心の高い消費者、同農法に関わる基準策定にも関与する農業を管轄する省庁といった形で、多様なプレーヤーによるエコシステムが形成されている。エコシステムに参画しているプレーヤーは、お金になりそうだから参画しているのではなく、地球環境をよくするためにリジェネラティブ・オーガニック農法が有効だと信じ、その普及を促すために各々の役割を果たしながら、ビジネスの市場を育てようとしているのである。

なお、エコシステム単位でのパーパスを共有する際に有用なものとして、一般社団法人Future Center Alliance Japan（FCAJ）が考案した「パーパスモデル」というツールも紹介したい。FCAJメンバーの著書『パーパスモデル』[注2-9]の中で、パーパスを「より良い社会を実現するための行動原理」と定義し、パーパスモデルを「パーパスを中心とした共創プロジェクトの設計図」と定義している。パーパスモデルの中心には、プロジェクトのパーパスである「共通目的」が記載され、周囲にはその共通目的の下に集う「ステークホルダー」を記載する。ステークホルダーにも分類があり、上段には「共創に関与するステークホルダー」、下段には「主体的な共創パートナー」を配置する。ステークホルダーを企業、行政、市民、大学・研究機関・専門家の4つの属性別に4色に塗り分け、それぞれのステークホルダーの「役割」と「目的」を描く。このツールを使うことで、見えづらかった「プロジェクトのパーパス（共通目的）」と、そこに「どんな人や組織がどんな理由でどう関わっているのか（ステークホルダーとその役割・目的）」を可視化することができる。

単体でも現状把握や認識のすり合わせに活用できるが、時系列で作成すれば、巻き込みたい相手の検討や中長期的な価値の共有にも活用でき、類似事例を比較分析することで価値の違いも可視化できる。

また、ベスト・バイのケースで従業員をソースとして捉えたのと同様に、エコシステムに参画するプレーヤーもソースとして捉え、金銭的なインセンティブではなくそれぞれのプレーヤーが大切にしているものとの結びつきを生むことによって意欲を高める方法を追求することが重要である。たとえば、『パーパスモデル』の中では金銭的報酬ではない無形報酬として「関係報酬」「名誉報酬」「情報報酬」「権利報酬」の４つが紹介されている。

関係報酬：プロジェクトに関わることで、普段の生活や業務では得られないつながりや、これまでとは異なる協力・信頼関係を得ることができる。
名誉報酬：プロジェクトに関わることで、その人や組織・地域にとって自信やブランド構築になる。
情報報酬：プロジェクトに関わることで、何らかの学びを得たり、ある情報を深く掘り下げることができたり、これまで得られなかった知見やデータを得ることができたりする。
権利報酬：通常はルールや慣習により実現できないことを、自分もしくは自組織の手で行う権利を得られる。

このような無形報酬を意識したインセンティブ設計をすることで、巻き込みたい相手を巻き込める可能性を高められる。社会課題解決・社会価値創出に向けた取り組みは、成果につながるまで長時間かかるため、コストに対して得られる金銭的報酬が少なくなるケースが多い。そのような状況下にあっても、無形報酬を認識することで組織内部で理解を得られやすくなったり、関わってみようと思えるきっかけになったりすることがある。

健全なエコシステム実現のために重要な「キーストーン」と「ニッチ」の役割

エコシステムに参加しているプレーヤーは、一律に役割を担っているかというと決してそうではない。前述したマイクロソフト社の例においても、エコシステムの中でマイクロソフト社の役割とそれ以外のプレーヤーの役割は異なっている。マイクロソフト社はネットワークのハブになっており、それ以外のプレーヤーはネットワークのノード(結節点)になっている。

前述した『キーストーン戦略』では、ハブとしてプラットフォームの提供を通じて、多様性の担保とシステム全体の底上げを図る存在を生物学の文献からの用語を用い「キーストーン」種と名付ける一方で、エコシステム内で個々の専門性を追求しながら新たな機能を創出する存在を「ニッチ」種と名付けている。健全なエコシステムであるためには「キーストーン」と「ニッチ」の双方が役割を果たすことが重要となる。

キーストーンのプレーヤーは、直接的・間接的にエコシステム全体への変化を差配する行動をとる。健全なエコシステムになるための5つの条件を前述したが、キーストーンはそのすべてに対して影響力を発揮しなければならない。具体的には5つの機能を提供する必要がある。

①目指している進化／課題解決の方向性の共通認識化
②参加者の能力開発を後押しする機能と場の提供
③ガバナンスを担保するために参加者が順守すべき基準づくり
④新陳代謝を担保するために参加者に適用する仕組みづくり
⑤多様なプレーヤーが参加してすぐに価値を創出できる機能の提供

たとえばマイクロソフト社は「すべてのデスクにコンピューターを」というビジョンを掲げ、共感するプレーヤーとともにエコシステムを構築していった。また、PCを便利で使いやすいものにするための基盤としてOS(オペレーティングシステム)をつくり、アプリケーションの開発を可能にするプラットフォームを提供した。

開発者の生産性が高まるようにOSを定期的にアップデートしつつも、最新のOSでなくても利用できるような互換性を保証し、開発者向けの情報提供と教育プログラムを提供することで利用者を増やして、多様性の担保とシステム全体の底上げを図った。利用者を増やすことでアプリケーション開発や導入するプレーヤー同士の競争が生まれ、新陳代謝も担保された状況になっている。

一方で、ニッチのプレーヤーは、エコシステムにおいて自身の価値を最大化すべく専門性を追求する。マイクロソフト社の例でいえば、システムインテグレーターやアプリケーション開発者などがシステム構築やアプリケーション開発の専門性を追求し、価値創出の一翼を担っている。

もし、マイクロソフト社が支配者としてあらゆることをコントロールしようとし過ぎていたら、ニッチプレーヤーがエコシステムに参加することをやめ、新たなプラットフォーマーが構築した別のエコシステムへと流れてしまい、世界中で利用されるという、現在のような状況にはおそらくなっていなかったであろう。

また、ニッチプレーヤーもマイクロソフト社が提供するプラットフォームを有効に活用せず、周囲のプレーヤーと協力することもなく、すべて独自で取り組もうとしていたら、競争力を失い、やがて排除されてしまっていたであろう。

キーストーンとニッチの双方が「自分ファースト」で自己の存在を強大化することを目的にするのではなく、あくまでも「エコシステムファースト」、つまりエコシステム全体の進化を目的としてエコシステムに貢献する価値の最大化を目指すことが求められる。

エコシステムの中のプレーヤーに上下関係はなく、あるのは強いエコシステムと弱いエコシステムの違いだけである。強いエコシステムに参加することとエコシステムのリーダーになることは異なる。規模の大きな企業はリーダーを目指したくなりがちではあるが、リーダーになると担わなければならない役割が格段に増える。その役割を受け止められないのであれば、無理にリーダーになる必要はない。

たとえば、1つの会社が、あるエコシステムではキーストーンとしての役割を果たす一方で、別のエコシステムではニッチとしての役割を果たす、といったケースもありうる。このように、自身の「エゴ」にとらわれず、エコシステムに提供する価値を最大化する活動を最優先にするということを忘れてはならない。

デジタル時代のエコシステム

ところで、目を転じれば、デジタル技術の進化に伴いエコシステム形成の対象はさらに広がりを見せている。在宅勤務が一般化し、Zoomなどのツールによってリモート会議が広く普及している。またさまざまな契約事項などの規制緩和もあり、多くの業務がリモートでできるようになっている。決済は当たり前のようにオンラインで行われるなど、リアルである必要がないものが増え続けている。カーボンニュートラルや人権関係の取り組みにもデジタルツールが活用されているように、今やあらゆる活動がデジタルによって支えられている。

1918年に発生した通称スペイン風邪と呼ばれるパンデミックの状況と、今回のCOVID-19における状況の違いを見ても、デジタルの進化によるインパクトが感じられる。

スペイン風邪は第一次世界大戦の最中に軍関係者を中心に世界へと広がっていった。WHO（世界保健機関）によると、世界全体の推定感染者数は人口の25～30%、約5億人とされる。当時は戦時下で密な状況がつくり出されやすかったことや、情報統制もあったため、被害が拡大したと推定される。もし、そのような状況で情報が公開されていたら、混乱はあったとしても被害はもっと抑えられていたかもしれない。

一方で、今回のCOVID-19では、もしスペイン風邪と同様に情報統制がかけられていたならば、人々は実店舗へ足を運び、買い物を続け、通常の通貨を使って決済していたはずである。会議に関しても、リアルな会議を続けることでさらに多くの感染者が出ていたとも考えられ、場合によってはスペイン風邪以上の被害の拡大につながっていたかもしれない。

このように、デジタルの存在によって人々はリアルな接触を持たなくても不自由のない生活を送れるようになってきている。これは時代とともに人々の生活スタイルや価値観が変わってきているということもあるのだろう。デジタルの世界はさらに進化を続け、将来はリアルなコミュニケーションより効果的・効率的な会議や創造的な活動ができるように技術進化は続くと考えられる。

メタバースのインパクト

バーチャルな取り組みとして、近頃メタバースが話題になっている。2021年にはFacebook社が社名をMetaに変えた。基本コンセプトをオンラインでの交流をさらに加速させることにしたという意志の表れであろう。ザッカーバーグ会長兼CEOは「現在の社名はわれわれが行っている事業の全体像を網羅していない。メタバースが次のフロンティアだ」と説明した。

そもそもメタバースの「メタ」はギリシャ語で「超えていく」という意味であり、「バース」は宇宙を表す「ユニバース」に由来する。VR（仮想現実）ゴーグルなどのデバイスを活用して、仮想空間を一層の没入感を持って体験できる世界が待っている。この先、メタバース自体がまだまだ進化を遂げ、バーチャルの世界が加速すると、われわれとしては無視することができない。

当社のメタバースや先端技術領域の専門家である森正弥は、当社のブログ「D-NNOVATION PERSPECTIVES」で次のような展開の可能性を語っている。[注2-10]

1つ目は、メタバースのエンドユーザーに端末やサービスを提供するケース。従来のヘッドマウントディスプレイ型以外のタイプが開発され、オンラインゲームやエンターテインメントコンテンツの盛り上がりで、ゲーム産業の知見を生かせる分野だ。

2つ目は、企業がメタバース上で商業活動をしたり、マーケティングや営業の場として利用したりするケース。VRやAR(拡張現実)技術を用いた没入型ショッピングや音楽や映像などのデジタルコンテンツの提供に加え、現実におけるテストマーケティングの代替として活用されることも考えられる。

3つ目は、企業が研修の場として活用するケースである。イベントやキャンペーンのオペレーションの確認、地震や火事における救急活動の訓練などがある。メタバース上で多人数が参加して行うことで効率も効果も高まる。

これらのメタバースの活用パターンを踏襲しつつ、さらに産業における大規模な適用シナリオとして4つ目、5つ目を紹介している。

4つ目は、メタバース上で新しい製品開発を行うケース。たとえば、自動運転車に用いるAIの開発が挙げられる。AIには安全かつ高性能な自律制御を学習してもらう必要があるが、それには走行データに加えて大量の事故データを学習させなくてはならない。そのために精巧なシミュレーション環境で自動車を走行させ、あらゆる種類の事故を起こし、AIの学習データを収集する。メタバースの現在のブームは、企業がこのようなさまざまな製品開発のシミュレーション環境として活用するためのものである。

5つ目は4つ目の発展型で、大規模なデジタルツイン、環境シミュレーションを実現するためのツール、プラットフォームとしてのメタバースの活用である。自動車、飛行機、工場、ビル、橋、都市の複製をメタバース上に構築し、実際に物理的な変更を加える前にデジタルツインでの最適な変更をシミュレーションして、開発や変更、リソースの再配置にかかるコストを下げ、効率性および品質を向上させるというものである。

このように、メタバースは大きな可能性を持って動き出している。

5つ目の事例のようにメタバースは、ある意味で、リアルな社会のデジタルツインであるともいえる。その活用範囲が広がることで、効率や品質が向上するだけでなく、あらゆるシミュレーションが省資源でできるようになり、地球環境面においても社会インフラ面においても社会課題解決に貢献する可能性が高まる。そして、その実現のためには実際のメタバースのバックヤードでさまざまな企業や仕組みがつながり合いながら巨大なエコシステムを構築することが求められる。

メタバースはその表現形態の1つである。1つの世界を1つのスクリーンに映し出しているが、そこに表れているアバターやショップなどはそれぞれが独自のシステムを持っており、巨大なエコシステムを形成しているケースもある。このように裏で動いている仕組みの創造こそが重要であり、そこに新しい価値を生み出す源泉があるものと考えている。

求められる産業横断の構想力

メタバース社会に違いをもたらすものは何であろうか。

もしすべてがメタバースで表現できるようになったとする。たとえば同じサービスを提供しているケースを考えると、A社が提供するメタバースとB社が提供するメタバースは差別性があるのだろうか。確かに、使い勝手(UI・UXの機能など)や表現方法の好き嫌い(アバターのデザインやショップのデザインなど)は違いを生み出すに違いないし、それが競争力を生み出すのは確かだが、本質的な差別性とはいえない。

すなわち、デジタル化が進むとデジタルの部分で競争優位性を生み出すことは難しくなってくるのである。そのようにメタバース社会が進んだ場合、提供されるサービスや先ほど論じたバックヤードにおけるエコシステムといったアナログ的な部分での差が決定的になる。われわれはこのようなエコシステム形成の部分での差別性を競争優位性の基礎として考えなければならない。

デジタルがもたらすインパクトを議論するとき、DXという言葉がよく用いられる。DXとはDigital Transformationの略で、その概念はさまざまに解釈される。広義では「ITの浸透が人々の生活をあらゆる面でよりよい方向に変化させる」ことを指す。[注2-11]

また別の解釈では「企業が外部エコシステム（顧客、市場）の破壊的な変化に対応しつつ、内部エコシステム（組織、文化、従業員）の変革を牽引しながら、第3のプラットフォーム[注2-12]を利用して、新しい製品やサービス、ビジネスモデルを通して、ネットとリアルの両面での顧客エクスペリエンスの変革を図ることで価値を創出し、競争上の優位性を確立することを指す」という考え方もある。この説明ではネットとリアルの両面での顧客エクスペリエンスの改革がキーワードとして挙がっている。

同様に、「世界最先端デジタル国家創造宣言・官民データ活用推進基本計画の変更について」（令和2年7月17日閣議決定）においては「将来の成長、競争力強化のために、新たなデジタル技術を活用して新たなビジネスモデルを創出・柔軟に改変すること」「企業が外部エコシステム（顧客、市場）の劇的な変化に対応しつつ、内部エコシステム（組織、文化、従業員）の変革を牽引しながら、第3のプラットフォーム（クラウド、モビリティ、ビッグデータ／アナリティクス、ソーシャル技術）を利用して、新しい製品やサービス、新しいビジネスモデルを通して、ネットとリアルの両面での顧客エクスペリエンスの変革を図ることで価値を創出し、競争上の優位性を確立すること」などと解釈されている。[注2-13]

これらはいずれも「デジタル技術を活用し、エコシステムの変革を通じて人のエクスペリエンス（体験）を変革すること」という解釈に集約される。エコシステムを構築してさまざまなデータをつなぎ、そこから新しい価値を生み出すことがデジタルの強みであり、価値の本質である。そう解釈すると、誰をどのようにつないでいくかが重要な要素となる。つまり、デジタルの世界においても、競争力の本質は未来を描いてエコシステムを紡ぐ構想力なのである。

この紡ぐ力は、自らの業界に閉じず、顧客の視点からあるべきサービスをデザインし、広くエコシステムを構築する力であるともいえる。デジタルでつながることができる社会は、簡単に企業と企業、企業と顧客、または企業・顧客と社会をつなぐことができる。そこで何ができるかが大切なのであるが、まずはつながることができるという理解が大切である。

「つながる」には、相手の業界や付加価値などを理解しておく必要がある。顧客の視点から求められるサービスをデザインする人は、さまざまなサービスをつなぎ合わせ、新しい価値として顧客に提案できることが大切なのである。すなわち、これからの新しい価値として、つなぐことによる新しい価値創造がデジタル時代の重要な要素となる。次世代のリーダーシップを語るときに、デジタルという観点に対する理解もさることながら、個社の視点や自身が属している業界の視点を超えて、業界横断・産業横断で社会を俯瞰で捉えて価値を紡ぐ力が求められる。

元来、企業は自らの競争力を高めることに対して最適化されている仕組みを持っている。しかし、自らの価値を高めるために協力し合う他社のよさを引き立たせ、エコシステムの完成度を求めるという行動は、これまでの企業の競争ルールとは大きく異なる。この価値観の変革が実行されないと、企業はデジタル技術の強さを生かした新しい価値を創造できず、競争に敗れてしまう。企業が単独で生み出す価値はデジタルによって未完成のサービス提供となってしまうことを理解するべきである。

業界の壁が溶けてなくなっていく

1994年、ビル・ゲイツ氏は「銀行機能は必要だが、今ある銀行は必要なくなる」と発言した。この背景には、現在の銀行の主要な事業である決済機能や為替の取引などにおいて、FinTechと呼ばれるデジタル技術の発展によって、新興金融企業や流通業、製造業までもが金融事業へ進出し、サービスを展開できるようになったことがある。

もちろん規制は一部に残っているが、将来的にはイギリスやオーストラリアのように規制が撤廃され、誰でも金融事業を展開できるようになるであろう。しかも現在の銀行の収益は決済事業の手数料によって支えられている。その決済機能がFinTechによって置き換わっているのである。

中国におけるAlipayやWeChat Pay（微信支付）によるQRコード決済の爆発的普及を見て、IT企業によるリアル店舗決済への参入が相次いだ中、2018年7月27日にヤフー社は、ソフトバンクグループ傘下の電気通信事業者ソフトバンク株式会社と設立した共同出資会社「PayPay株式会社」にて、2018年秋にサービスを開始すると発表した。

2023年時点では、PayPayなどが金融決済基盤を提供している。PayPayがサービスを開始する半年前の2018年4月に、ヤフー社はバーコード読み取りによる税金や公共料金の決済を開始していた。その決済機能に加えて、同年6月には実店舗でQRコードを消費者が提示し、決済を行う「コード支払い」を開始した。

LINE Payは、QR・バーコード決済をはじめとする多様な決済手段の提供と、個人間の資金移動を中心に発展してきた。日本、台湾、タイにおける各国独自の事業展開や、さらに多くの地銀やメガ金融機関とも連携を進めており、お金のやり取りもスムーズにできるようになっている。

これらの企業はそもそも金融機関ではないが、決済の世界では銀行以上の取引を行っている。そしてユーザーにとって利便性の高いサービスを次から次へと展開している。

LINEに関しては、さらに証券事業に展開を広げ、金融を軸にFinTechを活用して既存の金融事業に参入してきている。とくに注視すべきは、LINEは銀行や証券会社と提携し、既存の事業体と共存する戦略をとっていることである。

一方で、さまざまな企業がつながると、セキュリティの問題も出てくる。LINEはAIテクノロジーブランドである「LINE CLOVA」が提供するAI技術と連携して、LINE公式アカウントを通じてKYC（本人確認）を可能にするサービスの提供を始めている。

金融事業は証券、暗号資産、ローンなどに広がり続け、ヘルスケア事業ではLINE上で医師とつながり、診察から決済、処方薬の配送手配まで対応できるオンライン診療サービス「LINEドクター」を提供している。こうしたサービスが拡大を続け、やがてあらゆるデータがつながっていくのである。これはまさにデジタル技術を活用してエコシステムを形成し、お互いの発展のために助け合い、補完し合おうとしているように見える。これにとどまらず、さまざまなテクノロジーを活用してユーザーの利便性を向上させるだけでなく、同時に浮かび上がってくる課題に対して、セキュリティや安全面でも対応しているのである。

このように、金融業界から金融機能や決済機能などがFinTechによって切り出され、さまざまな企業が実施できる状況になると想定される。今後、この動きはとどまることはないであろう。また、さまざまなテクノロジーが融合し、サービスの品質は幾何級数的に高まっていくであろう。この金融機能の実装はあらゆるところで導入され、従来の金融機関には新たな戦略が求められる。そこにはエコシステムのデザインとデジタル技術への理解、そしてスピーディーな変化への対応が求められる。

注

2-1　マルコ・イアンシティ＝ロイ・レビーン著、杉本 幸太郎訳『キーストーン戦略—イノベーションを持続させるビジネス・エコシステム』12ページ、15ページ（翔泳社、2007年）

2-2　ヘンリー・チェスブロウ著、大前恵一朗訳『OPEN INNOVATION——ハーバード流イノベーション戦略のすべて』8ページ（産業能率大学出版部、2004年）

2-3　デロイト トーマツ コンサルティング『DTCからの提言 2022パワー・オブ・トラスト——未来を拓く企業の条件』92～93ページ（ダイヤモンド社、2022年）

2-4　Robert Waldinger, Harvard Study of Adult Development（https://news.harvard.edu/gazette/story/2017/04/over-nearly-80-years-harvard-study-has-been-showing-how-to-live-a-healthy-and-happy-life/）（2023/04/26アクセス）

2-5　Kashiwagi K et al.: Jpn J Ophthalmol., 58(1), 68(2014)

2-6　中央社会保険医療協議会「第21回医療経済実態調査（医療機関等調査）報告—平成29年実施—」（2017/11）（https://www.mhlw.go.jp/bunya/iryouhoken/database/zenpan/jittaityousa/dl/21_houkoku_iryoukikan.pdf）（2023/04/26アクセス）

2-7　ユベール・ジョリー＝キャロライン・ランバート著、樋口武志訳『THE HEART OF BUSINESS』103～104ページ（英治出版、2022年）

2-8　Patagonia（https://www.patagonia.jp/regenerative-organic/）（2023/04/18アクセス）

2-9　吉備友里恵＝近藤哲朗『パーパスモデル』14ページ（学芸出版社、2022年）

2-10　森正弥「メタバースの可能性を広げる5つのビジネスシナリオ」『D-nnovation Perspectives』（2022/01/10）（https://www2.deloitte.com/jp/ja/blog/d-nnovation-perspectives/2022/metaverse-business.html）（2023/03/14アクセス）

2-11　Erik Stolterman, Anna Croon Fors（2004）“Information technology and the good life", Information Systems Research Relevant Theory and Informed Practice, p.687-692.（https://link.springer.com/chapter/10.1007/1-4020-8095-6_45）（2023/04/18アクセス）

2-12　第3のプラットフォーム：ビッグデータ／アナリティクス、ソーシャル技術、クラウド、モビリティーの技術を用いたITプラットフォーム
「用語解説一覧」IDC Japan株式会社
（https://www.idc.com/jp/research/explain-word）（2023/03/14アクセス）

2-13　「世界最先端デジタル国家創造宣言・官民データ活用推進基本計画」1ページ（2020/07/17）（https://warp.ndl.go.jp/info:ndljp/pid/12187388/www.kantei.go.jp/jp/singi/it2/kettei/pdf/20200717/siryou1.pdf）（2023/03/14アクセス）

第2章まとめ

エコシステムとは何か？

エコシステムとは「自律的に活動する集団同士が相互依存性を高めながら持続可能な形で進化する関係性の総体」である。

これからはどのようなエコシステムが求められるか？

自社マネタイズ目的でのみ他社と連携する「エゴ」システムではなく、特定の顧客課題解決を目指す個別商品・サービスの提供にとどまらず社会課題解決·社会価値創出も目的として組み込まれた「エコ」システムが求められる。

エコシステムはなぜ重要なのか？

エコシステム形成によるアプローチをとることで社会課題解決・社会価値創出を実現することができる。業界横断でのエコシステム形成アプローチをとると、これまで業界の慣習にとらわれて想定していなかった方法にも踏み込めるようになるため、社会課題や社会価値を創出できる可能性が格段に高まる。なお、社会課題・社会価値に関わるステークホルダーは多岐にわたるため、少数の特定プレーヤーのみで実現するのではなく、複数の自律的に活動する集団がポジティブな影響を及ぼし合いながら課題解決に取り組むことが求められる。

理想的なエコシステムとなるための条件とは何か？

「進化／課題解決の方向性が一致していること（インパクト）」「参加するステークホルダーが能力を磨き続けていること（ケイパビリティ）」「自律的な活動と相互依存を巧みにバランスさせる秩序があ

ること(ガバナンス)」「新陳代謝の仕組みが保たれていること(メタボリズム)」「大きな変化に対応する備えができていること(ダイバーシティ)」の5つの条件がそろっている状態が望ましい。

エコシステムとパーパスはどのような関係か?

パーパスを定義することが社会に広がれば、健全なエコシステムをつくりやすい環境が整うことになる。健全なエコシステムがつくりやすくなれば、社会課題解決・価値創出が実現しやすくなる。このように、パーパスとエコシステムは表裏一体の関係にある。

理想的なエコシステムをつくるためにはどのような取り組みが必要か?

エコシステムに参加するプレーヤーを「ソース」として捉え、金銭的なインセンティブではなくそれぞれのプレーヤーが大切にしているものとの結びつきを生むことによって意欲を高める方法を追求する。加えて、自分の役割を認識し、エコシステム全体の進化に貢献する価値の最大化を目指すことが求められる。

デジタル技術の進展はエコシステム形成に何をもたらすか?

エコシステム形成の対象がリアルだけではなくバーチャルにまで広がっている。バーチャル世界をリアル世界のデジタルツインとして活用することで、社会課題解決の実現に大きく貢献するポテンシャルがある。バーチャル世界においても産業横断でエコシステム形成を進めることで、これまでにない新たな価値を創出する可能性が高まる。

Column

サービスエコシステムとしてのビジネス

慶應義塾大学経済学部教授　武山政直

はじめに

エコシステムという言葉は、もともとエコロジー（生態学）の研究から生まれた概念で、生物とそれを取り巻く環境を合わせて捉え、その多様な（生物種、非生物を含んだ）構成要素間の相互作用や、その機能の理解に関わるものである。この概念を、経営学やビジネスの世界にアナロジーとして取り込むことで、企業のネットワーク的事業連携の促進にとどまらず、持続可能な社会の実現を目指す動きの中に、ビジネスの新たな役割を見いだすことが期待されている。

そのような広い視野でのビジネスの理解と実践を促すのが、サービスドミナント・ロジック（以下、S-Dロジック）と呼ばれるマーケティングの理論研究に登場するサービスエコシステムの考え方である。S-Dロジックは、2004年にマーケティング研究者のVargoとLuschによって発表された論文を出発点とし、[文献2-1-1]グッズの取引を中心に発展した主流マーケティング論をその前提から抜本的に見直すとともに、価値共創の概念を起点に市場やマーケティングの新たな理解をもたらしている。[文献2-1-2] 現在はマーケティング論の範囲に限らず、経済や社会における交換一般の役割の解明を視野に入れ発展を続けている。[文献2-1-3、4、5]

サービスドミナント・ロジックの世界観

S-Dロジックでは、人や組織が自らの能力（知識やスキル）を他者のために用いることを「サービス」と呼び、「サービスの交換を繰り返すアクターのネットワークによって社会や経済が成立する」と考える。ビジネスの世界では通常、サービスを取引対象としての無形財、あるいはその産業としてのサービス業という意味で捉える。しかし、S-Dロジックにおける「他者のために自らの能力を用いること」というサービスの認識は、奴隷を意味するラテン語の「servus」に語源を持ち、その後、人に尽くす、奉仕することとして引き継がれた言葉の意味に立ち戻る。

そのような元来の意味でのサービスは、接客のように直接的に行う場合もあるが、モノ（製品）を介して間接的に行う場合もある。たとえば、スマートフォンをつくって販売し、購入者がそれを使って役立てたなら、そのスマートフォンを介して製造者の能力が購入者のために間接的に用いられたことになる。そう考えれば、あらゆる製品をサービスが時間的・空間的な制約を超える手段と見なすことができる。さらに、互いにサービスを同じ場で交換することもできるが、将来、サービスを利用できる権利としての貨幣とサービスを交換することで「サービス交換」の組み合わせ範囲は一挙に広がる。こうして、S-Dロジックは、サービスの元来の意味からモノや貨幣の役割を捉え直し、現在主流のモノ起点の交換パラダイムを超えていく[文献2-1-6]。

サービスの利用者は、役務や製品、知識などを供給者から得るが、それらはいずれも利用者の活動に必要な「資源」となる。利用者がそれを自身の知識やスキルと、さらに別のサービス供給者（企業、公的機関、家族や友人など）から得る他の資源と組み合わせることによって、その使用価値が生み出される。先の例で考えると、ユーザーにとってスマートフォンの使用価値（SNSのアプリを使って人とのコミュニケーションを楽しむこと）は、自分のスマートフォンの操作スキルと、アプリや通信回線のサービス、アプリでつながる家族や友人の存在などとの組み合わせの効果として表れる。その意味で、スマートフォンの使用価値は、サービスを交換する複数のサービス供給者たちと「共創」されている。そして、S-Dロジックでは、企業、顧客、消費者、労働者、政府といった固定的な役割の区別にとらわれることなく、人や組織は、すべてサービス交換を通じて価値を共創する資源統合アクターとして扱われる。[文献2-1-3、7]

サービス交換の制度化とサービスエコシステム

S-Dロジックの考え方を踏まえれば、人々の日常生活や業務の活動の多くは、多様なアクターとのサービス交換で得た資源を統合して価値を共創する行いと見なすことができる。しかし、それらの活動において、毎度、必要な資源やその組み合わせを考え、各資源の入手先（サービス交換の相手）を探さなければならないとしたら、認知的にも、時間的にも、人間の能力をはるかに超えてしまうだろう。

しかし、実際の資源統合やサービス交換は、同様の組み合わせや手続きが何度も繰り返されるように、社会的に共有されたルーティン（慣行）として遂行されている。つまり、アクターの集団は、互いの価値共創のためのサービス交換を、思考の負担をかけずに繰り返せるように、ある種の社会的なルールを生み出し、共有しているのである。[文献2-1-3、8] そのようなルールには、契約文書や法律のような成文化されたものから、社会規範、商習慣、生活上の慣行や風習、共通の価値観や信条、文化、表現などさまざまな種類がある。

制度論の研究では、これらのルールをすべて「制度（institution）」

として扱うが、[文献2-1-9] S-Dロジックもこの概念を用いる。そしてS-Dロジックは、一連の制度の集合体（制度アレンジメントと呼ばれる）の共有によって、相互の価値共創のためにサービス交換を繰り返す資源統合アクターのネットワークを「サービスエコシステム」と名づけ、このフレームワークによって、ビジネスや市場、テクノロジーなどの制度的成立や発展、変革をダイナミックに捉えていく。その狙いは、企業中心の経営的意思決定の視点ではなく、多様なアクターによるサービス交換の制度化という視点から、ビジネスや市場の成り立ちとアクターの役割を捉え直し、今日の複雑な社会課題に立ち向かうビジネスへの処方を導くことにある。

ビジネスモデルの制度的理解

一般に、ビジネスモデルは、中核となる企業から顧客への一方的な価値の流れと、その提供に必要な活動をその企業自身とパートナー企業に割り当てるものと認識されている。

たとえばテスラ社のEVのビジネスに当てはめると、一定の電気自動車市場の顧客ターゲットに向けて、そのニーズを満たす価値ある製品としての電気自動車を、テスラ社の所有する技術や資産を主に活用して生産し、販売する活動という理解になるだろう。しかし、テスラ社のビジネスの実態は、バッテリーメーカーの技術（先行するハイブリッド車のもたらしたバッテリー技術への好ましい認識や技術開発の制度化）の活用や、ロータス社の設計したシャーシの活用（制度化されたスポーツカー市場、ステータスシンボルとしての自動車の認知の共有）をはじめ、ショッピングモールや大学などの自社ネットワークを超えるさまざまなアクターによる充電インフラの整備（すでに制度化されているガソリンスタンドのネットワークに酷似した展開）、そして規制機関による政策的な普及促進（ノルウェー政府による各種の優遇措置）など、多様なアクターによる広範な制度アレンジメントによって成立している。[文献2-1-10]

そのようなビジネスの制度的特性を反映するべく、S-Dロジックは、ビジネスモデルをサービスエコシステムの一種、すなわちアクターによる問題およびそのソリューションに対する認識と、それらのつながりに影響を与える制度アレンジメントと見なす。[文献2-1-10] それ故、ビジネスモデルは企業だけでなく、顧客を含むすべての関連アクターが、それぞれの資源統合の慣行を導くために依拠するものと理解される。たとえば、Uber社のライドヘイリングのビジネスモデルはユーザーに対して、Uber社のドライバーの車や運転スキルなどの利用可能な資源の認識を与え、さらにアプリを使ってクルマを呼び、目的地へ届けられ、移動距離に応じた支払いを済ませ、その後ドライバーの質を評価するという一連の慣行を導いている。

また新たなビジネスモデルの開発についても、企業が独創的に行うのでなく、現状の制度的アレンジメントを理解して、それに働きかけることで、関連アクターの慣行の変化を促す活動と認識されるようになる。Uber社のライドヘイリングについて見ると、それはタクシーの制度的慣行を、①一部破壊し（ドライバーの資格の認定制度、手を挙げてドライバーを呼び止める、電話をかけてクルマを呼ぶ、利用料金を現金で支払う慣行を廃止する）、②一部維持し（移動距離に応じた料金の支払い、個人のニーズに応じた送迎などの慣行を踏襲する）、③ほかの制度を流用して一部新たな制度を加える（オンラインのマッチングサービスで一般化したレイティングシステムの制度を流用してドライバーや乗客の質をアプリで評価する制度を導入する）ように開発されていることがわかる。[文献2-1-10]

したがって、新たなビジネスの創出と普及を目指す取り組みは、ターゲットとする顧客セグメントの潜在ニーズを見つけて、テクノロジーで価値づけした新たなプロダクトでそれを充足するという狭い認識を超えて、制度アレンジメントとそれによって結びつけられる多様なアクターによる資源統合の慣行を理解して、それに働きかけていくプロセスとして実践することが重要となる。

資源アクセスとオープンソース戦略

S-D ロジックでは、アクターの価値共創に生かされる知識、技能、テクノロジー、製品などの資源としての特性（資源性）は、その使用目的やアクターの価値の認識の在り方（それは価値観や信条、文化などの制度の影響を受ける）とともに、使用時に組み合わせる他の資源との関係によって文脈的に決まることを重視する。そしてサービスエコシステムの観点からは、そのような資源を各アクターが所有することは前提とならず、私的、公的、市場的アクターとのサービス交換を通じた資源へのアクセスを、どう制度化するかということが強調される。[文献 2-1-6]

各種のシェアリングビジネスの広がりも、資源性とアクセス性の変化という観点から理解できるが、その観点を生かした実験的な試みに、フィンランドのエスポー市が、市内に立地するアールト大学と連携して実施した「School as a Service」のプロジェクトがある。[文献 2-1-11、12]

このプロジェクトでは、アールト大学のキャンパスに分散する教室、実験室、スポーツジムやカフェテリアなどの施設や設備の利用状況をリアルタイムに監視し、その未利用時に高校の生徒と教師に利用させることで、授業をすべて固有の校舎を持たずに行うことに成功させた。この取り組みは、単に校舎の建設・維持費を削減し、キャンパス施設の運用効率を向上させただけでなく、キャンパスタウンに開かれた新たな授業法の教育効果や生徒の満足度の向上をもたらし、さらにエネルギーコストの削減による環境的価値も生み出している。また、テスラ社が自社の特許を公開し、競合と見なされる企業と密接に協力していることにも、テクノロジーと新たなビジネスモデル創出の連鎖を活性化させ、電気自動車市場の制度化を促進させていく狙いが読み取れる。[文献2-1-10]

つまり、技術進歩や環境変化に促される新たな資源性の発見とそのアクセス性の改善によって、より望ましいアクターの参加と役割が得られ、それに基づく新たな価値共創とサービス交換の慣行と制度化の可能性が見いだされる。したがって、制度的変革に影響力を及ぼそうとする企業には、知識や技術をはじめとする各種の資源を自らに囲い込むのではなく、広範な資源統合のためのオープンソースのサービスエコシステムの構築を積極的に推進・支援する発想が求められる。

制度の重なりと摩擦から変革機会を探る

新たなビジネスによる制度的変革のプロセスは、個人や組織のミクロレベルのサービス交換の慣行、職業、産業、市場などのメゾレベルの制度、社会全体に発生するマクロレベルの制度といった、異なる集計レベルの現象として焦点を切り替えて認識し、そのレベル間の影響を把握することで、よりうまく理解できるようになる。たとえば、あるカフェで行われている、マイカップ持参の客に割引する取り組みは、店舗と顧客の間のミクロレベルのビジネスモデルの工夫（使い捨てカップのコスト分を節約）として捉えられるが、それは同時に、上位のメゾレベルにおける食品業界の脱プラスチックと持続可能パッケージングへの移行、さらに上位の気候変動や生物多様性の減少、海洋汚染などへのグローバルな課題認識といったマクロレベルのトレンドとの関わりの中で遂行されている。[文献2-1-13] したがって、それぞれのレベルの活動を導く制度の間の整合性をどうとるかといった考え方が必要となる。

実際、社会課題の複雑性は、そのようなレベル内、レベル間で重なり合う制度間のギャップや矛盾、摩擦によってもたらされる。たとえば、ファッション業界においても、グローバルに広がるサステナビリティへの意識やシェア文化の推進から、衣服をできるだけ長期間使用できるように努力するメーカーのビジネスモデルと、流行のスピードや手軽さの価値を訴求するファストファッションの小売事業のビジネスモデルとの間に齟齬が生じる可能性がある。またある顧客が、地元で生産された衣料品と短距離のサプライチェーンを優先するサステナビリティの考え方に同意しながらも、日常生活で重視するコストや利便性の理由からサステナブルでない従来型のビジネスモデルを追求してしまうかもしれない。[文献2-1-13]

さらにCOVID-19のパンデミックの文脈で考えると、マクロな国レベルの政策として、外出制限や自宅待機命令が発せられ、コロナワクチン接種の体制が大規模に整備されることになったが、それがミクロレベルの個人の異なる立場によって（エッセンシャルワーカー、在宅勤務者、飲食店の経営者など）、その慣行に異なる影響をもたらした。またその一方で、ミクロレベルのリモートワーク、非接触型の商品受け取り、ワクチン接種などの価値共創の新たな行動の広がりは、メゾレベルの構造として、テレビ会議システムやリモート料理教室、料理のホームデリバリー、ワクチン流通を支えるマーケティングシステムなどに対する新たな需要を生み出したが、その展開はマクロレベルに生じる公衆衛生や、経済や政治、社会的な問題によって促進され、制約も受けている。

このように、慣行や制度を捉える集計的なレベルの違いを越えた相互の影響から、コロナ禍のサービスエコシステムが新たに形成されていることがわかるが、これらのレベル間、あるいはレベル内で重なり合う制度に不整合が生じることが各種の対応を難しくさせている。[文献2-1-14]

制度の不整合やコンフリクトは、サービス交換や資源統合の慣行を阻害する可能性があるが、逆にそれは制度の新たな組み合わせによって解決すべき問題を浮き彫りにする。[文献2-1-13] 新たなビジネスや市場の創出にとって、このような制度的摩擦やギャップを機会と捉え、制度的変革を主導的に働きかけていくことが期待される。そのためには、アクターたちの相互作用によって既存のサービスエコシステムの特性にどのような影響を与えうるかを想い描くデザイン力と、その実現に向けて制度の破壊、維持、創造を推進するプロアクティブな行動力が不可欠となる。

参考文献

2-1-1 Vargo, S. L. & Lusch, F. R., 2004. Evolving to a new dominant logic for marketing. *Journal of Marketing*, 68(January), p.1-17.

2-1-2 Kotler, P., Pfoertsch, W. & Sponholz, U., 2021. *H2H Marketing：The Genesis of Human-to-Human Marketing*. Cham：Springer.

2-1-3 Vargo, S. & Lusch, R. F., 2016. Institutions and axioms：An extension and update of service-dominant logic. *Journal of the Academy of Marketing Science*, Volume 44, p.5-23.

2-1-4 Vargo, S. L. & Lusch, R. F., 2017. Service-dominant logic 2025. *International Journal of Research in Marketing*, Volume 34, p.46-67.

2-1-5 Vargo, S. L. & Lusch, R. F. eds., 2018. *The SAGE Handbook of Service-Dominant Logic*. London：Sage.

2-1-6 Lusch, R. F. & Vargo, S. L., 2014. *Service-Dominant Logic：Premises, Perspectives, Possibilities*. Cambridge：Cambridge University Press.

2-1-7 Vargo, S. L. Lusch, R. F., 2011. It's all b2b and beyond...：Toward a systems perspective of the market. *Industrial Marketing Management*, 40[2], p.181-187.

2-1-8 Simon, H. A., 1969. *The Sciences of The Artificial*. Cambridge：The MIT Press.

2-1-9 Scott, W. R., 2008. *Institutions and Organizations*：Ideas and Interests. Los Angeles：Sage.

2-1-10 Wieland, H., Hartmann, N. N. & Vargo, S. L., 2017. Business models as service strategy. *Journal of the Academy of Marketing Science*, Volume 45, p.925-943.

2-1-11 Vladykina, N., A., C. U. & Ahlava, A., 2019. School as a service：Platform for learning in upper secondary education operating on Aalto University campus. *Proceedings of the 5th IEEE International Smart Cities Conference：(IEEE-ISC2 2019)*, p.300-306.

2-1-12 Ahlava, A., Suominen, J. & Rossi, S., 2017. Controlling risks through flexibility and urban integration：The regeneration of Otaniemi campus in Finland. In：W. Leal Filho, L. Brandli, P. Castro & J. Newman, eds. *Handbook of Theory and Practice of Sustainable Development in Higher Education*. Cham：Springer.

2-1-13 Fehrer, J. & Wieland, H., 2021. A systemic logic for circular business models. *Journal of Business Research*, Volume 125, p.609-620.

2-1-14 Akaka, M. A., Vargo, S. L., Nariswari, A. & O'Brien, M., 2021. Microfoundations for macromarketing：A metatheoretical lens for bridging the micro-macro divide. *Journal of Macromarketing*, Issue December, p. 10.1177/02761467211054349.

Column

プラットフォームのデザイン

慶應義塾大学経済学部教授　栗野盛光

マーケットデザイン

経済学で「マーケットデザイン」という比較的新しい分野が形成され、活発な研究活動が行われている。これまでの（伝統的な）経済学と異なるのは、価格メカニズムだけを市場と捉えるのでなく、価格がないような取引の場も市場として捉え、望ましい市場のルールを考えて、実践することである。

1990年代に経済理論家やゲーム理論家が実際の市場のルールを理論的に研究し、実際の市場に実装する中で、マーケットデザインという分野が生まれた。価格がなく金銭取引がないような例では、日欧米の研修医マッチング（研修医と病院のマッチング）、欧米の学校選択制度、そしてアメリカのドナー交換腎臓移植制度などのマッチング市場であり、これらの市場のデザインへの貢献により、2012年にアルビン・ロスとロイド・シャプレイがノーベル経済学賞を受賞した。また、欧米の周波数オークションも経済学者によってデザインされ、オンライン・オークション、そしてGoogleなどの検索における広告連動型オークションなども活発に研究されている。とくに、2020年にはオークションへの貢献で、ポール・ミルグロムとロバート・ウィルソンがノーベル経済学賞を受賞したことは記憶に新しい。

マーケットデザインは、ざっくりと自由に財やサービスを取引するというようなルールではなく、市場のルールを細かな点まで検討するところに特徴がある。ルールの細かな点が市場の結果に大きな影響を及ぼすことがわかってきているからである。たとえば、オンライン・オークションでいつ入札を締め切るかを考えてみよう。締め切りがあらかじめ決まっている場合、締め切り直前まで入札を待ち、最後に入札して安値で落札するインセンティブがある（このような行動を「狙い撃ち」という）。しかし、今では締め切り直前になると、締め切り時間が延長されるようにルールが変更され、狙い撃ちが減っている。そして、市場の取引に関わる物理的・社会的制約を考慮することも重要である。

たとえば、第１章で論じた人権問題への取り組みは、このような制約として捉えることができる。次に、このような制約を満たしながら、効率性・公平性・インセンティブの面から望ましいルールを理論的に考案する。

そのようなルールが実際に市場でうまく機能するかどうかわからないので、フィールド実験や被験者実験、そしてシミュレーションなどによりルールを評価し、実装に移る。このような取り組みがエコシステムに寄与する。

マーケットデザインの最新の理論と社会実装については、ギオーム・ハーリンジャーによる教科書『マーケットデザイン：オークションとマッチングの理論・実践』（中央経済社、2020年）が詳しい。また、マーケットデザインの一般的な考え方については、拙著『ゲーム理論とマッチング』（日本経済新聞出版、2019年）を参照のこと。

プラットフォームのデザイン

近年では、電子商取引（Electronic Commerce：EC）が進展している。ネット上で、さまざまな財やサービスについて企業から顧客への販売(BtoC)、あるいは企業間での取引(BtoB)が行われている。取引の場が市場としてのプラットフォームである。プラットフォームではどのように取引を促し、完結し、決済方法を提供するかなどのルールが規定されており、そのルールをどのようにデザインするかがプラットフォームの成否を決める。プラットフォームとして成功している例としては、Amazon、楽天、Uber Eatsなどが挙げられる。これからメタバースなどバーチャルエコノミーの市場形成に向けて、世界各国の産官学で研究開発がなされていて成長が見込まれるが、バーチャルエコノミーでもプラットフォームは、これまでのプラットフォームデザインの知見を受け継いで発展すると考えられる。

プラットフォームとは何かをもう少し厳密に定義しよう。プラットフォームとは、ユーザー(市場参加者)の相互作用を可能にし、相互作用から価値を生み出す場である。プラットフォームが通常のリアルな店舗での取引と違うのは、いわゆるネットワーク効果(外部性)と呼ばれるものである。ネットワーク効果とは、ユーザーの数が増えれば増えるほど、各ユーザーにとっての相互作用の価値が上昇することをいう。しかし、何もルールがデザインされなければ、個々のユーザーは他のユーザーに与えるネットワーク効果を考慮に入れないので、参加するユーザーは少なくなってしまう。ネットワーク効果は、取引される財やサービスの性質によって決まり、勝手に生まれるものと思われるかもしれない。しかし、プラットフォームのデザインで最も重要なことは、個々のユーザーがネットワーク効果を認識して行動するという内部化であり、どのようにしてその内部化の仕掛け(というルール)をつくるか、ということである。ネットワーク効果が大きければ大きいほど、プラットフォームが成功する可能性が高まる。

ある人がプラットフォームに参加するときに、他の人に及ぼす影響がネットワーク効果である。他の人が参加する人と同じグループに属するときはグループ内ネットワーク効果といい、異なるグループに属するときはグループ間ネットワーク効果という。たとえば、グループ内効果は、LINEなど通信アプリで、利用者が増えるとそれぞれが他の利用者に連絡をとることが容易になり、多くの人とLINEで連絡が可能になり、さらに魅力的になり利用者が増える。一方、グループ間効果は、財の買い手と売り手で、買い手の増加が売り手の収入増加につながり、売り手の増加が買い手の便益増加につながる。他のグループ間効果の例としては、婚活などのマッチングアプリがある。

ネットワーク効果の仕掛けとしては、利用者による評価やレビューがある。たとえば、私たちが本を購入するときに自分が求めるような内容であるかどうかが気になる。一方で、その本を読んだ他の人たちがいて、どのような内容であったか、どの程度役立ったかなどの記述を残してくれれば、購入を迷う人たちにとって役立つ。多くの人が評価やレビューを残せば残すほど、多くの人が便益を受けるというネットワーク効果が働く。また、多くの人の閲覧履歴や購入履歴のデータが蓄積されていれば、同じような履歴を持つ人に対して、レコメンデーションとしておすすめの財を示すことができる。つまり、多くの人の履歴データが集まることで、他の人に便益になるというネットワーク効果が生まれる。

このようなネットワーク効果があるとき、利用者が少ない均衡と多い均衡という複数の均衡が生じることが知られている。それぞれが均衡であるので、どちらも生じる可能性があるが、利用者の少ない均衡を克服することがより重要になる。そのため価格戦略や非価格戦略が必要になる。グループ間ネットワークの代表的な例である婚活マッチングアプリでは、男性と女性の一方には低料金、もう一方には高料金を設定することも効果的になる。また、ネットワーク効果の大きい中核的な企業を招待することも効果的である。つまり、ネットワーク効果を見極めて、仕掛けをつくり、それに応じた価格戦略や出店戦略を立てることがプラットフォームの成否において重要になる。プラットフォームをどのようにデザインするかについては、最新の研究成果を反映した、BelleflammeとPeitzの著書『The Economics of Platforms』が参考になる。

受講生アンケート　その２

寄附講座「都市と地域のモビリティー産業論」での講義において受講者の皆さんに投げかけた質問への回答の中で、本章に関係しそうなものをいくつか紹介する。

Q 質問

どのようなパーパスを持っている企業に関心がありますか？

A 回答（抜粋）

回答が多かったもの

- 企業の価値をより社会に向けている企業に関心がある。そうすることで社会のさまざまな課題が解決の方向へ前進すると考えているからだ。社会における企業の存在というものは非常に大きいと思われる。政府の動きはもちろん重要であるが、企業が社会に及ぼす影響も相当なものだ。それ故、企業が内側を向くのではなく社会に目を向け、そこに行動の源泉を置くことができればよりよい社会の実現が期待できる。
- 環境問題やSDGsに関連するパーパスを策定している企業に関心がある。きっかけは、まさにコロナ禍である。世界中で足並みをそろえなければ、危機を脱することができないという局面を迎え、初めてこうした世界規模の問題に当事者意識を持って向き合った。この経験から、地球上のさまざまな問題の解決には皆が当事者意識を持つ必要があると痛感した。そして環境問題やSDGsといった、当事者意識が薄れがちな諸問題に焦点を当てた企業のパーパスに関心を持つようになった。

回答が一定数あったもの

- 日本のみならず世界に対して大きな影響力を持とうとするパーパスを持った企業に関心がある。日本国内で影響力を持つことも確かに重要であり、必要なことなのは間違いないが、世界に対しても影響を与えることのできるスケール感を持つ企業はより魅力的に見える。
- イーロン・マスク氏がCEOを務めるテスラ社の「人類救済」のように、これから先の時代において長期的に、かつ先導的にわかりやすく社会貢献することをパーパスとしているような企業に関心がある。そのターゲットが、テスラ社のテクノロジーを必要としている企業などだけでなく、人類そのものであるのが魅力的だと感じた。
- バイアスのない社会の形成をパーパスにする企業に関心を持っている。近年、人種やジェンダーにおける諸問題が顕著になる一方で、とくに日本においてはいまだ社会的な偏見を取り除けていないのが現状。
- 社員のモチベーションややる気を維持させようとしている企業に関心がある。社員のやる気が継続していれば結果的にハイパフォーマンスにつながり社会にも会社にもプラスの影響を及ぼすと考える。そのため社員が働きやすい環境を整備し社員のやる気、関わり向上に目的を置いている会社には非常に魅力を感じる。

※2022年秋学期第1回授業時のアンケート結果（回答者320人）

解説

やはり最も多かった回答は、企業の価値をより社会に向けていると認識される企業に関心が高い、というものであった。その中でもSDGsや環境問題に関連する社会課題の解決を掲げている企業への関心が高い。企業や政府もこういった関心の高まりに応えるべく、自身の取り組みをSDGsの項目に紐づけて発表する取り組みが盛んに行われている。自身の姿勢を明らかにすることは非常にすばらしいことではあるが、今後はその姿勢どおりに本当に取り組まれているかが問われてくる。大風呂敷を広げるだけで実際には何も取り組んでいないと、かえって信頼を失うことに留意すべきである。

一方で、スケールが大きいストーリーは魅力的であり、こういった側面に関心が高いという回答も多かった。世界に大きな影響力を持とうとする姿勢やこれから先の時代を長期的にわかりやすく先導しようとする姿勢はワクワクする。このように、スケールの大きなストーリーを日本発で生み出すべくわれわれも日々挑戦している。

また、バイアスのない社会の形成に気を配り、組織に所属する人のモチベーションを維持・向上させることに取り組む企業に対しても関心が高い、との回答が一定数あった。当たり前ではあるが、人を大切にすることの重要性を再認識した。

Q　質問

Web3やメタバースを使ってみるとしたら、どんなことをしてみたいですか？　またその理由は何ですか？

A　回答（抜粋）

回答が多かったもの

- メタバースのインターネット空間で人と交流し、遊び相手や話し相手を見つけたい。さまざまな人と交流したいと常日頃考えているが、マッチングアプリでは会うまでにその人のことをあまり知ることができないので、インターネット空間で実際に交流すれば心理的なハードルが低くなると思う。

- 人間関係をより深いものにしたいという理由から、大学や職場という日常生活における交流の場に仮想空間を導入したい。現状、人と人との交流は対面以外では文章や音声のみで行われることが多く、他者と何かを共有して楽しむことが難しい、とコロナ禍を通して感じた。この点において仮想空間でアバターを用いて交流する場を整えることは、離れていてもより密なコミュニケーションをとる手助けになると考えた。
- ARショッピングサービスを使ってみたい。ネット通販でも似たようなことが可能だが、ネット通販は自分の欲しいものを検索して買うようなスタイルなのに対して、ARショッピングサービスであれば、実際の店舗に行ったときと同じような感覚で買い物ができる。わざわざ店舗に行って買い物をするのは労力がいるし、時間ももったいない。このようなサービスがあれば非常に便利だと思う。
- 現実世界では行けないような場所を見てみたい。たとえば、一般人では到底行くことのできないエベレストの山頂やマリアナ海溝である。理由としては、メタバース内に人間が創造した独創的な空間よりも、太古からある、普段は味わうことのできないような厳しい自然界を体験してみたいからである。

回答が一定数あったもの

- メタバース上で現実世界とは違った人格で別の人生を送る、または疑似体験をしてみるということをやってみたい。たとえばシミュレーションゲームや映画、小説などは、別の人生を疑似体験できる娯楽として、さらに高度なものになると思うし、自分の価値観や視野をより簡単に広げることにもつながるのではないかと考えた。
- 1000年前の平安時代を体験したい。私が生きている間にはタイムマシンは発明されないだろう。しかし、メタバース上で平安時代の暮らしを再現することは可能であると考える。したがって、メタバースにより疑似タイムスリップをしたい。

- 街づくりを行いたい。街づくりの想定を仮想空間で行うことができるからだ。それぞれ発生しうる問題やリスクを洗い出しながら安全で画期的な街をつくり、提供したい。
- 家のインテリアに非常に興味があるので、メタバース上にもう1つの自宅をつくり、その中で自分好みの内装をやってみたい。実際の家では予算などの制約があるため、一度決めた内装を簡単に変更することはできないが、メタバース上ではそのような制限もなく、より自由に、思い切った家づくりが可能になると思う。
- メタバース空間を用いて、サッカーワールドカップの試合をいろんな人と観戦をして盛り上がりたい。とくに私が興味のあるものはサッカーなどみんなで盛り上がれるものなので、メタバース空間を用いて盛り上がれると感じた。また、サッカー観戦だけではなく、煽りVなどのメタバース空間だけの特別な演出なども見たいと感じた。
- メタバースを活用した料理教室に通いたい。理由としては、私は男性で料理に関心があり自宅でもよく料理をつくっており、プロにも教わってみたいという意欲はあるが、料理教室となると女性中心のイメージがあり、なかなか行きづらく感じるから。メタバースを活用した料理教室ならば素性を明かす必要もなく、わざわざ出向く必要もない。

※2022年秋学期第7回授業時のアンケート結果（回答者309人）

解説

非常に面白い回答が多く、夢中で読み込んでしまった。リモートでも多くの人と深い交流ができる可能性に対する期待が高かったり、リアルの世界におけるステレオタイプから解放された形で人と交流ができるようになることへの期待が高かったりすることを認識できた。

また、予算や時間、肉体的能力の限界などにより実現できないことを実現したいという意見が多かった。マリアナ海溝への旅行だったり平安時代へのタイムスリップもその1例だが、ほかにもポケモンの世界に行きたいという回答など、なかなか思いつかないアイデアを披露してくれた。

Q 質問

今後、メタバースでどのようなビジネス・サービスが出てくることを期待していますか？　またそれはどのような社会の課題を解決しますか？

A 回答（抜粋）

回答が多かったもの

- 生活の一部が徐々にメタバースに移行するとよい。メタバース上では何かを生み出す際に実際の資源を消費する必要がなく（開発にかかる物的・人的コストはあるが）、現代の資源不足や持続可能な社会の実現の助けになると思う。見栄や流行のために大量生産・大量消費を繰り返す必要がなくなってくると思う。同時に、メタバースの普及はプライバシーなど新たな問題も生み出すため、慎重に開発を進める必要があるとも思う。
- 身体に障がいを持ち、現実世界では身体を自由に動かせない人たちが、メタバース上で希望の職に就けるサービス。身体障がい者は現実世界で就ける職業が限られている。そこで、メタバース上でそのような人たち向けの就職先を幅広く用意することができれば、彼らはメタバース上で好きな職業に就くことができ、夢をかなえることができる。

回答が一定数あったもの

- 遠距離恋愛のカップルが仮想デートをするサービスができることを期待したい。これによって遠距離恋愛の障壁がなくなりこの世にカップルが増える。さらに少子化が軽減されると考える。
- 先日の韓国梨泰院での雑踏事故が記憶に新しいが、それ以外にもインドネシアのサッカー場でスタジアム内に人があふれ、圧死する事故があったのを私は忘れられない。このようなことから、イベント時などは、あらかじめ起こりうるリスクを予想し、仮想空間での実験により事故を未然に防ぐことができるのではないか。そのため、群衆事故防止に役立ててほしいと考えている。
- メタバース上で、現実世界と同等の義務教育を受けることができる学校がつくられること。病気やいじめなど、さまざまな事由から学校に行くことができない児童が、従来の学校かメタバース上の学校かを自身で選択できるようにすることで、不登校児童の減少につながり、社会課題の解決につながる。また、メタバース上の施設を利用すれば、対面での交流が難しい人も生徒同士のコミュニケーションを問題なく行うことが可能である。地方からでも都市と同等の教育を受けることができる。また、優秀な教師が少ないなどといった人材不足を解消することができる。
- メタバース上に役所のようなものができて、行政上の申請などを一括で完結できるようなサービスが欲しい。幅広い年代にメタバースを浸透させる必要はあるが、わざわざ足を運ばなくても申請などができるようになれば、体の不自由な人やその介助者の負担が大幅に軽減する。かつ事務処理に必要な人員が減ることで、人員を必要とする他の業務に力を入れられると思う。

- 国外の美術館や博物館などの観覧を国内から有料で行えるサービス。やはり国外渡航ということになると、1週間は休みをとらなければならないため、多忙な社会人が国外の美術館や博物館に気軽に足を運ぶことは難しい。メタバースでそれらのサービスを享受できるようになれば世界的に芸術が共有されるようになり、人々の美的感覚・芸術的才能の発達につながる。

※2022年秋学期第7回授業時のアンケート結果(回答者309人)

解説

こちらの質問に対する回答も非常に面白いものが多くあり、ワクワクしながら読ませてもらった。今回取り上げたどのサービスも実現したいものばかりで、メタバースの可能性を感じることができた。期待しているサービスが同じでも解決したい社会課題が異なるケースもあった。たとえば、学校・教育に関わるサービスへの期待において「不登校児童の減少」「教師不足の解消」「都市・地域間格差の解消」など多面的な捉え方をされていた。エコシステムに多様なプレーヤーを迎え入れることで、これらを同時に解決できるサービスの提供も実現可能なのではなかろうか。

第3章

イノベーション

――新たな技術を社会に実装する

今の日本に求められる社会的イノベーションと実装に向けた3つの壁

社会課題を解決するには、これまで試されていないことに取り組む必要がある。こういった「イノベーション」ともいえる新たな取り組みを成功させるにはさまざまな困難が伴う。課題の真因をそもそも見誤る可能性もあれば、新たな解決策を開発できないケースもある。あるいは抵抗勢力が変化を阻もうとすることもあるであろう。本章では、どのような困難が立ちはだかり、それをエコシステムでいかに乗り越えるかについて詳述する。

あらためてイノベーションとは何か

イノベーションを生み出すには何をすればよいのであろうか。その検討に入るために、まずはそもそもイノベーションとは何かというところから確認をしていこう。

「イノベーションの父」とも呼ばれるヨーゼフ·シュンペーターは、1912年の著書『経済発展の理論』[注3-1]においてイノベーションを「New Combination」という言葉で表現している。このように、それまで存在していたものか新規に技術開発をしたものかどうかは問わず、新たな組み合わせ（新結合）により価値を創造することがイノベーションだと理解している。

今求められているイノベーションとは何か

では、今求められているのはどのようなイノベーションなのであろうか。

これまでも繰り返し述べてきたように、3つのWell-beingのいずれに対してもポジティブインパクトを与える社会的イノベーションであると考えている。前述のとおり、ピーター・F・ドラッカーは、1985年の著書『イノベーションと企業家精神』[注3-2]の中で、日本の成功は社会的イノベーションによるものだったと述べている。日本は約100年前、資源を社会的イノベーションに集中することとし、技術的イノベーションは模倣・輸入・応用するという決断を下した。そして見事に成功した、と評価していた。それから30年以上経ったが、失われた30年ともいわれる今の日本の停滞は、この社会的イノベーションが生まれなかったことが原因ではなかろうか。これ以上停滞を続けるわけにはいかない。待ったなしの状況である。

VUCAの時代を迎えた今、これまでの常識を超えた変化が生まれうると認識し、その変化を新たな組み合わせを生み出す機会として捉え、社会的イノベーションを生み出すことが求められている。ドラッカーは、同書の中でイノベーションの機会を7つ提示しており、そのいずれも社会的イノベーションに通じるものではあるが、とくに注目したいものが2つある。1つは「産業構造の変化」であり、もう1つは「新しい知識の出現」である。

「産業構造の変化」については、市場が急激に成長したときやいくつかの技術が合体したとき、仕事の仕方が急速に変わるときに必ず産業構造の変化が起こると述べている。まさに今起こっていることである。産業構造の変化が起こるとき、既存の業界のリーダーは新たな成長機会に注意を払わず、機能しなくなりつつある仕事の仕方にしがみつき、業界外部からの挑戦に注意を払わない。一方で、外部からの挑戦者は急速に大きな勢力を得られる機会となり、大きな社会価値を生み出す機会となる。

「新しい知識の出現」については、リードタイムが長く、さまざまな知識の融合が求められるため、リスクが最も大きいものとして捉えられているが、一方でその分、社会へのインパクトも大きいとも述べている。インパクトある社会的イノベーションを生み出すためにも、われわれはこの新しい知識を活用したイノベーションに挑戦すべきであると考える。

知識が技術となり、それらを融合することで製品やサービスとなって価値をもたらす。たとえば、エンジン開発技術と空気力学が融合して飛行機が誕生した。コンピューターも二進法、パンチカード、プログラムなど、さまざまな知識と技術が融合して生まれた。それらがすべてそろったとき、初めてイノベーションが生まれるという性質があり、そのタイミングの見極めは難しいが、実際に実現したときのインパクトはとても大きい。

なお、ドラッカーは同書の中で、イノベーションの機会として次の7つを提示している。本書では説明を割愛するが、ぜひ原作を読んでほしい。

- 予期せぬことの生起
- ギャップの存在
- ニーズの存在
- 産業構造の変化
- 人口構造の変化
- 認識の変化
- 新しい知識の出現

変わる世界「技術革新」から「社会的イノベーション」へ

ところで、本書の読者の中には、かつて「技術革新」とは日本の製造業における代名詞であったことを実感できない人も多いのではないかと懸念している。現在でも一定以上の強みを有している自動車業界は言うに及ばないが、とくに情報家電（コンシューマーエレクトロニクス）の分野においては、古くは1979年にソニーから発売されたWALKMAN®（小型音楽プレーヤー、当時の記録メディアはカセットテープ）から1990年代〜2000年代の液晶テレビなど、さまざまな新製品が日本で創出された時代があった。

情報家電については、これに加えて前時代の録音メディアであるカセットテープやCD・DVDについても、日本企業が独自の強みを有してグローバルの規格を押さえていた時期が長く、技術の強みをクラスター化し、産業全体で他国を凌駕した強みを構築できたと考えられる。それでは、このような日本の強みはどのような技術革新を経て成り立ったのであろうか。

ここで挙げた情報家電系製品の多くは、大きくまとめると、より「軽く」「薄く」「短く」「小さく」という（よい意味での）「軽薄短小」の部品を、高度なすり合わせ能力で完成度の高い製品に組み上げることができる、といったモノづくりの強みを背景にし、結果として時代が求めるデザインと高機能を実現させた製品、という特長を持っていたと考える。先に述べたWALKMAN®はまさにその典型的製品で、「音楽を持ち運ぶ」という製品コンセプトが明確な定量的設計目標に結びつき、成果物としての製品が世界中の若者を中心に大々的な支持を得たものである。

その結果、WALKMAN®の名前がポータブル音楽プレーヤーを表す名詞としてイギリスの代表的な辞書である『オックスフォード・イングリッシュ・ディクショナリー』に登録されるなど、まさに世界を代表する技術革新の代表例としてふさわしいものとなった。

もう1つの日本人ならではの強みが、すり合わせによるモノづくりを高い歩留まりで実行できる品質への飽くなき追求心であったと考えられる。戦後のQC（Quality Control）活動から始まり、Zero-Defectという言葉に代表される「不良品を決して市場に導入しない」思想とその実現に向けて全力を尽くすという日本人の真面目さは、日本製品の耐久性の高さや不純物・エラーの少なさなど、長期的に使用して初めて体感できるような機能に対して間違いなくプラスに働いていた要因であったと考える。

前述した「軽薄短小」のすり合わせに代表されるモノづくり能力と品質への追求心によって構築された日本の強みは、現在においても一部の産業･製品群で引き続き強みとなっている。代表的な例は、エンジン部品に代表される高いすり合わせ能力が必要な自動車製品や、より高い純度を求められる半導体プロセスや薄膜フィルムなどの高機能素材産業などであり、これらはいまだ他国企業が日本の製品を強く求めている。一例として、数年前の韓国との政治的な軋轢の結果、日本から韓国への半導体プロセス材料の輸出に規制がかかり、韓国側で当該製品群の内製化を進めざるを得なかったという事象は、これらが日本企業独自の技術革新の強みであり、他国の産業･企業と一線を画すことの証左といえるであろう。

しかしながら、現在ではこれらの日本的な技術革新は、他社に対する競争優位性になりにくくなってきている。大きな理由としては、複数の部品をユニットとして大量生産し、それらをコネクターなどで組み合わせて生産の効率化を図るというモジュール型生産への移行が進んだことがある。

また、これまでの伝統的な機械的制御技術が電子的制御技術に置き換わり、機械的制御に必要な設計技術や部品を必要としなくなった製品・モジュールが増加したことも重要なポイントである。これらの変化により、日本企業のお家芸であった高付加価値・高品質製品の多くが、顧客が満足する一定の品質基準を満たしながら、より技術の低い労働力で生産できるようになっており、結果として人件費の安いアジアの新興国との競合に勝てなくなってきたのである。

このような状況の中で、日本の製造業はイノベーションへの注力を自社の中長期戦略に織り込み、自社の強みを生かした新規事業の創出を狙っているが、自社主要事業の一角を占めるまでの成功を収める企業は数えるほどであるといえるだろう。日本政府も国内企業に対するイノベーションを多方面から支援しているにもかかわらず、だ。

他方、日本の外に目を向けると、アメリカにおけるGAFA（G：Google社、A：Amazon社、F：Facebook（現Meta)社、A：Apple社)、中国におけるBATH（B：Baidu社、A：Alibaba社、T：Tencent社、H：HUAWEI社）のような新興企業の成長や、欧州から発した社会課題を起点とした国・地域単位でのスマートシティ、カーボンニュートラル、サーキュラーエコノミーといった大規模なインフラ事業の萌芽など、よりスケールの大きなイノベーションの動きが起こっている。これらの動きは、すでに自国・自地域を飛び越えて世界経済全体に大きな影響を及ぼしているのは周知のとおりであり、国際社会における日本の位置づけが今後ますます低下することが懸念される。世界各国で起こるこれらの大規模なイノベーションから日本企業は何を学ぶべきなのであろうか。

Convergence：複合化の時代

では、近年の代表的なイノベーションは旧来型の技術開発とどこが違うのであろうか。その回答となるキーワードは「収斂・融合」である。

これまでも複数のモノづくり技術を組み合わせることで新しい製品が世の中に生まれてきたが、近年、イノベーションとして注目されるものは、単なる一製品（モノ）ではなくこれまでのモノづくり（ハードウェア）の技術を基盤としつつ、急速に発達を続けているデジタル・通信の技術が組み合わさり、さらにそこから生み出される社会システムの変化までを巻き込んだ非常に大きなエコシステム（コト）であることが多い。

このようなイノベーションの先鞭となる例としては、Apple社のスマートフォンであるiPhone[注3-3]を中心としたiOSによる一連のプラットフォーム事業が挙げられる。空前のヒット製品であるiPhoneは言うまでもなくその事業の中核を成し、「プッシュボタンと画面」という概念を覆す静電容量型のタッチパネル導入を通じて携帯電話の実用可能性を大きく広げ、旧来型のガラケー（ガラパゴス携帯）を市場から一掃したことも周知のとおりであろう。

Apple社はiPhoneと並行して携帯型音楽プレーヤーのiPod[注3-3]、タブレット型コンピューターのiPad[注3-3]など、形状・機能・用途が異なる製品群をiOSのプラットフォーム上で展開し、結果としてユーザーが保有するオンライン上での活動機会の多くを自社の事業機会にすることに成功した。

また、iPhoneの魅力はそのハードウェアだけではなく、豊富に準備されている多様なアプリケーションにある。エンジニアに対し一定の門戸を開くことでiOS上でのアプリケーションを開発させ、短期間でiOSのユーザー機能を大きく向上させることができた。結果的に、今やiPhoneはシンプルな「電話」から大きく拡大し、「メール・SNSなどの非同期コミュニケーション機能」「映像・音楽コンテンツの取得・提供機能」「ECサイト上での物品売買・決済機能」「健康状態を管理するバイタルモニタリング機能」を持つ生活必需ツールにまで成長した。

また、このプラットフォーム戦略の実現に大きく寄与したのが通信技術の向上である。3G→4G→5Gなどの高速化と、Wi-Fiに代表される無線LANの進化により、大量のデータが瞬時にユーザーに（もしくはユーザーから）提供され、TwitterやInstagramなどのSNSコミュニケーションや、YouTubeなどの動画共有サービス、

Netflixなどの動画配信サービスの拡大につながった。

なお、過去の日本においても、プラットフォーム戦略に類似する大規模な産業創出があった。Apple社の事例と類似する携帯端末関連を挙げると、NTTドコモが提供した携帯端末（フィーチャーフォン／ガラケー）を用いたサービス提供システムであるiモード[注3-4]がその代表であり、そのほかにもPDA（個人型情報端末）でビジネスパーソンを中心にヒットしたシャープのZaurusがある。

iモードについては当時の日本を代表するイノベーションといってよく、当時の国内通信市場をほぼ独占していたNTTのキラーサービスとして広く国民全般に使用されたサービスである。iモードは国内の成功を踏み台にして、とくに欧州を中心としたグローバル展開を2000年代前半から中盤にかけて実施したが、世界を席巻するサービスには至らず、最終的には2007年に発表されたApple社のiPhoneにサービスとしてのシェアを大きく奪われ、近年ではサービスの終了がアナウンスされるという結末を迎えた。主な理由としては、国内と国外におけるキャリア・端末間の力関係の違いや、通信環境の高速化が不十分であったこと、日本と異なる通信規格であったことなど、いくつかの要因が指摘されているが、イノベーションのジレンマという視点から1つの理由を述べる。

非常に大きな国内市場とガラケーに対する高いモノづくり力を背景にiモードは進化を続けていたが、おそらくその際に考えられた進化の方向性は、あくまで既存のフィーチャーフォンの形状・性能と通信速度を前提として考えられていたのではないか。言い換えれば、iモードサービスは「小さい液晶画面と電話番号を入力するテンキーボタンを持ったガラケーを用いた、2G／3Gレベルの通信速度で動作可能なプラットフォームでのサービス」を前提にした「制約条件ありきの開発姿勢（イノベーションのジレンマ）」だったと考えられる。

こういった製品設計思想は、一定の仕組みを学び、習熟することに慣れている日本人ユーザーにはマッチしていたが、より広いユーザーを取り込むため、これまでのデバイス・インフラを根本から見直し、ユーザーがより直感的に操作を行い、品質の高い音楽や映像などを楽しむことができるiPhoneの上市に伴い、時流に合わなくなってきたのは致し方ないことであろう。

iPhoneとiモードの事例の比較から、近年求められている大規模なイノベーション創出の要諦を次のようにまとめることができる。

- 既存のインフラ・デバイスなどの技術（とくにハードウェア）を所与・制約条件にするのではなく、ユーザーが本質的に求めているニーズの充足により注力する（携帯端末の本質的な機能・形状を大きく変化させるかどうか）。
- 一部は実現まで時間がかかりうる先端的技術も構想に含め、複数の技術を収斂・融合させた総合的なソリューションを設計する（アプリケーションや通信速度の向上を見越したソリューションを考えるかどうか）。

Apple社の成功事例に代表される、単一製品の技術開発にとどまらないプラットフォームを基盤とした多様な技術の融合によるイノベーションは「社会課題という人類が求める本質的なニーズ・課題の充足」「実現までに時間がかかる破壊的技術（Disruptive Technology）の考慮」という点で、スマートシティ、スマートモビリティーなど、近年重要視されている社会課題に対するソリューションの設計に通じるところがあると考えている。

とくにスマートシティは、高齢化の進展、都市への人口集中と地域の過疎化、災害の増大、感染症への対応など、さまざまな社会課題への対応が求められる地方自治体にとって、歳出を抑えつつ地域住民にとっての魅力度を向上する新しい施策・コンセプトとして大きく注目されている。以下、スマートシティの定義とそこで使われている主要な技術について説明し、多様な技術の融合によって期待されているイノベーションの在りようを示そう。

スマートシティについては、内閣府が国家全体の重要施策として取り上げており、とくに技術的な視点では以下の構成要素がプラットフォームに具備されるべきものといわれている。

①個人の特性に応じた高度な健康・医療サービスの提供
②個人の嗜好に応じた高度な観光サービスの提供
③リアルタイムデータに基づく即応性の優れた防災サービスの提供
④物理的インフラである交通・水道・エネルギーなどのオペレーションの最適化
⑤行政分野を中心とした業務・プロセス・手続きなどの効率化

これらすべてを地方自治体運営の全体プラットフォームとして提供すること自体が大きなイノベーションであるが、各項目の実現自体もモノづくり技術とデジタル技術の組み合わせによる収斂・融合型のイノベーションが必要とされている。

たとえば、①が医療機関における個人の診断・治療履歴が各病院をまたいで整理・統合されていることが前提となるためには、病院間で統合された電子カルテ上のデータ連携の仕組みが最低限必要である。さらに「個人の特性」という視点では、各個人の病院外での活動を把握するための活動・食生活・バイタルデータなどのモニタリングを行うためのセンサー・データ通信／解析技術の双方も求められ、多数のプレーヤーが自社の先端的な技術やノウハウを持ち込んで１つの大きなサービスを設計・構築することが求められる。

さらに「健康」の意味するところを「人の幸福感・満足度（Well-being）」まで拡大して考えると、個人の感情をモニタリングし、判断するような新しいデバイスやアルゴリズムが必要になる。また、個人の幸福感や満足度を高めるために提供される、カスタマイズされた実世界やデジタル上でのコンテンツも必要になり、現状のハードウェア・ソフトウェアのレベルをさらに進化・向上させる新しいコンセプトが必要になるであろう。

実際にスマートシティの先駆となったアムステルダムの事例[注3-5]にも触れたい。アムステルダムはEUの気候変動・温室効果ガス削減目標の達成を目指したスマートシティプログラムを2009年より始めており、電力需給の最適化を目的としたモニタリング、制御、データ連携によるモノづくり（センサー）、デジタル（最適化、データ連携）両面でのエネルギーに関連したイノベーションを進めてきた。近年は、EVの導入やシェアリングサービスを推進するなど、より幅広いサービスを包含した公共サービスを提供している。

Disruptive Technology
――イノベーションの中核となる破壊的技術の重要性

さて、これまでスマートシティの事例を取り上げ、中長期的な社会課題の解決やニーズの充足を包括的に改善するプラットフォーム型ソリューションが今後のイノベーションの主流であることについて述べた。ただ、前節の説明をそのまま解釈してしまうと、イノベーションはプラットフォーム全体を提供可能な一部のインフラ、システム、デバイス系企業しか創出しえないものであり、それら企業へのサプライヤーである中小企業やBtoB企業（例：部品、部材、素材メーカーなど）には不可能であるという誤った認識を与えかねないため、ここでさらに説明を付け加えるとともに、各産業で起こっているDisruptive Technologyの定義と一例を紹介する。

欧州を起点とした社会課題解決ならびにニーズ充足型の大規模なイノベーションへの期待と投資の方向性は、カーボンニュートラルやサーキュラーエコノミーの達成が企業活動の目標に組み込まれた現在においては不可逆なものと考えており、多くの技術開発プロジェクトは何らかの形でこれらのイノベーションの一部になることは疑いがないであろう。

他方、これらの大規模なイノベーションは多様な技術が収斂・融合して初めて成されるものであり、個々の領域においてもこれまでの様式を大きく変革する新しいイノベーションが起こっていることはすでに述べた。

たとえば、EVやスマートエネルギーシステムの中核部品である蓄電池は、EV用の高出力・高容量・急速充電対応といった開発が進んでおり、とくに急速充電や多数の充放電に対応可能といわれている全固体電池の開発は、素材・部材企業がイノベーションに大きく貢献している事例といえる。また、PETボトルのBtoB（ボトル to ボトル）リサイクルに代表されるプラスチックのリサイクル技術は、化学・プロセス産業によるサーキュラーエコノミーの実現へ大きく貢献している。

両者とも前述した社会課題解決型のイノベーションに含まれる一要素技術であるが、各々が全体のイノベーションに必要不可欠であり、その技術があることで既存の社会システムを大きく変革する可能性を持っている。このような技術は一般的にDisruptive Technologyと呼ばれている。

近年有名になったDisruptive Technologyとしては、ビットコインの基礎技術となるブロックチェーンや、芸術品などの著作権を担保するNFT（非代替性トークン）、仮想空間での生活・商取引を総称したメタバースなど、主にデジタルに関連する技術が目立っている。ライフサイエンス、素材、エレクトロニクス、機械、自動車・モビリティーなどの既存産業においても、将来の社会課題解決に対してさまざまな技術が開発されている。

以下に社会課題解決の1つである「人類の長寿命化」に向けたDisruptive Technologyの一例を紹介する。各技術の開発背景をさらに理解してもらうため、中長期視点での将来像を前提シナリオとして定め、課題解決、ニーズ充足に対する各技術の狙いを説明する形をとる。なお、前提となる将来シナリオは、人類の長寿命化という欲求を実現するための2つの異なる方向性をとっているが、どちらの領域にも一定以上の注目がなされ、研究開発が進められている状況である。

将来シナリオ1：仮想空間（メタバース）世界での長寿命化実現

中長期的な世界の予測についてはさまざまな検討結果があるが、現時点でもかなり正確に将来が予測される人口動態を起点に置くと、2050年には世界の人口が約97億人になるものと予測されている。[注3-6] これらの人口が現在の先進国と同様の生活水準を求めた場合、現在の地球で同じような衣食住環境を提供できるのかという課題を解決するDisruptive Technologyが仮想空間(メタバース)である。

メタバースとはもともと、インターネット上にある3次元の仮想空間内での生活を指し、旧Facebook社が自社名をMetaに変更し、当該領域への積極投資を行うと発表した2021年以降、急速に注目されているコンセプトである。ゲームのMMORPG（Massively Multiplayer Online Role-Playing Game）としてある程度実現されているコンセプトではあるが、参加者があたかも現実空間での生活を再現したかのような没入感が得られるという点でさらなる技術開発が求められている。

また、コピーが容易なメタバースの環境下で、そもそもメタバース上の「個人」をどのように特定するかという新たな社会課題への対応も必要になってくる。これらの点を中心に、メタバース世界を実現するために開発されている主要なDisruptive Technologyをいくつか紹介したい。

人間の動作をインターネット上で再現し、かつインターネット上での経験を人間の五感（視覚、聴覚、触覚、味覚、嗅覚）に再現することを可能にするHuman Machine Interface技術

- 視聴覚についてはヘッドマウントディスプレイ（HMD）の小型化に関する検討が進んでおり、また触覚については「ReSkin」[注3-7]という皮膚状のセンサーと触覚への変換AIがMeta社とカーネギーメロン大学との共同開発技術として公開されている。将来的には、仮想空間上での視聴覚・触覚体験が現実社会での体験と同様に感じられるように、HMDとReSkinが一体化されたプラグスーツのようなものが開発されるのではなかろうか。
- 嗅覚・味覚については受容体が多いため検討が難航しているが、嗅覚についてはHMD搭載型の調香器が複数社で検討されている。味覚については、そもそもメタバース上での栄養摂取をどのように行うのかという観点が複数あり、電気信号的な味覚調整技術や、昆虫のような代替タンパク質を用いた食品製造技術など、複数の分野での技術開発が進んでいる。
- これら五感の代替については最終的に感覚を検知し、身体に指示を出す脳に注目し、Brain Machine Interface[注3-8]という脳への／脳からの電気信号を制御・伝達するという考え方もある。これらの技術は国家、民間レベル双方ですでに検討が進んでおり、民間ではNeuralink社やMeta社がまずは会話・コミュニケーションの分野から研究開発を進めている。

メタバース上[注3-9]での本人認証技術

- メタバース上では人間が自身の分身である（ただし必ずしも本人と似ている必要はない）アバターを用いて活動することになるが、たとえば現実社会で「山田A男」という戸籍を有する人間がメタバース上に現れた場合、その人間をどのように本人確認するのかが大きな問題となる。
- この課題を解決するため、凸版印刷はアバターの身体的特徴や元になる顔写真、本人による承諾の管理に加え、NFTと電子透かしの技術を使って不正コピーを防止するアバター生成管理基盤「AVATECT（アバテクト）」を開発している。

将来シナリオ2：現実社会における健康寿命増進の実現

将来シナリオ1とは異なり、人間は自身の老化を防止するための技術開発を行い、現実社会での健康寿命を大幅に増進させるという未来予想も存在している。このシナリオ下で考えられるDisruptive Technologyは、身体機能を機械的、もしくは生化学的に補うという発想から、ロボティクスとバイオテクノロジーとに関連するものが多い。

ロボティクス・サイボーグ化による身体機能の補助・強化

- 老化とともに進む筋力の低下に対しては、身体の外部に取り付ける外骨格タイプのパワードスーツ[注3-10]による補助が研究されている。すでに高重量を持ち上げることが予想される災害、物流、工場作業などの領域で実用化されている。
- 難病に対して身体をサイボーグ化・義体化することで身体的に完治の難しい病気に対応するという発想もある。2017年にALSと診断され、余命2年と宣告されたイギリスの経営コンサルタントであるPeter Scott-Morgan博士は、ALSの進行に伴って深刻な機能障害が発生する呼吸機能や嚥下機能などをコントロールするために当該部位を機械化し、またそのために失った生体機能を、AIを活用したアバターと人工発声機能によって補完し、病気の克服を図るという壮大な挑戦を実施していた。

- 博士の構想は上記にとどまらず、最終的には自分の判断機能の一部もしくは全部をアバターに移すことでAIとの融合を考えていた。残念ながら博士は2022年6月に逝去したが、博士の構想と研究内容は難病を克服して天寿を全うしたい、という人間の根源的な欲求をかなえるための重要な示唆となりうるであろう。

iPSなどを活用した身体部位・臓器の再生・置換・強化

- 現在でも患者から分離細胞を培養した人工皮膚、角膜、軟骨などの人工部位は実用化されているが、ほかに、筋芽細胞の移植による心筋の再生、骨髄細胞を用いた人工関節の固定力向上、幹細胞移植による末梢循環不全の治療などが実用化に向けて開発されている状況[注3-11]である。
- 2012年に京都大学の山中伸弥教授がノーベル生理学・医学賞を受賞して以降、iPSを用いた革新的な再生医療製品の研究開発意欲が高まっており、まずは肝臓器を起点とした開発が進んでいる。
- これらの再生医療は、中長期的には通常の臓器を置換するため、3Dプリンタを用いた臓器の再生・製造が検討されている状況である。現状では、国内での再生血管の実用や、バイオインクを用いた心臓の再生[注3-12]（形状のみ、血管はあるが神経系はなし）など、生体適合性を有する素材での臓器開発が進んでいるが、今後はこれらの技術をベースにして、バイオインク中にES細胞やiPS細胞などヒト由来の細胞を導入し、形状を作成しながら培養を進め、置換可能な人間の臓器をつくっていくことで、現在は他人からの臓器移植を待つ多くの臓器疾患患者の寿命を大幅に延ばすことが期待されている。

遺伝子編集による人体の老化防止

- 上記の2つをいわゆる人体パーツの交換・装着という言葉で表せるとしたら、遺伝子編集は人体設計図のアップグレードといってもよいであろう。発表当初「次世代シーケンサー」といわれた画期的なゲノムシーケンシング技術の実用化により、人の遺伝子情報と身体能力との関係性が、生得的なもののみならず後天的なものも含めて明らかになっており、現在の主流である遺伝子改変による疾患治療はもちろん、身体能力の向上や不老不死までも検討がなされている。
- オリンピックをはじめとする全世界のスポーツ大会では、特殊な化学物質の摂取による不当な身体能力向上(いわゆるドーピング)を厳しく取り締まっているが、この抜け道として考えられている遺伝子改変を用いたドーピングが登場している。[注3-13] スポーツ大会の意義からは当然、取り締まりをより強化する必要があるが、持久力や筋力増加といった、老化に対する治療にもつながる技術開発が日々行われていると予想され、一部の機能強化は近い将来なされるものと見込まれる。
- 寿命を延ばす遺伝子の候補として、サーチュイン遺伝子[注3-14]についての研究が、現在進められている。サーチュイン遺伝子は細胞が飢餓状態に置かれた際に活性化され、[注3-15]細胞修復、エネルギー生産などを行うことで生物の危機を乗り切るための遺伝子である。人間への影響についてはいまだ効果を疑問視するメンバーも多いが、すでに酵母、線虫、ショウジョウバエで長生きの効果が出ており、人間にも類似の遺伝子があるのではないか、という仮説がある。

以上、2つのシナリオにおいて起こる社会的イノベーションと、そこで必要とされる技術の研究開発状況を簡単に紹介したが、イノベーションとDisruptive Technologyの関係性をあらためて次のとおりまとめる。

①社会的イノベーションを行ううえでは、包括的な解決を図るため、業界をまたいだ複数のDisruptive Technologyによるエコシステムの形成が重要である。
②各々のDisruptive Technology（もしくはそれらの組み合わせ）は各領域において従来の関連を打ち壊す可能性のある技術であり、イノベーションの実現に必要不可欠な要素である。
③モノづくり（ハードウェア）系のDisruptive Technologyについては、その研究開発と実用化に必要となる膨大なデータの取得・解析、フィードバック、認証を行うために、デジタル（ソフトウェア）系のDisruptive Technologyとの融合（Convergence）が求められる。

この視点でほかの例についても検証してみよう。たとえばサーキュラーエコノミー（資源再循環）という社会課題解決型イノベーションを実現するためには、収集した廃棄物を選別・分類し、バージン材料と遜色ない素材にまで再合成する技術や、廃棄物取引に関するトレーサビリティを確保するためのブロックチェーン技術などを統合して提供することが必要となり（上記①）、各々の領域での技術はこれまでの回収→廃棄（もしくは燃焼）という大量消費型モデルを根本から変革するために必要不可欠な要素となる（上記②）。また廃棄物の物理的な回収・処理を行う設備・インフラに加え、一連のオペレーションを管理・制御するためのブロックチェーンのプラットフォームも必要になるという点において、ハードとソフトの融合が不可欠である（上記③）。

このように、社会的イノベーションを創出するための戦略立案に際しては、まず課題全体を解決するエコシステムをどのように設計するのかが非常に重要になってくる。前述の日系の製造業は、電子・光学系の精密部品、高機能素材、脱炭素関連技術など、今後の社会課題解決型イノベーションの領域においてDisruptive Technologyになりうる技術の種を有しており、その点では他国企業に対する競争優位性を今後も保有することが可能であるといえる。他方、個別の技術に固執するあまり、エコシステム全体を設計せずに技術開発のみが進み後発企業に敗北してしまうというケースが現時点でも散見されており、この点は是正すべき点である。

また、エコシステムの形成に当たっては以下の論点も重要である。

①「組みやすい相手」と組むか「組むべき相手」と組むか。
②自社がどこまで実施すべきか。

①の典型的な例は「まずは日本企業同士でやりましょう」というものである。国力を高めるという意味で国家主導プロジェクトとして実施するのであれば致し方ないが、とくにグローバルでの市場展開を考える際には、エコシステムを組む相手先を制限せず、より幅広い視点で考えるべきである。

②は、言い換えれば「自社がエコシステムを主導するか」という問いになる。近年の各社の経営計画を見ると、自社を中心にしたエコシステム形成を模索する企業が増えている印象があり、これ自体は否定すべきものではないが、自社の強みと弱み、保有するアセットとケイパビリティ、価値観などに照らし合わせたときに、これまでと業態が大きく異なるエコシステムのどの部分までを自社がやるべきなのか／できるのか、についてはぜひ議論すべきだと考える。

2000年代のPC向け半導体であるIntel Inside戦略のように、エコシステムの全体を描いたうえでその中核となるDisruptive

Technologyの提供に特化することも、企業の価値観・規模などによっては有効な戦略になりうる。前章で述べたように、キーストーンにもニッチにも重要な役割があることに留意してほしい。

いずれにせよ社会的イノベーションは各社が試行錯誤を続けている状態であり、これからの活動次第で十分逆転が可能な領域も多数存在している。その中で技術開発は、社会課題解決という大きな目標を成すためのあくまで1つの要素にすぎないことを念頭に置き、「エコシステム全体の中でどのような位置づけにあるべきなのか」「そのために必要な技術レベルはどの程度か」「自社でどこまで実施すべきか」などの問いを掲げて自社の戦略を練る必要がある。

ここではDisruptive Technologyの参考例を挙げる。最新テクノロジーの普及ステージや普及期待度を非常にわかりやすく分析・視覚化したものとして、ガートナー社が発表したハイプ・サイクルがある。以下、同社の公式ウェブサイトより引用する。[注3-16]

各ハイプ・サイクルは、テクノロジ・ライフサイクルの5つの重要なフェーズを深く掘り下げます（**図3-1**）。

黎明期：潜在的技術革新によって幕が開きます。初期の概念実証（POC）にまつわる話やメディア報道によって、大きな注目が集まります。多くの場合、使用可能な製品は存在せず、実用化の可能性は証明されていません。

「過度な期待」のピーク期：初期の宣伝では、数多くのサクセスストーリーが紹介されますが、失敗を伴うものも少なくありません。行動を起こす企業もありますが、多くはありません。

幻滅期：実験や実装で成果が出ないため、関心は薄れます。テクノロジの創造者らは再編されるか失敗します。生き残ったプロバ

図3-1 Gartner® リサーチ・メソドロジ　ハイプ・サイクル

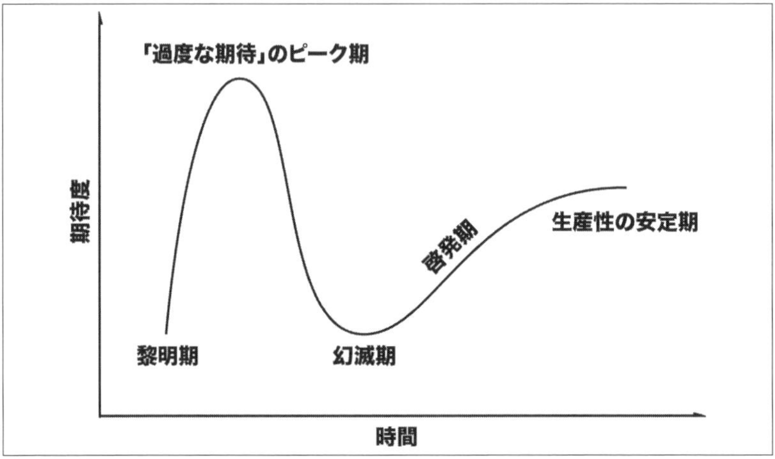

出所：ガートナー社ウェブサイト「Gartner® リサーチ・メソドロジ　ハイプ・サイクル」
（https://www.gartner.co.jp/ja/research/methodologies/gartner-hype-cycle）（2023/03/24アクセス）
GARTNERは、Gartner Inc.または関連会社の米国およびその他の国における登録商標およびサービスマークであり、同社の許可に基づいて使用しています。All rights reserved.

イダーが早期採用者の満足のいくように自社製品を改善した場合に限り、投資は継続します。

啓発期：テクノロジが企業にどのようなメリットをもたらすのかを示す具体的な事例が増え始め、理解が広まります。第2世代と第3世代の製品が、テクノロジ・プロバイダーから登場します。パイロットに資金提供する企業が増えます。ただし、保守的な企業は慎重なままです。

生産性の安定期：主流採用が始まります。プロバイダーの実行存続性を評価する基準がより明確に定義されます。テクノロジの適用可能な範囲と関連性が広がり、投資は確実に回収されつつあります。

新たに登場した技術は過剰な期待が寄せられがちで、誇大広告（英語ではHype（ハイプ）という単語が使われる）なのか実用化が可能なものなのかの判断が難しいため、ガートナー社が技術やアプリケーションの成熟度と採用状況、および技術とアプリケーションが実際のビジネス課題の解決や新たな機会の開拓にどの程度関連する可能性があるかを分析して図示したものが、このハイプ・サイクルである。

ハイプ・サイクルを参考にしながら、業界と自社のリスク許容度に基づいて、最新技術への投資が適切なタイミングなのか、あるいは適切な規模感なのかについて、冷静に意思決定することを求められる。

社会的イノベーションの実装に向けた3つの壁

知識が技術や製品やプロセスに転換され、世の中に受け入れられるようになるには、さまざまな困難がある。具体的には「技術実現性の壁」「法規制・社会受容性の壁」「事業性・経済合理性の壁」の3つが存在しており、それらを乗り越える必要がある。たとえば、自由で快適な移動を提供する新たな手段として、運転手なしで目的地まで連れて行ってくれる自動運転タクシーサービスの実現に向けた取り組みが現在進んでいるが、これにも3つの壁が立ちはだかっている。

現在、直面している「技術実現性の壁」は「安全性の担保」である。おそらく自動運転車の話を初めて聞いたとき、ほとんどの人が「ドライバーがいないクルマが公道を走って本当に安全なのだろうか」と考えたのではなかろうか。

実際には、人間が運転していても眠気や突然の病気の発症など安全を損なうリスクは存在する。機械がドライバーの機能を担うことで安全性が高まる可能性もあるのだが、社会が許容できる水準にまで自動運転車の安全性を高める必要がある。そのために自動運転車を開発している各社は、しのぎを削って技術開発を進め、膨大な距離の走行実験を行っている。

次に立ちはだかるのが「法規制・社会受容性の壁」である。実際に技術的には人間が運転するよりも安全性が高い自動運転車が実現していたとしても、人々がその事実を認知せず、価値を理解できなければ、自動運転タクシーサービスは実現できない。したがって、人々にその安全性を認知してもらい、サービスの価値を理解してもらうための活動が必要となる。

加えて、実際にサービスを行える環境を整えるために法改正も必要となる。そもそも人間のドライバーがいないクルマが公道を走ることが許されていなかったことから始まり、運行可能な場所、事故があったときの責任分担など、安全なクルマができたとしても、実際に公道を走行させるにはさまざまなハードルが存在する。業界団体での議論、既存事業者との対話、行政機関との折衝、有識者会議での議論などを経て、1つひとつ法規制の見直しを図る必要がある。

これら2つの壁を乗り越えても、最後に「事業性・経済合理性」という大きな壁に頭を悩ませることになる。サービスを運営する事業者の視点に立てば、事業を継続させるにはコストの最小化と売上の最大化を両立させて利益が生まれる状況にする必要があるが、一定の事業規模がないと損益分岐点を超えることは難しい。

しかしながら、新たに導入するサービスにお金を払ってもらえるユーザー数は限られており、その限られた特定のユーザー（いわゆるイノベーター層）に高額の費用を負担してもらう、社会的な意義を認めてもらい税金を活用する、ユーザー数が増えるまで投資家や企業が我慢して投資を継続する、といったことが求められる。自動運転タクシーサービスに関していえば、現在は全国各地で実証実験が行われている段階である。実際に対価をとってサービスを提供しているケースは少ないが、対価をとるようになったとしても、現在のタクシー以上にとれるとは考えにくい。

一方で、車両開発コスト、自動運転車を運行させるために必要な高度な地図の制作コスト、自動運転車の運行を監視するシステムの構築・保守・運用コストなど、多額のコストがかかっており、損益分岐点を超えるシナリオを描くことが一筋縄ではいかない状況にある。

したがって、取り組みが止まってしまわぬように、サービス提供を実現したいさまざまなステークホルダーが、移動サービスの提供対価以外での価値を見いだし、別の収入源を確保する方法がないかを探索する、将来の可能性を信じて投資を継続する、といった活動を行っている。

このように、社会的イノベーションの実装には、3つの壁を取り除く挑戦をしなければならないが、それを1社単独で行うことは不可能である。関連する業界や投資家、行政機関などのさまざまなステークホルダーがそれぞれリスクをシェアし、その対価として将来生まれるリターンをシェアするスキームも構築する必要がある。

なお、ここで言う将来生まれるリターンとは、すなわち社会課題の解決そのものであるが、その実現に貢献することによって各ステークホルダーはそれ以外のさまざまなリターンが得られる。社会的信用の高まりであったり、新たなやりがいのある挑戦に取り組める機会であったり、志のある優秀な人材が新たに組織に加わってくれることもリターンである。そして、社会から存在を期待される組織になることで、その期待への投資として、株式の購入や商品·サービスの購入といった形で、最終的には金銭的リターンにもつながる。

3つの壁を乗り越える挑戦事例：空飛ぶクルマ普及へのチャレンジ

前述のとおり、新たな技術の導入を伴うプロダクト・サービスに対してまだ信頼を得られていない状況下においては、新技術の成立性・安全性に関わる検証はもちろんのこと、受容性を高めるための地道な取り組みが必要となる。本節では、空飛ぶクルマというまだ技術開発段階の新たな空のモビリティーの実現に向け、とくに地域社会・地域住民の受容性の向上に力点を置いて取り組みを進めている大阪府の事例を、当社が支援してきた実績に基づき解説する。

空飛ぶクルマのユースケース

まず前提として、空飛ぶクルマはどのようなものかについて概説する。空飛ぶクルマの明確な定義は存在しないものの、一般的に電動・自律・垂直離着陸という3つの特徴を備えた次世代の空のモビリティーとして、都市内や地方都市間の移動のみならず、離島・過疎地域の移動手段や観光・エンタメコンテンツとしての活用、また災害時、医療での活用など、多様な利活用の可能性を有しており、これまで遠距離移動の場合にしか想定されなかった空の移動をより身近にするポテンシャルを秘めるとされる。以下に空飛ぶクルマのユースケース例を挙げる。

都市内の移動（エアタクシー）

とくに渋滞が頻発する都市内において、日々の通勤や移動に際して空飛ぶクルマを活用し、効率的に移動するユースケース（諸外国の渋滞が頻発する都市などで活用が見込まれる）。

地方都市間の移動

航空機の定期便や鉄道、バスなどの交通インフラが存在しない、または鉄道やバスなどの交通インフラは存在するものの、移動に際して長い時間を要したり、乗り換えが不便である短中距離の地方都市間を空飛ぶクルマを活用しPoint to Pointで移動するユースケース。

離島・過疎地域の移動

既存交通インフラが存在しない、または存在するものの存続が困難になりつつある離島・過疎地域での移動手段として空飛ぶクルマを活用するユースケース。

観光・エンタメコンテンツとしての活用

（現状ヘリコプターで実施されている）観光地や商業施設での遊覧飛行の手段として空飛ぶクルマを活用するユースケース。

災害時における活用

災害で地上の交通インフラ、移動手段が利用困難な際の被災地の確認、物資輸送、傷病者の緊急搬送などの手段として空飛ぶクルマを活用するユースケース。

医療における活用

（現状ドクターヘリで実施されている）傷病者が発生した場所へのドクターの移動手段、および傷病者の搬送手段として空飛ぶクルマを活用するユースケース。

世界中の大手企業からスタートアップまで、おおよそ200以上の開発プロジェクトを進めているといわれ、各国において技術開発、社会実装に向けた法規制の整備や事業化に向けた大規模な実証実験などを通じたエコシステム形成が進行している。

また、産業としての広がりも空飛ぶクルマにおいては想定される。空飛ぶクルマと呼称されるものの、航空機に分類されることから、産業としても既存の航空産業に近い産業が立ち上がることが見込ま

図3-2 **空飛ぶクルマにおいて想定されるエコシステム**

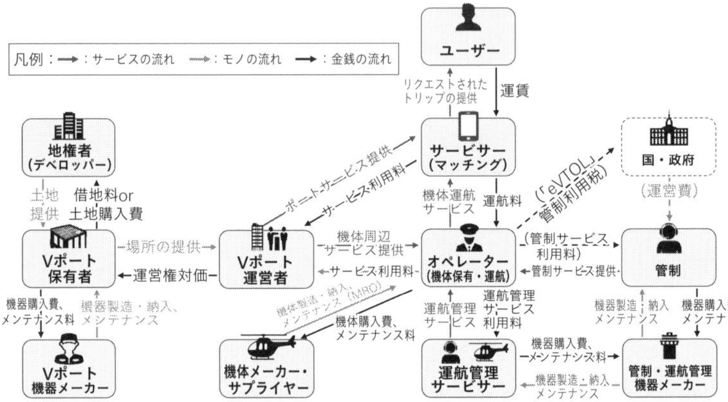

出所：デロイト トーマツ コンサルティング作成

れる。機体の製造のみならず、機体を活用した運航サービスの提供、またVポートと呼称される空飛ぶクルマ向けの離着陸場施設の設置・運営、安全な機体の運航を支える管制システムといったコアになる事業領域を中心に、機体や装備品の維持・整備を担うMRO（Maintenance、Repair、Overhaul）や、空飛ぶクルマに関わる事業者やユーザーに対する保険提供、機体のリースなど、周辺産業も含めると多様かつ波及力のある産業が国・地域ごとに生まれることが期待される（**図3-2**）。

国内では、経済産業省・国土交通省が主導する空飛ぶクルマの実現に向けた官民協議を行う場である「空の移動革命に向けた官民協議会」において、2022年3月に「空の移動革命に向けたロードマップ（改訂案）」（2018年に策定されたロードマップの改訂版）を発表するなど、産官学が連携のうえ、国を挙げた検討が進むとともに、各地域・自治体単位での空飛ぶクルマ実現に向けた実証実験や取り組みも加速しつつある。

大阪府における空飛ぶクルマの取り組み

この中でとくに積極的に検討を行っているのが大阪府である。「空の移動革命に向けたロードマップ（改訂案）」において明確に示されたとおり、国内の空飛ぶクルマの実現に向けたキーマイルストーンとして2025年の大阪・関西万博での商用運航開始が目指される中、官民連携の枠組みの下で全国の自治体に先駆けて、より踏み込んだ検討・取り組みが実施されている。

大阪ラウンドテーブルの設立

大阪府は2020年11月に「空飛ぶクルマの具体的な課題や提案を産官学が協力・連携して整理し、開発に向けた議論や取組みの効率を高める」ことを目的に、大阪府独自の空飛ぶクルマの実現に向けた関連ステークホルダー間の協議の場である「空の移動革命社会実装大阪ラウンドテーブル（以下、大阪RT）」を設立した。

大阪RTはそれぞれ以下のミッションを与えられた3つのテーブル（階層）から構成されており、参加者の属性、および目的に応じた議論・取り組みが行われるような工夫がされている（**図3-3**）。

■ Blue Table

空飛ぶクルマについて、国の「空の移動革命ロードマップ」が示す2030年代の実用拡大を目指しつつも、当面、2025年大阪・関西万博を共通のマイルストーンに据え、将来、大阪でのビジネス化を視野に入れている事業者を中心に、とくに制度設計・ルールづくり（協調領域）に資する実務的な協議や実証実験などを精力的に進め、

図3-3 空の移動革命社会実装大阪ラウンドテーブルの概要

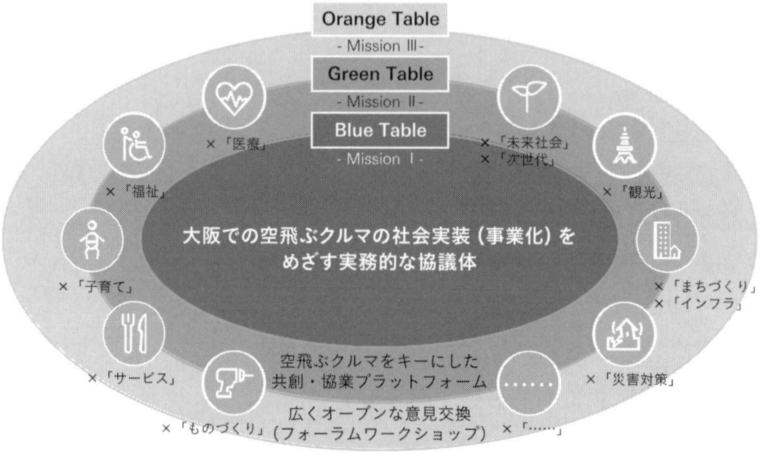

出所：大阪府「空の移動革命社会実装大阪ラウンドテーブル」を基に作成（2023/01/19）
（https://www.pref.osaka.lg.jp/energy/evtol/）（2023/01/27アクセス）

具体的かつ現実的な課題の抽出や提案を行うワーキンググループ（WG）の機能を果たし、国の「空の移動革命に向けた官民協議会」と連携・連動しながら、社会実装に向けた取り組みを加速させる。

■ Green Table

空飛ぶクルマの社会実装を見据えた新たなサービスや価値の提供などについて、さまざまなアイデアを持つ事業者を加えたプラットフォームの機能を果たし、さまざまな掛け合わせ（共創、協業）を生み出す。

■ Orange Table

空飛ぶクルマのある社会について、さまざまな角度や観点から多様な人々とオープンに意見交換するフォーラム、ワークショップの機能を果たし、課題はもとより、活用可能性や有用性について建設的な協議を行い、社会の期待や需要に適した、新たなモビリティーと価値創造を目指す。

この中で注目すべきはBlue Tableに参画するステークホルダーの多様性である。機体の開発・製造を行う機体メーカー（国内外のスタートアップまたは大企業）から、機体の運航を担うことが想定される運航事業者（エアライン、ヘリオペレーター）、離着陸場（Vポート）の開発・運営を担うことが想定される事業者（空港運営事業者、Vポート開発事業者）、金融機関・保険事業者、総合商社といった実際に空飛ぶクルマに関わる事業展開を見込む民間事業者のみならず、医療での活用を念頭に医療機関、またアカデミアも含め50を超える企業・団体が参画する座組みを構築した。

加えて国の関連機関もオブザーバーとして参画・関与しており、空飛ぶクルマに関わる産官学が一堂に会し、技術的な観点のみならず事業的な観点、また法規制の観点からも議論を行える体制・土台が整備された。

社会実装推進事業としての推進

こうして、大阪RTの立ち上げにより、大阪での空飛ぶクルマの実現に向けた検討・取り組みに関する議論を行う土台を整えた後、大阪府は2021年度に、この枠組みを活用しながら次年度以降の取り組みの基礎となる指針・計画づくりのためのより踏み込んだ検討を行った。

「大阪府空飛ぶクルマ社会実装推進事業」として当社も支援した当該年度の活動においては、①明確なビジョン・世界観の策定、②ビジョン・世界観の実現に向けた必要な取り組みを徹底的に議論するWGの設置、そして③社会実装に向けた具体的なロードマップ、アクションプランの策定、といった取り組みが推進された。以降①〜③の具体的な内容について解説する。

■ ①明確なビジョン・世界観の策定

大阪府では、2025年の大阪・関西万博での空飛ぶクルマの実現という大きな方向性について共通認識が醸成されていた。しかし、2025年の大阪・関西万博以降の空飛ぶクルマの利活用、社会実装のイメージについては、大阪府、事業者それぞれ個別に思い描く絵姿はありつつも、府として共通のビジョンや世界観を打ち出すまでには至っていなかった。

このため、2021年度の各種取り組みを進めるに際して、まず空飛ぶクルマに関わる取り組みを通じ、大阪府として目指したい姿は何か（どのような状態になっていたいのか）、大阪府において空飛ぶクルマを活用することでどのような世界を実現したいのかというテーマについて、大阪府、大阪RTメンバー、および基礎自治体・近隣自治体を含む関連ステークホルダーを交えた検討・議論を行い、それぞれビジョン・世界観（ステップ）として可視化・言語化を図っていった。

とくに世界観については、目先の2025年頃（大阪・関西万博時点）はあくまで「立ち上げ期」であると定義したうえで、以後2030年頃を「拡大期」、2035年頃を「成熟期」として超長期の未来も見据えて実現したい世界観を整理した。

このようにビジョン・世界観の策定を行ったことで、直近の2025年の大阪・関西万博における空飛ぶクルマの飛行実現というマイルストーンだけを近視眼的に目指すだけではなく、その先の未来に目指すべき商用化・社会実装のある姿を共通認識として得るとともに、以降の具体的なロードマップ、アクションプランの策定に

図3-4　空飛ぶクルマに関わる大阪府のビジョンと実現に向けたステップ

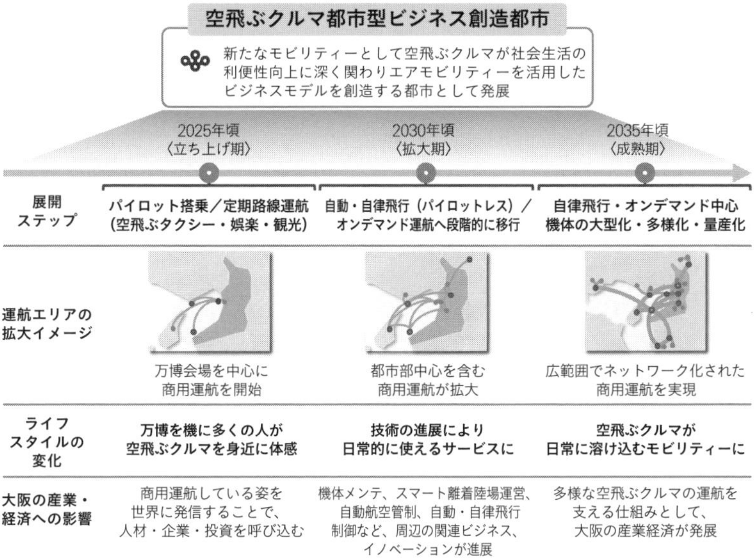

出所：空の移動革命社会実装大阪ラウンドテーブル「空の移動革命社会実装に向けた大阪版ロードマップ／アクションプラン」3ページ（2022/03）を基に作成
（https://www.pref.osaka.lg.jp/attach/43014/00000000/roadmap.pdf）（2023/01/27アクセス）

向けた検討・議論の前提をそろえることにつなげていった（**図3-4**）。

■ ②ビジョン・世界観の実現に向けた必要な取り組みを徹底的に議論するWGの設置

次に、空飛ぶクルマを取り巻く事業・技術領域別に4つのWGを設置し、WG別に大阪RT Blue Table参画事業者から参加希望を募ったうえで、領域別の論点について集中討議を実施する枠組みを整えた。

議論に際しては前段の「①明確なビジョン・世界観の策定」で可視化・言語化した内容を念頭に、それぞれの領域別に目指すべき世界観をブレイクダウン（運航サービスであればどのようなサービスをどの程度の規模感（必要な機体数、ルート数、運航形態など）で実現したいか可視化・言語化）したうえで、世界観の実現に際して課題となる事項を整理するとともに、課題解決に必要な取り組み（具体施策）に関して徹底的に議論を行い、それぞれ取りまとめた。以下は各WGの目的である（( )内の数字は参画事業者等数）。

機体・運航サービスWG（29）
大阪、および関西エリアでの空飛ぶクルマの運航サービスの実現に向けて、機体・運航サービスの観点から解決が必要な課題、および課題解決に必要な取り組み（具体施策）に関して官民それぞれの観点から議論・整理する。

離着陸場WG（31）
大阪、および関西エリアでの空飛ぶクルマの運航サービスの実現、展開を念頭に、運航サービスを支える離着陸場の設置・構築に向けて解決が必要な課題、および課題解決に必要な取り組み（具体施策）に関して官民それぞれの観点から議論・整理する。

管制・通信WG（24）
（管制・通信の分野に関しては空飛ぶクルマにおける管制・通信の規制・ルールが現状国などにおいて検討されていることに鑑み）大阪、および関西エリアでの空飛ぶクルマの運航サービスの実現、展開を念頭に、管制・通信の観点から取り組み事項を議論・整理するとともに、以降の管制・通信の規制・ルールの策定に向けた国への要望事項に関して議論・整理する。

社会受容性WG（30）
大阪、および関西エリアでの空飛ぶクルマの運航サービスの実現、展開を念頭に社会受容性の向上に向けた課題や取り組み事項、またリスクへの対応方針などを議論・整理する。

この取り組みの中で特徴的なのは、社会受容性の向上に特化して検討を行うWGを組成した点である。国および大阪府のロードマップの中でも、技術開発・事業開発・法整備などの課題と並んで重視されているのは社会受容性であり、大阪RTでも大阪・関西エリアでの空飛ぶクルマの実現・社会実装に際して、とくに社会受容性の向上・確保が障壁になるとの共通認識を大阪府・事業者双方が有していたことから独立のWGが設置され議論が行われた。

社会受容性WGにおいてはまず「社会受容性を確保している状態とはどのような状態か」という、そもそもの問いから議論を行い、目指す状態を言語化・定義することから検討を始めた。議論を通じ、大阪RT社会受容性WGとしては、「住民・地域社会が社会実装によるメリットを受けている状態」と「住民・地域社会が社会実装によるデメリットを許容している状態」の両輪が成り立っている状態が「社会受容性を確保している状態」と定義した。

これまでも空飛ぶクルマに関する社会受容性については、たとえば騒音対策への対処などの個別トピックについて議論されてきていたところではあるが、本WGにおいてあらためて社会受容性の定義を明確にしたうえで、一定のフレームワークに基づく網羅的な論点・施策の議論ができた点は、非常に意義深い。

この結果、空飛ぶクルマの安全性の訴求や事故発生のリスクを軽減するための取り組みは何か、また空飛ぶクルマの社会実装に伴う外部環境に与える影響を最小化するための取り組みは何か、といった具体的な方策に踏み込んだ議論と検討を行うことができたといえる。

■ ③社会実装に向けた具体的なロードマップ、アクションプランの策定

最後に、前段までの取り組みを通じ、議論・取りまとめの内容を

総括する形で、空の移動革命社会実装に向けた大阪版ロードマップ／アクションプランを策定した。

「大阪版ロードマップ」では、国が示す計画（ロードマップ改訂版）を踏まえ、大阪における空飛ぶクルマの実現に向けた今後の取り組み指針を示すものとして、2025年大阪・関西万博をキーマイルストーンとして、以降の空飛ぶクルマの事業拡大に向けたステップを整理している。

具体的には、時間軸として2022年度を「地固め・下準備」、2023～2024年度を「ビジネス開発・実証期間（実地検討）」、2025年度以降を「事業立ち上げ」、その後を「事業拡大」の4フェーズに定義し、施策の領域を「環境整備」および「ステークホルダーとの連携」に大分類して事業環境の整備や社会受容性の確保に向けた取り組み、国や周辺自治体との連携など、7つの領域に区分したうえ、各フェーズ・施策領域別の大阪府における具体的な取り組みの方向性を示している。

「環境整備」の分類においては「1　実証実験に向けた環境整備」「2　離着陸場の整備」「3　事業環境の整備」「4　社会受容性の確保に向けた取り組みの推進」の4つの区分で施策の方向性を定義しており、とくにWGでの議論を踏まえて社会受容性の確保に関しても事業環境を構成する要素として独立した区分に位置づけている点は重要なポイントである。

「ステークホルダーとの連携」においては「5　国との連携」「6　府内外の自治体との連携」「7　在阪・大阪RT Green／Orange Table参画事業者との連携」の3つの区分で、大阪・関西エリアでの空飛ぶクルマの実現・社会実装に際して関連する国・府内外の自治体・在阪企業含む事業者との連携にフォーカスする形で各年度における取り組みを整理した（**図3-5**）。

図3-5　大阪版ロードマップ

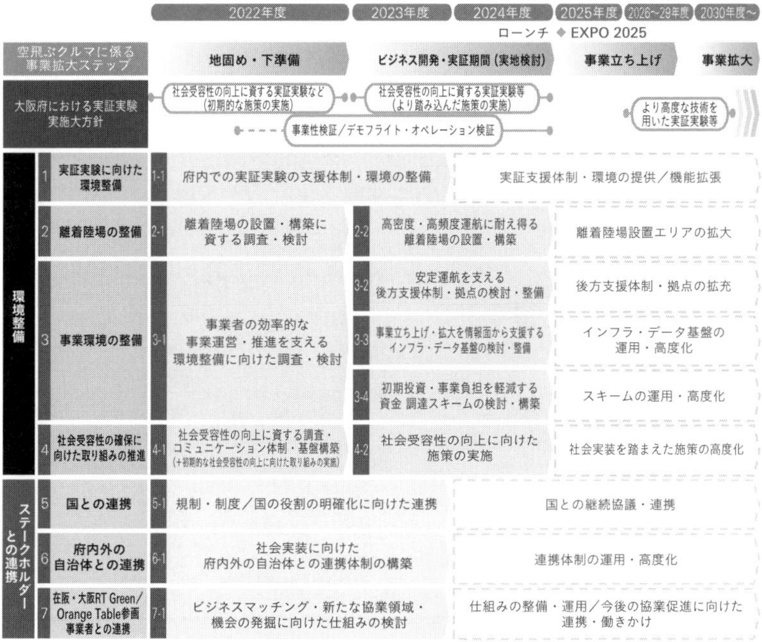

出所：空の移動革命社会実装大阪ラウンドテーブル「空の移動革命社会実装に向けた大阪版ロードマップ／アクションプラン」4ページ（2022/03）を基に作成
（https://www.pref.osaka.lg.jp/attach/43014/00000000/roadmap.pdf）（2023/01/27アクセス）

さらに「大阪版ロードマップ」で定義した施策を具体的に実施するために必要な取り組み事項を「アクションプラン」として詳細に整理した。各アクションプランの作成に当たっては、大阪府・関係自治体・事業者のそれぞれが役割分担を行い、さまざまなステークホルダーと共創・協業しながら取り組みを進めていくことを念頭に検討を行った（**図3-6**）。

この中で「4　社会受容性の確保に向けた取り組みの推進」に関し

図3-6　令和４年度に着手予定のアクション一覧（2022年３月時点）

1-1	府内での実証実験の支援体制・環境の整備	府内での実証実験に関わる事業者のニーズの明確化、および実証用地としての貸し出し・提供が可能と想定される公有地や私有地の調査・発掘など、多様な実証実験を支える体制・環境を整備する
2-1	離着陸場の設置・構築に資する調査・検討	安定的な運航を支える離着陸場に必要な施設・設備の要件や機能、ならびに設置場所候補地の調査や確保に向けた検討などを通じ、以降の離着陸場の設置・構築に向けた指針を明確にする
3-1	事業者の効率的な事業運営・推進を支える環境整備に向けた調査・検討	大阪・関西エリアにおける有望運航ルートやユースケースなどを踏まえて、空飛ぶクルマに係る事業モデルを整理するとともに、事業モデルの実現に必要となる「あるべき体制や基盤」（後方支援体制・拠点、インフラ・データ基盤、資金調達スキームなど）の整備・構築に向けた指針を明確にする
4-1	社会受容性の向上に資する調査／コミュニケーション体制・基盤構築（＋初期的な社会受容性の向上に向けた取り組みの実施）	広域での現状の社会受容度や、国内外の社会受容性向上に資する取り組みなど、以降の取り組み検討に資する情報を調査・整理するとともに、多様な人々の視点からの情報発信の促進ならびに地域社会・住民との効果的・効率的なコミュニケーションに資する体制・基盤を構築する
5-1	規制・制度／国の役割の明確化に向けた連携	空の移動革命社会実装大阪ラウンドテーブルにおける議論を踏まえ、規制・制度に関わる国への要望などを行うとともに、大阪・関西万博での空飛ぶクルマの実現に向けた機運醸成などの協調的な取り組みを推進する
6-1	社会実装に向けた府内外の自治体との連携体制の構築	府内外の自治体との連携体制の構築に向けた方針検討を行うとともに、現状の空飛ぶクルマに関わる取り組みの実施有無問わず、府内外の自治体などに対して連携の呼び掛けや連携体制の構築を図る
7-1	ビジネスマッチング・新たな協業領域・機会の発掘に向けた仕組みの検討	空飛ぶクルマを取り巻く産業の中から、在阪企業と国内外の企業などとの協業可能性が高い事業領域、および重点的に協業促進を図る事業領域を調査・検討したうえで、大阪・関西エリアにおける事業参入への関心を高め、協業機会創出につながる仕組みの検討を行う

出所：大阪府「大阪府における空の移動革命社会実装に向けて」４ページを基に作成
（https://www.pref.osaka.lg.jp/attach/39723/00000000/pamphlet.pdf）（2023/01/27アクセス）

ては、2022年度に実施する「4-1　社会受容性の向上に資する調査／コミュニケーション体制・基盤構築（＋初期的な社会受容性の向上に向けた取り組みの実施）」と「4-2　社会受容性の向上に向けた施策の実施」の2つのアクションを定めている。前段で示した「大阪版ロードマップ」の事業展開に向けたステップにのっとり、現状の社会受容度合いなどを幅広く調査し、以降の取り組みの推進に際して求められるコミュニケーション体制や基盤を整備するアクション（地固め・下準備）と、これら調査結果や構築する体制・基盤などを活用した実際の社会受容性の向上に向けた取り組みを推進するアクション（実地検討）を段階的に発展させ、着実に空飛ぶクルマの社会受容性を確保することを目指した。

本アクションにおいては、空飛ぶクルマという次世代のモビリティーを社会実装に向けて着実に進めていくために、行政が旗振り役となったうえで官民のステークホルダーが闊達な意見交換をできる枠組みを設置し、その中でビジョンと世界観の共有からそこを目指したロードマップ・アクションプランの作成までを一貫して進めてきている点が特徴的であり、このような進め方については空飛ぶクルマに限らず、さまざまな新しい技術・サービスの社会実装に当たって参考になるものと考えられる。加えて、大阪府は大阪RTにおける議論をクローズドな議論にとどめることなく、成果として策定された大阪版ロードマップ／アクションプランの発表に当たっては行政トップである吉村洋文府知事も登壇のうえ、メディア各社にも広くアピールするとともに、別途、空飛ぶクルマに関わる基礎的な情報と併せてロードマップ／アクションプランの内容をわかりやすくまとめたパンフレットを府民向けに公開するなど、社会受容性の向上に向けた積極的な情報発信をしている点も重要である。

今後、大阪府においてはロードマップ／アクションプランに基づいて、具体的な実証実験の実施やインフラの整備などの取り組みが進んでいくことが想定されるが、これらの取り組みの1つひとつが大阪RTで共有・議論されるとともに、住民を含む関連ステークホルダーにタイムリーに情報公開されながら進められることが、地域に根差した新たなモビリティーサービスの普及の肝になるだろう。

以下に、社会受容性の確保に向けたアクションの詳細を記載する（**図3-7**）（2022年3月、「空の移動革命社会実装に向けた大阪版ロードマップ／アクションプラン」策定時点）。

図3-7

		2022年度
アクション		社会受容性の向上に資する調査・コミュニケーション体制・基盤構築（＋初期的な社会受容性の向上に向けた取り組みの実施）
取り組み内容		広域での現状の社会受容度や、国内外の社会受容性向上に資する取り組みなど、以降の取り組みの検討に資する情報を明確化するとともに、専門家を含めた多様な人々の視点からの情報発信の促進ならびに地域社会・住民との効果的・効率的なコミュニケーションに資する体制・基盤を構築する（社会受容性向上に向けた初期的な取り組みの実施も想定）。
現状の社会受容度・展開施策		●大阪・関西エリアにおける空飛ぶクルマに関わる現状の社会受容度 ●社会受容度の向上に際して重点的に取り組む必要があるターゲット（航路下・離着陸場周辺住民、事業者など） ●国内外事例などを参考にしたとりうる施策
環境整備に向けた基礎情報		●ターゲットごとに有効なコミュニケーション体制・基盤（専門メディア、シンポジウム、セミナー、情報発信施設など） ●整備に向けた体制・スケジュール
役割分担	大阪府	地域社会・住民に向けた現状の社会受容度調査、およびコミュニケーション体制・基盤構築に向けた府の役割・支援策を検討するとともに、事業者による初期的な取り組みの推進に向けた支援を行う。
	地元自治体等	地域社会・住民に向けた現状の社会受容度調査、コミュニケーション体制・基盤構築に向けた地元自治体等の役割・支援策（市町村議会や自治会との連携含む）を検討する。
	事業者	大阪府・地元自治体等と連携のうえ、各種調査を実施・推進するとともに、社会受容性向上に向けた初期的な取り組みの実施なども含め取り組みの検討などを行う（事業者独自で、自社の事業展開を念頭に調査・検討を行うことも想定）。

		2023年度〜2024年度
アクション		社会受容性の向上に向けた施策の実施
取り組み内容		社会受容性の向上に資する各種情報・事項（メリットの訴求に資する情報・事項／デメリットが限定的（許容可能な範囲）であることを示す情報・事項など）を調査／積極的に情報発信するとともに、住民・地域社会へのメリットの向上／デメリットを最小限にとどめることに資する取り組みを実施し、大阪・関西エリアにおける社会実装に向けて、社会受容性の向上を図る。
現状の社会受容度・展開施策		●大阪・関西エリアにおける空飛ぶクルマに関わる現状の社会受容度 ●社会受容度の向上に際して重点的に取り組む必要があるターゲット（航路下・離着陸場周辺住民、事業者など） ●国内外事例などを参考にしたとりうる施策
環境整備に向けた基礎情報		●ターゲットごとに有効なコミュニケーション体制・基盤（専門メディア、シンポジウム、セミナー、情報発信施設など） ●整備に向けた体制・スケジュール
役割分担	大阪府	府として実施可能な取り組みの推進、および事業者や、地元自治体等による取り組みの推進に向けた支援を行う。
	地元自治体等	地元自治体等として実施可能な取り組みの推進、および事業者による取り組みの推進に向けた支援を行う。
	事業者	大阪府・地元自治体などと連携のうえ、取り組みを推進する（事業者独自で、自社の事業展開を念頭に調査・検討を行うことも想定）。

出所：空の移動革命社会実装大阪ラウンドテーブル「空の移動革命社会実装に向けた大阪版ロードマップ／アクションプラン」（2022/03）18ページ、19ページを基に作成
（https://www.pref.osaka.lg.jp/attach/43014/00000000/roadmap.pdf）（2023/04/13アクセス）

イノベーションの壁を乗り越えるためには

社会的イノベーションを成功に導くためには何が必要か

空飛ぶクルマ普及に向けた取り組みからも、さまざまなステークホルダーがそれぞれ適切な役割を担い、方向性を同じくして社会的イノベーションを生み出すことの大変さがイメージできたのではなかろうか。では、3つの壁を乗り越えてエコシステムを成立させ、社会的イノベーションを実装に導くために重要なことは何か。それは「知識や技術を組み合わせて解決策を見いだす力（技術統合力）」「課題の本質を見極め合意形成に導く力（合意形成力）」「能力を磨き続ける力（学習する組織）」の3つだと考える。

「知識や技術を組み合わせて解決策を見いだす力（技術統合力）」は、どのような知識や技術を組み合わせれば目的としている課題を解決できるかを見極め、最適解を見いだす能力である。とくに技術実現性の壁を乗り越える役割に貢献する能力だ。知識や技術を保有するプレーヤーを特定して連携を図るべきところを見いだしたり、共通プラットフォームとして構築すべきところを見いだしたりしつつ、それらを実行に移すための戦略を立案する。

「課題の本質を見極め合意形成に導く力（合意形成力）」は、解決すべき課題の本質について深く洞察する能力である。とくに法規制・社会受容性の壁や事業性・経済合理性の壁を乗り越える役割に貢献し、技術統合力の前提になるものでもある。技術実現性が担保された方策を社会課題解決の手段としてコミュニティに導入するには、そのコミュニティの文化を深く理解する必要がある。そのためにはさまざまな現場を観察して課題が生まれているメカニズムを総合的に捉えることが重要である。また、課題解決に向けた連携先として想定する各プレーヤーの文化に対する理解も求められる。各プレーヤーの保有技術だけでなく、事業展開の歴史、社風、戦略、財務状況など全体感として捉えることで、どのような形で役割分担を行いベネフィットのシェアを行うかの着地点を見いだすことができるようになる。

「能力を磨き続ける力（学習する組織）」は、技術統合力や合意形成力を継続的に高め続ける能力である。ピーター・センゲは著書『学習する組織』注3-17において、学習する組織とは「人々が絶えず心から望んでいる結果を生み出す能力を拡大させる組織であり、新しい発展的な思考パターンが育まれる組織、共に抱く志が解放される組織、共に学習する方法を人々が継続的に学んでいる組織である」と定義している。技術統合力や合意形成力も、時代や環境変化に合わせて磨き続けていかないとすぐに陳腐化してしまう。「能力を磨き続ける力」を育む組織文化を形成することがすべての土台となる。

技術統合力

技術的な連携を図るための取り組みとしてカギとなる活動は、知財分析・戦略機能の強化である。今までの技術開発の延長線上にはない領域に対して、どのような技術領域を強化すべきか、ほかのプレーヤーと技術的に補完し合うためにどのようなエコシステムを形成すべきか仮説を構築しながら検討する。

このように、エコシステム形成を担ううえで技術をベースとして高度な検討を行うことから、当社では「技術インテリジェンス」と呼んでいる。具体的には「技術トレンド」「知財」「スタートアップ」「技術開発投資・M&A」「政府動向」の5つの視点を組み合わせ、技術の先見性を生かしながら、将来の技術シナリオを踏まえたエコシステ

図3-8 技術インテリジェンス視点において捉えるべき視点

	領域	論点	概要
❶ 要素技術の概況整理	視点① 技術トレンド	■技術概観 ✓自社保有技術に関連する、あるいは影響を及ぼす新規テクノロジーはどのようなものがあり、どういったステージにいるか	✓調査・仮説構築を通して、有望な技術を深掘りする（ニュースDB・業界レポート） ✓パテントマップなど特許概観を示すものから抽出する
❷ 競合動向	視点② 知財	■個別の技術動向 ✓自社主要事業分野への異業種参入、競合環境に変化がないか	✓Derwentなどのデータベースを活用し、特許分類（IPCなど）の技術単位ごとに、どのような技術が注目されているか分析する
	視点③ スタートアップ	■スタートアップ動向 ✓主要事業分野においてほかにどのようなスタートアップが進出し、どのような技術を活用しているか	✓Tech Harborなどのデータベースを活用し、自社に関連した事業を行っている企業を抽出し、また、個別の企業のウェブサイトや記事検索などを実施する
	視点④ 技術開発投資・M&A	■技術開発投資動向 ✓どのような領域に対して積極的な技術開発投資が行われているか	✓Derwent／Crunchbaseなどのデータベースを活用し、対象技術領域における買収動向（権利の譲渡）、対象企業（とくにスタートアップの買収）を把握する
❸ 国内外の政府施策	視点⑤ 政府動向	■各国の施策・助成金動向 ✓技術自体がどういったステージにいるか、技術進化を加速させる施策があるか	✓各国政府の施策や研究への助成金支援の有無を調査する

出所：デロイト トーマツ コンサルティング作成

ム形成を行っている（**図3-8**）。

また、上記のようなインテリジェンス機能強化により、各企業における知財部門の役割や持たせるべき機能、在り方を大きく変える動きが出てきている。

たとえば、知財部門は成熟度レベルとしては大きく4つの型があり、成熟度が上がるごとに必要なケイパビリティ・スキルが大きく異なる。さらに、知財部門として今までの特許出願業務中心の形態に加え、付加価値の高い業務も並行して両輪で回す必要がある。

これに加えて、技術的な連携が必要になるシーンも多いため、とくに、知財起点のシナリオ分析・知財戦略機能を強化することが有効である。

■ 知財起点のシナリオ分析

インテリジェンス機能を強化するために、各企業における技術戦略部門や知的財産部門の役割や持たせるべき機能、在り方を大きく変える動きが出てきている。

たとえば、**図3-9**のように知財部門は成熟度レベルとしては大きく４つの型があり、成熟度が上がるごとに必要なケイパビリティ・

図3-9　知財部門の変遷と役割変化

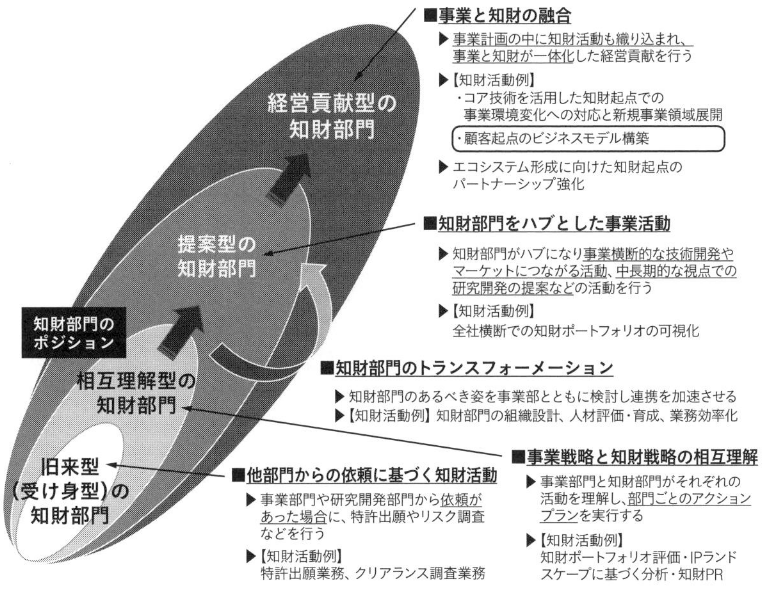

出所：デロイト トーマツ コンサルティング作成

スキルが大きく異なるが、エコシステム形成を高める動きが知財部門の在り方に大きく関わっている。

図3-9では、経営貢献型の知財部門にとくに求められ、エコシステム形成を知財視点で実践するには、大きく4つの戦略強化が必要であり、どのような戦略強化が必要になってくるかを次項に示す。

■ エコシステム形成における知財戦略強化

エコシステム形成に向けた戦略強化の方向性およびそこで求められる知財KPIは**図3-10**のとおりである。

戦略強化の方向性① ルール形成・標準化強化

今後、エコシステム形成など、サステナビリティ分野においてど

図3-10 戦略強化の方向性と求められるKPIのパターン（デロイト トーマツ仮説）

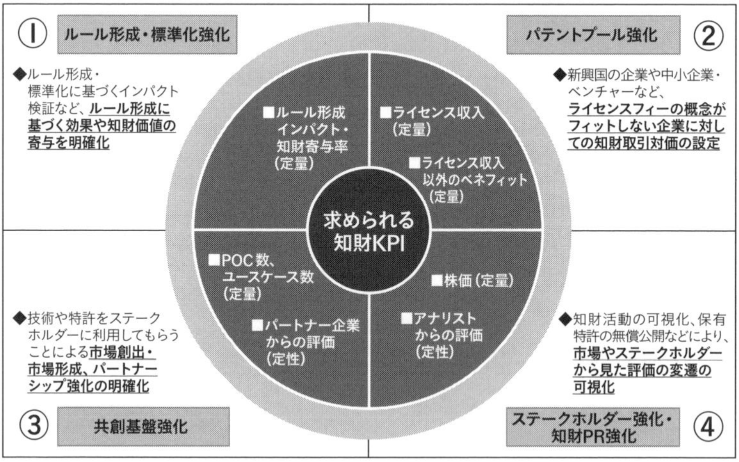

出所：デロイト トーマツ コンサルティング作成

のようなルールを形成するのか、標準化動向をどのようにつかむべきなのかについては捉えにくいケースが多いため、ルール形成・標準化に基づくインパクト検証など、ルール形成に基づく効果や知財がどのように寄与しているのかを明確にする必要がある。

すなわち、参画企業のリテンションや、結果としてエコシステム形成をさらに強固なものにすると考えられ、市場形成からさらにエクスポネンシャルな市場拡張を狙うケースでは技術・知財の寄与を明確にすることが必要になってくる。

戦略強化の方向性② パテントプール強化

エコシステム形成の出口戦略として、知財起点ではエコシステム形成に関与している企業でパテントプールを形成することが考えられるが、今後のエコシステム形成では、従来のエレクトロニクス企業を中心に形成しライセンス収入を得るというモデルをそのまま維持するのは難しい可能性がある。

したがって、技術・知財の利用に対して先進国と新興国でライセンスフィーの比率を変更する、ライセンスフィー以外の対価を得ながらプールを維持する、といった「マネタイズモデルのトランスフォーメーション」がエコシステム形成においては非常に重要になるだろう。

戦略強化の方向性③ 共創基盤強化

従来、知財活用の出口戦略として競争戦略が重要視されていたものの、昨今「競争」から「共創」をキーワードとして、パートナーシップやそれを実現するための基盤強化を求められている。知財を活用してどのようなパートナーシップ連携を図れるか、知財KPIとしてPOC数やユースケース数を指標として、エコシステム形成の早期実現に寄与することが求められる。

以下に日立製作所の事例を紹介する（**図3-11**）。

日立製作所は、2021年の環境戦略・研究開発戦略説明会にて、知財の活用を通じて社会価値･環境価値･経済価値という3つのテーマにおける価値向上を目指していると説明した。とくに、サーキュラーエコノミーを意識した価値共創で環境関連のソリューション発明を強化し、環境価値の向上に注力し、環境価値と自社の知材を紐づけ管理する「知財ライブラリ」により、自社のアセットを可視化し、将来的にはSDGs、サーキュラーエコノミーなどの社会貢献活動を通じて社外にまでスケーリングすることを志向しているという。

さらに、国連機関、大学、スタートアップなどと連携し、知財を触媒に環境価値向上に向けたエコシステム形成を狙っている。具体的な活動としては、WIPO GREEN[注3-18]への登録も知財活動の1つに挙げている。

戦略強化の方向性④ ステークホルダー強化・知財PR強化

エコシステム形成と一言で言っても、知財部門および保有特許が

図3-11 知財ライブラリの取り組み状況

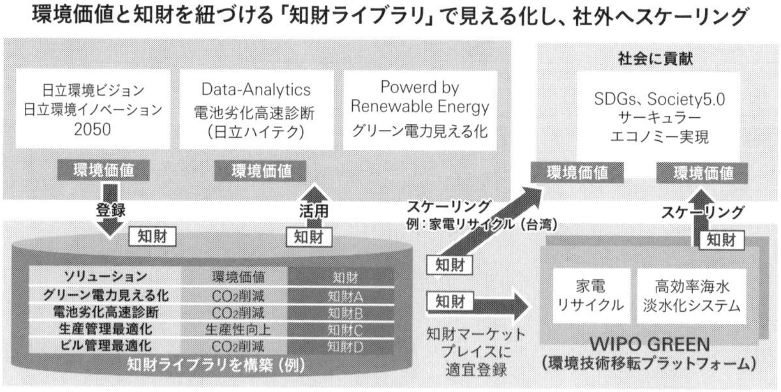

出所：戸田裕二「知的財産戦略――価値向上を牽引する知財活動」株式会社日立製作所 環境戦略・研究開発戦略説明会11ページ（2021/02/25）を基に作成
（https://www.hitachi.co.jp/New/cnews/month/2021/02/0225/20210225_03_ip_presentation_ja.pdf）（2023/01/27アクセス）

どのように関係してくるのかが不透明なケースが多い。そのため、エコシステム形成を狙うテーマやアジェンダに対して保有技術・保有特許の紐づけを行い、そもそも自社技術がどのように関係しているのかを特定し、知財PR活動を行うことや、まずは技術のマッチングを行い、将来的なエコシステム形成につなげていくことも有用である。

場合によっては、無償開放による技術・特許の活用促進など、将来の市場形成に向けた動きを活発にすることが求められる。技術・特許の活用促進を促すことで対象市場の参入障壁をなくすことも有用である。

実際に、特許無償開放により株価が大きく上がった事例もあり、常に市場からの反応を見ながら戦略強化をしていくことがカギとなる。

合意形成力

技術統合力を駆使し、技術実現性が担保された方策を導入できるようになったとしても、次に立ちはだかるのが法規制・社会受容性の壁と事業性・経済合理性の壁である。この壁を乗り越えるために必要となる能力が「課題の本質を見極め合意形成に導く力（合意形成力）」である。

合意形成力はセンスメイキングといわれることもある。あまり聞き慣れない言葉だが、もともとは組織論でよく使われる概念である。馬田隆明氏の著書『未来を実装する』[注3-19]においては、2014年のセンスメイキングに関するレビュー論文[注3-20]の定義を参照しつつ、センスメイキングを「ステークホルダーが『理にかなっている』『意味を成す』『わかった』と感じることによって、人々が動き出すプロセス」と定義している。

ステークホルダーには、法規制・社会受容性の壁と事業性・経済合理性の壁を乗り越えるためのあらゆる要素について「わかった」と腹落ちしてもらわなければならない。少なくとも次の８つの要素についての腹落ちが必要となる。

- そもそも現状をどのように理解しているか？（現状）
- どのような社会課題があると認識しているか？（課題）
- 将来どのような社会にしたいか？（将来像）
- 今、導入しようとしている方策は社会にとって望ましいものか？（解決策）
- その方策を導入する際に発生しうるリスクは社会が受け入れられるか？（リスク）
- その方策を導入する際にどのように社会のルールを変更する必要があるか？（ルール）
- 各ステークホルダーはどのような貢献を果たすのか？（役割分担）
- 結果として各ステークホルダーが受け取る対価は十分か？（ベネフィット）

このような点をコミュニティの多くの人や、共に方策を導入する各ステークホルダーに腹落ちしてもらうことは、客観的な事実を一方的に発信しているだけでは実現できない。それぞれの人たちの背景にある価値観・文化を相互に深く理解し、その文化に即した方法で相互コミュニケーションを行っていくことが求められる（『センスメイキング――本当に重要なものを見極める力』[注3-21]において、著者のクリスチャン・マスビアウがセンスメイキングのことを「文化的な洞察力を育む行為」であり「人文科学に根差した実践的な知の技法」と表現していることが物語っている）。

コミュニティやステークホルダーの文化を理解するには、その文化で暮らす人々の行動とその理由を徹底的に知ることが出発点となる。ある行動をとる理由は、長い歴史の中で培われてきた価値観や行動を起こした際の周辺環境などに基づく文脈に影響されていることがほとんどである。したがって、簡単に入手可能なオープンデータを使って表面的な傾向分析を行うやり方や、アンケート調査などで文脈を無視して特定のアイデアの是非だけを質問し続けるやり方では、行動の理由は把握できない。

コミュニティやステークホルダーの現状、これまでの歴史についてあらかじめ勉強したうえで、実際に現場に溶け込んで直接観察し、アンケート調査では語られないような事柄について対話を重ね、相手の身になって思いを巡らして行動の理由を解釈する、というやり方が有効である。

われわれがモビリティーサービスの設計を行う際には、想定利用者のコミュニティの人口や年齢構成をはじめとするプロファイルデータや交通量などのデータを把握するのはもちろん、そのコミュニティの人々が実際にどのくらい外出しているのかを観察し、外出の理由や外出しない理由について観察と対話を通じて理解を深め、どのようにすればモビリティーサービスを利用してもらえるようになるかを思い巡らせている。

また、サービス事業者とのやり取りにおいても、事業展開の歴史、現在の経営実態、将来の事業展望について調査したうえで、直接の対話を通じて本当の困り事を理解し、一緒に対処方法を検討するプロセスを踏むようにしている。加えて、伝達の仕方にも細心の注意が必要になる。考えを伝えるうえで非常に有効な方法として、ナラティブが挙げられる。クラウス・シュワブとティエリ・マルレの著書『グレート・ナラティブ』[注3-22]を参考にしながらナラティブの力について説明したい。

ナラティブとは、最もシンプルに定義すると「特定の物事について語ること」であり、もう少し丁寧に定義すると「特定の立場や価値観を伝える物事の背景、出来事などを共有し、理解する営為」ということになる。哲学者のジョン・ヘーゲルはストーリーとナラティブを区別し、「ストーリーは自己完結性があり、始まり、中間、終わりがあるが（中略）ナラティブに決まった解答はない。未来に待ち受ける大きな脅威や機会に私たちがうまく対応できるかはわからない。答えがどうなるかは、ナラティブの影響を受ける人々、つまり私たちにかかっている。これからの選択と行動が、ナラティブの結末を決めるからだ」と述べている。[注3-23]

ナラティブ経済学の父であるロバート・シラーは「人間は自分の行動を正当化するため、語られるナラティブが事実かどうかにかかわらず、いつもそれに強く同調してきた」とも語っている。[注3-24]ナラティブは、私たちが目にする事実を理解し、行動するための文脈を提供する。私たちは、ナラティブによって物事を理解し、社会への視座を持ち、どんな選択をしてどう行動すべきかを判断する。

ナラティブの実例は、前述の『グレート・ナラティブ』をぜひ参照してほしいが、優れたナラティブは影響力を持ったビッグ・アイデアが含まれており、何らかのエビデンスに裏付けられている。また、平易で見聞きしやすい表現がされている。そして、優れたナラティブを見聞きすると心が突き動かされ、行動せずにはいられなくなる。

学習する組織

「能力を磨き続ける力」はあらゆる組織にとって土台となる能力である。とくに変化が激しい低成長時代においては、環境変化に適応し、自らを変革させる能力が求められている。前述の『学習する組織』において、学習する組織をつくるための原則が5つの「ディシプリン」として体系化されている。

- 自己マスタリー
- 共有ビジョン
- システム思考
- メンタル・モデル
- チーム学習

５つのディシプリンの定義やそれらを正確に理解するために、ぜひ原書を読んでほしいが、誤解を恐れず筆者なりに表現してみた。

- 達人へと到達すべく、自らをマネジメントする（自己マスタリー）
- 共有したくなるような壮大なビジョンを掲げる（共有ビジョン）
- 物事の複雑さを構造的に捉える（システム思考）
- 無意識に置いた前提を疑う（メンタル・モデル）
- チームで学ぶプロセスを織り込む（チーム学習）

■ 自らをマネジメントする

「自らをマネジメントする」能力の重要性について、ピーター・F・ドラッカーは『明日を支配するもの』[注3-25]の中で、知識労働者の生産性向上に向けた条件という観点で次の６点を取り上げている。

- 仕事の目的を考える。
- 働く者自身が生産性向上の責任を負い、自律的にマネジメントする。
- 継続してイノベーションを行う。
- 自ら継続して学び、人に教える。
- 知識労働の生産性は量よりも質の問題であることを理解する。
- 知識労働者は組織にとってのコストではなく、資本財であることを理解する。知識労働者自身が組織のために働くことを欲する。

自らをマネジメントすることの出発点は、美点を凝視し、自らの強みを発見することである。そのうえで、強みを生かして成果を上げることに貢献すべく全力を尽くす、ということである。「成すべきこと」を「できること」に変えていく不断の努力を続けるということであり、「やりたいこと」を先行させるということではない。

たびたびのドラッカーの著書からの引用となるが、『産業人の未来』[注3-26]において、「自由とは解放ではない。責任である。楽しいどころか1人ひとりの人間にとって重たい負担である。それは、自らの行為、および社会の行為について自ら意思決定を行うことである。そしてそれらの意思決定に責任を負うことである」というくだりがある。この文章にはマネジメントの本質が感じられる。自らをマネジメントすることを「革命」と表現するほど重たいものとして捉える必要があるのは、それが自らのすべての行為に責任を持つことを意味しているからだろう。指示や命令だけの仕事では責任が発生せず、したがってそこにマネジメントは存在しない。

■ 壮大なビジョンを掲げる

「壮大なビジョン」は、優れたものであればわれわれの持てる力を超えた大きな力を発揮させる原動力となりうる。ケネディ元アメリカ大統領の「人類を月に到達させる」という夢物語のような壮大なビジョンは実現し、マイクロソフト社が「すべてのデスクにコンピューターを」と掲げた当時は現実味がないようなビジョンも実現した。しかし、モノ余りの時代において、モノを広く普及するというビジョンではワクワクしない。変化が激しい低成長時代であるからこそ、その瞬間の刹那的な楽しさや物質的な豊かさではなく、本質的な人生の豊かさとは何か、その実現のために自分や組織はどう貢献したいか、という目線で定義することが求められている。

第2章で個人のパーパスや組織・エコシステムのパーパスを定義

し、尊重することの重要性について述べたが、パーパスはもちろんのこと、目標や価値観といった要素まで含めて共有ビジョンの概念の範疇と捉え、組織における自分自身の在り方を自分なりに定義し、積極的に行動を起こす内発的動機となるまで昇華させることが重要である。

■ 物事の複雑さを構造的に捉える

目的地を決めても世の中は想像以上に複雑であり、どのように進めばよいかを効果的に定めることは簡単ではない。世の中の大局観をつかみ、つながりの全体像を捉え、物事の本質を見抜くための考え方が必要になる。その思考法がシステム思考である。

システム構造を理解し「レバレッジポイント」を見いだすことで小さな力で大きく動かすことができるようになるが、この構造は「自己強化型ループ」「バランス型ループ」「遅れ」という３つから成る。

自己強化型ループは、結果がある方向に変化したとき、ますますその方向を強化するというパターンをつくり出す構造を表す。たとえば、運動を始めてみると気持ちがよくなることに気づき、さらに運動をするようになる、というケースが当てはまる。

バランス型ループは、原因が結果を変化させた後、その結果が原因の変化を打ち消すフィードバックをもたらすという構造である。たとえば、運転者が車のハンドルを操作することで車の挙動をコントロールし、望む方向に進むことができる、というケースが相当する。

遅れは、原因から結果までの時間の経過を指す。採用計画を立ててから実際に採用するまでのリードタイム、在庫を発注してから実際に届くまでのリードタイムなど、さまざまなシーンで遅れが発生している。そして、この遅れはわれわれの認知や行動に大きく影響を及ぼす。対策を講じているのに結果が出ていないとき、さらに努力を積み増すべきか、それとも効果がないと諦めて別の対策を講じるべきか、あるいは目標そのものを調整すべきか、といった判断が求められる。

3つの基本構成単位を理解し、個々の出来事に反応するのではなく、変化のパターンを見いだすことができるようになると、効果をもたらす適切な対策を検討できるようになる。

■ 無意識に置いた前提を疑う

「無意識に置いた前提」とも表現できるメンタル・モデルを意識し、疑い、必要に応じて見直すことで、できることが飛躍的に増える可能性がある。

とくに、変化が多い低経済成長時代には、従来のメンタル・モデルを見直す取り組みが重要性を増すと考えている。高度経済成長時代であれば従来の延長線上で付加価値として認識されていたが、低経済成長時代においては思いがけない新しさに基づく付加価値への期待が高まる。また、変化が多い時代であれば、これまで絶対に無理だと思われていたことが、いとも簡単に実現できるようになってしまうこともあり、その機会を生かして思いがけない新たな付加価値を生み出すことができる。

しかしながら、従来のメンタル・モデルに縛られたまま検討を重ねても従来の延長線上となる発想しか出てこない。いくら現場に入り込んで観察していても、自分自身の従来のメンタル・モデルのバイアスを通した形でしか物事を見ていないと、実態を把握することは難しい。自分自身が持つメンタル・モデルを理解し、それを保留して、現実と目的に即したものか検証することを心がけることで、思いがけない新しい付加価値を生み出せる可能性が高まるはずだ。

■ チームで学ぶプロセスを織り込む

「チーム学習」は、組織を生かすために求められる根源的な能力と捉えることができる。ドラッカーの『非営利組織の経営』[注3-27]では「チームの目的は、メンバーの強みをフルに発揮させ、弱みを意味のないものにすることである」と表現されているが、各人の強みを理解し、互いに強みを引き出して能力以上の力を発揮し、優れた仕事ができるようになることがチームの意義である。

組織に所属する1人ひとりがこれら5つのディシプリンを高め「能力を磨き続ける能力」を身につけることで、社会的イノベーションが継続的に生まれる環境が整うはずである。

注

3-1　J.A.シュムペーター著、塩野谷祐一ほか訳『経済発展の理論 上：企業者利潤・資本・信用・利子および景気の回転に関する一研究』182～183ページ（岩波文庫、1977年）

3-2　ピーター・F・ドラッカー著、上田 惇生訳『イノベーションと企業家精神』23ページ（ダイヤモンド社、2007年）

3-3　iPhone、iPod、iPadはアップル社の商標です。本書はアップル社によって認可、後援、またはその他の承認を受けておりません

3-4　立本博文、二又俊文、新宅純二郎「iモードの欧州展開——日本発のビジネスエコシステムのグローバル化」東京大学ものづくり経営研究センター「MMRC DISCUSSION PAPER SERIES」No.508（2019/05）
（http://merc.e.u-tokyo.ac.jp/mmrc/dp/pdf/MMRC508_2019.pdf）（2023/04/26アクセス）

3-5　藤井篤之＝村井遊「既存の都市を作り変える『ブラウンフィールド型』スマートシティ【第2回】」『スマートシティのいろは』（2021/10/27）
（https://dcross.impress.co.jp/docs/column/column20201012/002857.html）
（2023/03/14アクセス）

3-6　国際連合広報センター「人口構成の変化」
（https://www.unic.or.jp/activities/international_observances/un75/issue-briefs/shifting-demographics/）（2023/04/10アクセス）

3-7　「Meta（旧Facebook）、メタバースの触覚をリアルにする人工皮膚『ReSkin』を開発中」IT media NEWS（2021/11/02）
（https://www.itmedia.co.jp/news/articles/2111/02/news130.html）（2023/03/14アクセス）

3-8　株式会社日本総合研究所先端技術ラボ「ブレインテックの概説と動向―脳科学とテクノロジーによる金融ビジネスの未来」（2021/03/15）
（https://www.jri.co.jp/MediaLibrary/file/column/opinion/pdf/12480.pdf）
（2023/03/14アクセス）

3-9 「アバターに「本人確認機能」を追加する技術、凸版印刷が開発」Zat's VR（2022/02/19）（https://vr-comm.jp/archives/324）（2023/03/14アクセス）
3-10 東将大「自衛隊向け『高機動パワードスーツ』、記者が着てみた」日経xTECH（2019/12/18）（https://xtech.nikkei.com/atcl/nxt/column/18/00001/03392/）（2023/03/14アクセス）
3-11 「再生医療について Q11」一般社団法人日本人工臓器学会（https://www.jsao.org/public/faq/faq04/）（2023/03/14アクセス）
3-12 「科学スコープ『3Dプリンター』医療に活用 人工臓器研究 ドナー不足解決に期待」山陰中央新報デジタル（2021/09/27）（https://www.sanin-chuo.co.jp/articles/-/99634）（2023/03/14アクセス）
3-13 坂田亮太郎ほか「東京五輪まであと１年、『遺伝子ドーピング』という魔力」日経バイオテク（2019/09/09）（https://bio.nikkeibp.co.jp/atcl/report/16/082400016/090500089/）（2023/03/14アクセス）
3-14 藤川良子「第18回 長生き遺伝子の謎を解く」大学共同利用機関法人 情報・システム研究機構国立遺伝学研究所（2013/09/02）（https://www.nig.ac.jp/nig/ja/research/interviews/close-up-interviews/close-up-interviews18）（2023/03/14アクセス）
3-15 D. A. シンクレア＝L. ガランテ「特集：長寿の科学『長生き遺伝子』の秘密を探る」日経サイエンス2006年５月号（https://www.nikkei-science.com/page/magazine/0605/aging-sa.html）（2023/03/14アクセス）
3-16 ガートナー社ウェブサイト「Gartner® リサーチ・メソドロジ　ハイプ・サイクル」（https://www.gartner.co.jp/ja/research/methodologies/gartner-hype-cycle）（2023/03/24アクセス）
GARTNERは、Gartner Inc.または関連会社の米国およびその他の国における登録商標およびサービスマークであり、同社の許可に基づいて使用しています。All rights reserved.
3-17 ピーター・M・センゲ著、枝廣淳子ほか訳『学習する組織――システム思考で未来を創造する』34ページ（英治出版、2011年）
3-18 「WIPO GREEN - The Marketplace for Sustainable Technology」（https://www3.wipo.int/wipogreen/en/）（2023/03/14アクセス）
3-19 馬田隆明『未来を実装する――テクノロジーで社会を変革する4つの原則』314ページ（英治出版、2021年）
3-20 Sally Maitlis and Marlys K.Christianson. 2014. Sensemaking in Organizations:Taking Stock and Moving Forward. *The Academy of Management Annals*, 8(1)
3-21 クリスチャン・マスビアウ著、斎藤栄一郎訳『センスメイキング――本当に重要なものを見極める力』39ページ（プレジデント社、2018年）
3-22 クラウス・シュワブ＝ティエリ・マルレ著、北川蒼訳『グレート・ナラティブ――「グレート・リセット」後の物語』14～15ページ（日経ナショナルジオグラフィック、2022年）
3-23 同前14ページ
3-24 同前15ページ
3-25 ピーター・F・ドラッカー著、上田惇生訳『明日を支配するもの』169ページ（ダイヤモンド社、1999年）
3-26 ピーター・F・ドラッカー著、上田惇生訳『産業人の未来』159～160ページ（ダイヤモンド社、2008年）
3-27 ピーター・F・ドラッカー著、上田惇生訳『非営利組織の経営』204ページ（ダイヤモンド社、2007年）

第3章まとめ

イノベーションとは何か？

イノベーションは「新結合による価値創造」を意味する。

イノベーションと社会課題解決・社会価値創出とはどう関係があるか？

今、最も求められているのは社会イノベーションであり、エコシステムの集合知によりその実現を目指すことが必要である。

イノベーションを社会実装するときの壁は何か？

「技術実現性の壁」「法規制・社会受容性の壁」「事業性・経済合理性の壁」の3つが存在する。

イノベーションの壁を乗り越えるために必要なことは何か？

「知識や技術を組み合わせて解決策を見いだす力（技術統合力）」「課題の本質を見極め合意形成に導く力（合意形成力）」「能力を磨き続ける力（学習する組織）」の3つが重要である。

技術統合力とは何か？　いかに進めるか？

知識や技術を保有するプレーヤーを特定して連携を図るべきところを見いだしたり、共通プラットフォームとして構築すべきところを見いだしたりしつつ、それらを実行に移すための戦略を立案する。

合意形成力とは何か？　いかに進めるか？

さまざまな現場を観察して課題が生まれてくるメカニズムを総合的に捉えるとともに、連携先として想定する各プレーヤーの文化に対する包括的な理解を行い、どのような形で役割分担を行いベネフィットのシェアを行うかの着地点を見いだす。

学習する組織とは何か？ その能力をいかに高めるか？

目的に向けて効果的に行動するために、集団としての意識と能力を継続的に高め、伸ばし続ける能力を身につけることが必要である。学習する組織となるために必要となる「自らをマネジメントする」「壮大なビジョンを掲げる」「物事の複雑さを構造的に捉える」「無意識に置いた前提を疑う」「チームで学ぶプロセスを織り込む」という５つの能力を１人ひとりが磨いていくことが重要である。

Column

空間情報科学と社会課題解決

慶應義塾大学経済学部教授　河端瑞貴

空間情報科学：空間情報とGISの活用

世の中の多くの社会課題は、都市・地域の「空間」と密接に関係している。COVID-19は人々が空間的に密な場所でクラスターが発生し、クラスターを避ける行動制限が課された。豪雨による水害被害は標高が低く河川に近い場所に多く、ハザードマップの洪水浸水想定区域と重なる地域が目立つ。

こうした都市・地域の「空間」に関連するさまざまな社会課題の解明や解決に役立つ学問に、空間情報科学（Spatial Information Science）がある。東京大学空間情報科学研究センター（CSIS）の機関紹介によると、空間情報科学とは「空間的な位置や領域を明示した自然・社会・経済・文化的な属性データ（空間データ）を、系統的に構築→管理→分析→総合→伝達する汎用的な方法と、その汎用的な方法を諸学問に応用する方法を研究する学問」である。空間情報科学では、主にフィジカル空間（現実空間）・地表で生じる現象を取得した空間情報と地理情報システム（Geographic Information System：GIS）を用いて分析する。このような現象は自然科学、工学、人文・社会科学などのさまざまな研究分野の対象となるため、空間情報科学は極めて多彩かつ学際的である。[文献3-1-1]

空間情報の活用は年々増加している。**図3-1-1**は、Web of Science（世界最大規模の学術データベース）に収録されている空

図3-1-1 **空間情報に関連する学術文献数**

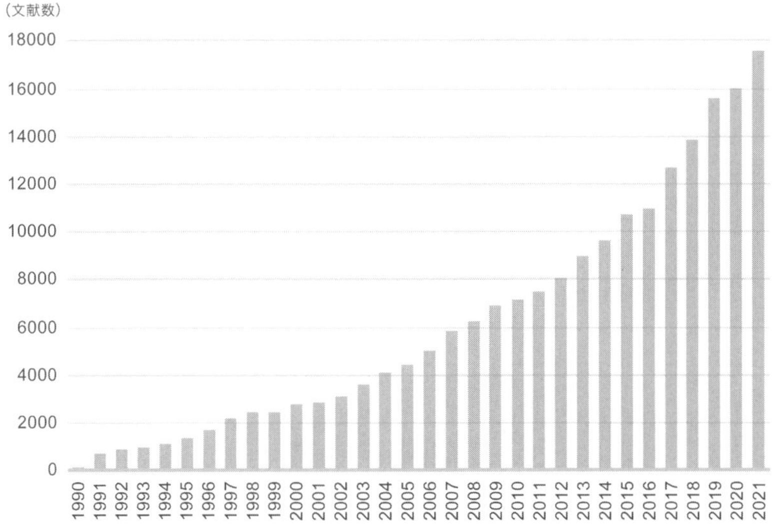

出所：Web of Scienceのトピック「spatial information」検索により抽出された文献数を基に
慶應義塾大学作成（2022/09/18アクセス）

間情報関連の学術文献数を年次別に集計したグラフである。文献数は1990年以降増加しており、とくに2000年代後半から増加傾向が強まり、空間情報の活用が増大している様子がうかがえる。なぜ、空間情報の活用が進んできたのだろうか。その背景には、空間情報科学の基盤的技術であるGISの発達・普及と、空間情報の増加・進化がある。そこでまず、GISと空間情報（地理空間情報）とは何か、なぜ、空間情報の活用が進展してきたのか、その背景を解説する。

GISと空間情報の普及

GISとは、一言で言えば位置に関するさまざまな情報を持ったデータを電子的な地図上で扱う情報システム技術の総称である。厳密には、地理空間情報活用推進基本法（平成十九年法律第六十三号）第二条において、「地理空間情報の地理的な把握又は分析を可能とするため、電磁的方式により記録された地理空間情報を電子計算機を使用して電子地図（電磁的方式により記録された地図をいう。……。）上で一体的に処理する情報システム」と定義されている。

空間情報は、同法第三条において地理空間情報と呼ばれ、空間上の特定の地点または区域の位置を示す情報（当該情報に関わる時点に関する情報を含む）、およびそれに紐づけた情報からなる情報を意味する。空間データ、地理情報、地理データ、地理空間データと呼ばれることもあるが、これらはほぼ同義語として使用されている（「地理」は地球の表面（地表）およびその周辺に限定される。「空間」は地球以外の天体の表面、宇宙空間、数学における空間なども含むため、「地理」よりも広義といえる）。

GISは20世紀後半から急速に発達し、普及するようになった。GISという言葉になじみがなくても、日常的に携帯情報端末やコンピューターで現在地や目的地を調べたり、経路検索をしたりする人は多いであろう。GoogleマップやYahoo!地図、ウェブアプリのハザードマップ、実はこれらはみなGISの仲間である。今やGISは社会生活になくてはならない情報基盤に進化し、人々の暮らしの中で広く利用されているのである。

GISの主な機能には、空間情報の可視化、空間情報の加工・作成、空間情報の分析がある。いくつか具体例を紹介しよう。地図は、多くの情報を視覚的にわかりやすく伝達できる媒体である。情報を地図上に可視化すると、現状の理解や問題の発見に役立つ。GISの歴史でよく紹介される地図に、イギリスの医師ジョン・スノー（John Snow）のコレラマップがある（**図3-1-2**）。スノーは、1854年にロンドンで大流行したコレラの患者群を地図に可視化することで、特定の公共給水ポンプ周辺で発症が多いことを図示し、その対策に貢

図3-1-2 **ジョン・スノーのコレラマップ**

出所：High resolution maps of John Snow, Department of Epidemiology, School of Public Health,UCLA
(https://www.ph.ucla.edu/epi/snow/highressnowmap.html)
(2023/01/27アクセス)

献した。経済学者Ambrusらは、GISでネットワークボロノイ図を作成し、因果推論の手法を用いてコレラ発症例多数の局所で住宅価格が下落し、その影響が160年後の現在まで続いていることを示している。[文献3-1-2]

情報は、ほかの情報と組み合わせるとより有益な情報になる。GISでは、位置情報を用いて異なる情報を地図上に重ね合わせて表示、加工、統合して分析できる。ArcGISやQGISといった高機能なGISソフトウェアには、空間情報を加工、分析するための多種多様なジオプロセシングツールが実装されている。ジオプロセシングツールを使うと、新たに有益な空間情報を作成したり、分析、可視化、共有し、問題の理解や解決につなげることができる。GISは、空間情報科学における空間データの「構築→管理→分析→総合→伝達」の各プロセスで役立つのである。

日本でGISが普及するきっかけになったのは、1995年の阪神・淡路大震災である。GISを使うと、位置情報をカギに、電子地図上で道路や建物などの基盤的地図に航空写真や災害情報などの情報を重ね合わせて表示したり、場所による関連性を把握したりできる。被災状況の把握や復興計画の策定などに活用されたことが契機となって、GISの有用性が広く認識されるようになった。しかし、当時は関係機関がばらばらに保有していた情報を生かすシステムがなく、GISを有効活用できなかった。

そこで政府は1995年、内閣に「地理情報システム（GIS）関係省庁連絡会議」を設置し、GISの普及に向けた本格的な取り組みを開始した。2005年、同会議を引き継ぐ形で内閣に「測位・地理情報システム等推進会議」が設置され、2007年には地理空間情報の活用の推進に関する施策を総合的かつ計画的に推進することを目的に地理空間情報活用推進基本法が制定された。これによって、法的根拠を持ったGISの整備と空間情報の整備拡充が進むようになった（「測位・地理情報システム等推進会議」は2008年に「地理空間情報活用推進会議」に名称変更され、「内閣官房地理空間情報活用推進室」が設置された）。[文献3-1-3]

さらに近年は、先進国を中心とするオープンデータ化の推進とデータプラットフォームの整備によって、利用可能な空間情報がますます豊富になってきた。オープンデータとは、機械判読に適したデータ形式で、2次利用が可能な利用ルールで公開されたデータのことである。こうしたオープンデータを収集し、提供するデータプラットフォームの整備も進展している。国土地理院の基盤地図情報、総務省統計局が整備して独立行政法人統計センターが運用管理をする政府統計の総合窓口（e-Stat）の統計地理情報システム、国土交通省の国土数値情報といった従来のダウンロードサイトでもオープンデータ化の対応が進み、2016年には新たにG空間情報センター（運営は一般社団法人社会基盤情報流通推進協議会）が設立された。G空間情報センターは、地理空間情報（G空間情報）に関する無償のオープンデータだけでなく有償のデータも集約・提供している。

空間情報の進化と社会課題解決への活用

オープンに利用可能な空間情報の増加、および空間情報を集約・提供するデータプラットフォームの進展に伴い、空間情報がさまざまな社会課題解決に活用されるようになってきた。近年は、空間情報の取得・作成技術が飛躍的に進化し、3D都市モデルや3D点群データなどの3次元地理空間情報の整備・活用が進んでいる。

3D都市モデルとは、実世界（フィジカル空間）の都市を仮想的な世界（サイバー空間）に再現する3次元の都市空間情報である。特筆すべきは国土交通省主導による全国の3D都市モデルの整備・活用・オープンデータ化プロジェクト（Project PLATEAU）である。[文献3-1-4] PLATEAUの3D都市モデルでは、都市空間の建物や街路の各オブジェクトに名称や用途、建設年などの詳細な情報が付与されている。PLATEAUの3D都市モデルは2021年度末までに全国56都市のオープンデータ化が完了し、G空間情報センターから無料でダウンロードできる。ダウンロード開始以降、G空間情報センターのアクセス数上位を占め、幅広い分野で活用が広がっている。3D都市モデルのオープンデータ化は、オーストラリアのビクトリア州やフィンランドのヘルシンキなど、海外でも推進されている。

3D点群データとは、地形や構造物などについて、その高さ情報を含めて点群で表現されたデータである。日本では、静岡県などの先進自治体が3D点群データのオープンデータ化を進めている。国土交通省でも、モービルマッピングシステム（MMS）を用いて直轄国道全線の3D点群データを順次取得し、有料ではあるが2022年8月から提供を開始している。

3D都市モデルや3D点群データのような3次元地理空間情報は、産官学が所有する情報と統合することで、さまざまな社会課題解決に役立つことが期待されている。3次元地理空間情報の活用事例に、デジタルツインがある。あらためてデジタルツインとは何たるかを説明すると、現実空間（フィジカル空間）の情報を取得し、現実空間をサイバー空間（コンピューターやコンピューターネットワーク上の仮想空間）上に再現することである。現実世界を双子（ツイン）のようにデジタル空間に構築することで、都市活動のモニタリングや防災シミュレーション、まちづくりなど、幅広い分野で活用が進んでいる。

具体例として、2021年に公開された「Arakawa Digital Twin online―荒川3D河川管内図」（国土交通省関東地方整備局荒川下流河川事務所）では、3D都市モデルや堤防・インフラ構造物の点群データなどの高精度な空間情報を集約して荒川下流域のデジタルツインを構築し、誰もが閲覧できるように河川管理情報や3D洪水浸水想定区域図（3D洪水ハザードマップ）などをウェブ上に可視化している。荒川が氾濫した場合の浸水の広がりや周辺の建物のどこまで浸水するかを3Dのシミュレーションで確認できるため、従来の2Dハザードマップよりも高精度な被害想定が可能になり、避難計画や流域の防災まちづくりに役立つと期待される。

東京都は「デジタルツイン実現プロジェクト」に着手し、2021年にプロジェクトのウェブサイトと3Dビューア（β版）を開設した。[文献3-1-5] センサーなどから取得した情報を基に、建物や道路などのインフラ、経済活動、人の流れなど、さまざまな現実空間の要素をサイバー空間上に再現するデジタルツインを構築し、社会課題の解決に活用しようとしている。とくに注力する分野として「防災」「まちづくり」「モビリティー」「エネルギー」「自然」「ウェルネス」「教育」「働き方」「産業」の9分野を選択し、「防災」から先行的活用を進めている。[文献3-1-6]

具体的な実装例には、3D都市モデルを用いた浸水や土砂災害の被害状況の水害シミュレーションがある。その他の注力分野における今後の実装例としては、「まちづくり」では都市開発シミュレーションやスマートプランニング、「モビリティー」では混雑予測や自動運転シミュレーション、「エネルギー」では都市のCO_2排出量シミュレーションやゼロエミッション・ビークル（ZEV）の充電設備の最適配置シミュレーション、「自然」ではXR（クロスリアリティ）を活用した自然環境体験サービスや気候変動などの予測、「ウェルネス」では健康行動のリアルタイム把握・行動誘導や感染症予防・対策シミュレーション、「教育」ではXRによる体験型教育や都市のバーチャルアーカイブを用いた社会科学習、「働き方」では地中3Dモデルを用いた遠隔施工会議の実施やXRによる研修・セミナー、「産業」では製造業におけるデジタルツインの活用や農業のデジタル化の推進などがある。

デジタルツインのように、多様な主体が整備する基盤的データから高精度な静的／動的データ（センシングや人流など）を含む空間情報を活用するうえでは、データの提供者、運用者、利用者の各主体間が連携したデータエコシステムの構築やルール・仕様の整備が求められる。同時に、GISや空間情報を高度に活用できる人材育成が重要である。2022年度から高等学校でGISの活用を教育内容に含む「地理総合」が必修科目となり、GIS人材の裾野が広がりつつある。しかし、日本の大学ではGISを体系的に教える教育プログラムはほとんど存在しない。

欧米の大学や大学院では、GIS関連の学部や学科、学位や修了証書を授与する教育プログラムが少なからず存在する。2023年2月現在、アメリカには200以上のGIS関連の修了証書や学位、修士課程のプログラムがある。[文献3-1-7] イギリスにはGISの修士課程プログラムが40以上存在する。[文献3-1-8] 空間情報の活用ポテンシャルが拡大する中、日本の教育機関はそのポテンシャルを発揮できる人材育成を行う必要がある。

参考文献

3-1-1　瀬崎薫「センター長あいさつ」東京大学空間情報科学研究センター（2018/04/01）（https://www.csis.u-tokyo.ac.jp/blog/about/message/）（2023/02/22アクセス）

3-1-2　Ambrus A, Field E, Gonzalez R. (2020) Loss in the time of cholera: long-run im-pact of a disease epidemic on the urban landscape, *American Economic Review*, 110: p.475-525.

3-1-3　内閣官房（2022）「地理空間情報活用推進会議／地理空間情報活用推進室」（https://www.cas.go.jp/jp/seisaku/sokuitiri/index.html）（2023/02/22アクセス）

3-1-4　国土交通省「PLATEAU by MLIT」（2022）（https://www.mlit.go.jp/plateau/）（2023/02/22アクセス）

3-1-5　東京都「デジタルツイン実現プロジェクト」（2022）（https://info.tokyo-digitaltwin.metro.tokyo.lg.jp/）（2023/02/22アクセス）

3-1-6　東京都『「未来の東京」戦略version up 2023』（2022）（https://www.seisakukikaku.metro.tokyo.lg.jp/basic-plan/versionup2023/index.html#page=1）（2023/02/22アクセス）

3-1-7　GISGeography（2023）*200+ GIS Certificate, Degree and Master Programs in the United States（US）*.（2023）（https://gisgeography.com/gis-colleges-universities-united-states-us/）（2023/02/22アクセス）

3-1-8　Findmasters（2023）*Masters Degrees in Geographical Information Systems (GIS), United Kingdam.*（https://www.findamasters.com/masters-degrees/united-kingdom/geographical-information-systemsgis/）（2023/02/22アクセス）

受講生アンケート　その3

寄附講座「都市と地域のモビリティー産業論」での講義において受講者の皆さんに投げかけた質問への回答の中で、本章に関係しそうなものをいくつか紹介する。

Q 質問

新しいテクノロジーに関心はありますか？

A 回答

はい：70%、いいえ：30%

Q 質問

新しいテクノロジーで関心の高い技術は何ですか？

A 回答（抜粋）

回答が多かったもの

- 自動運転技術に高い関心を持っている。完全に実現するのはまだまだ難しいとは思うが、自動運転が普及することによって、健康上の理由であまり外出できなかった人々や高齢者の移動の幅も広がると思う。さらに、車内での人々の過ごし方にもさまざまな選択肢が増え、大きなプラスの効果をもたらすのではないかと考えている。日本は自動運転の技術をしっかりと持っていると思うので、世界をリードしてほしいと思い、注目している。
- メタバースだ。コロナ禍でZoomなどのオンラインでのコミュニケーションが当たり前になった今、メタバースの空間で2次元ではなく3次元でのやり取りが当たり前になる時代が来るのではないかと考えている。

- ブロックチェーンに関心を抱いている。この理由として、技術の汎用性の高さと革新性を挙げる。データの在り方を大きく変える技術であることから、あらゆる産業において影響を及ぼす。また、中央集権的ではなく、非中央集権的な枠組みをベースとした技術であることから、データの管理方法だけではなく、従来の株式会社の仕組みを覆す可能性もあると考えられる。新しい技術と既得権益の戦いを俯瞰した立場から観察したいという意味も込めて、これからもブロックチェーンの動向に注目したい。
- NFTなどの、今まで価値をつけづらかったものに価値を見いだすという新しい概念を生み出しているテクノロジー。

回答が一定数あったもの

- 量子コンピューティングの技術だ。超高速な計算が実現されることによって、数学や物理学の問題に対しての貢献を期待している。そうなれば、今までにない「コト」や「モノ」としての価値につながるのではないか。
- バイオメトリクス認証だ。駅の改札やレジの会計で、何も取り出すことなく会計ができるようになれば生活がより楽になると思う。
- フードテックにおける人工肉などに興味がある。牛を育てるのに必要な資源を節約し、サステナブルな食生活を目指すことができる技術は面白いと考える。また、日本は大豆の研究において世界に対して優位性を取ることができる。この技術に対して力をかけることで日本経済が返り咲く1つのきっかけになるのではないかと考えている。
- 農業関連の技術に興味がある。土地などに依存した従来の農業生産の効率化、また環境に負担をかけないようにする技術もだが、土地や気候に左右されない新しい形態の食料生産に関する技術にも関心がある。地球の資源は限られているので、人が生存していくうえで、より豊かに生きようとすれば、今われわれが抱えているさまざまな食糧問題は、取り組む優先度が高いと考える。人の価値観にも関わる興味深い分野であると感じている。

※2022年秋学期第1回授業時のアンケート結果（回答者320人）

解説

「新しいテクノロジーに関心はありますか」という質問に対して「はい」と回答した割合は70%だった。100%に近い数字になるのではないかと思っていたので少々意外だったが、かっこつけずに正直に回答したと思えば、むしろ高いくらいかもしれない。社会変革を生み出すのは新技術に限ったものではなく、いわゆる「枯れた」技術をうまく組み合わせることで実現しているケースも多くあるので、技術に対して幅広く関心を持つことが重要である。

「都市と地域のモビリティー産業論」というタイトルで講座を行っていることもあり、自動運転技術に対する注目が高かった。それ以外にもメタバース、ブロックチェーン、NFT、量子コンピューティング、バイオメトリクス認証といった注目度の高い技術が並んだ。少数ではあるが、フードテックに注目している受講者もいた。回答を見ていると、生活を大きく進化させうること、資源枯渇や経済安全保障への貢献など社会の安定化に資すること、日本社会の再浮上に貢献しうること、といった視点で注目している印象だ。

Q 質問

一番実現してほしい移動の進化はどのようなものですか？　それはどのような価値がありそうですか？

A 回答（抜粋）

回答が多かったもの

- 自動運転の技術進歩が最も実現してほしい。コロナ禍で公共交通機関の利用や外出そのものを避ける生活が続き、電車やバスなどを使い移動するのが時間の浪費に感じ始めた。
- 空飛ぶ自動運転の自動車を実現してほしい。交通渋滞の解消により、現在では非常に大きな問題になっている救急車の到着時間の問題の解消にもつながり、救える命の数もより多くなるのではないか。
- リニアモーターカーだ。移動時間の短縮という点で大きな価値を持つ。ノンストップで走った場合、品川・名古屋間を約40分でつなぐ。これまでの約半分の時間である。

回答が一定数あったもの

- 都市間ロケットなど、飛行機以外での空を飛んで遠くへ行く手段の登場。物理的な距離という障害を越えて、移動時間を短縮することで、遠くへ出かけることへの抵抗がなくなる。
- セグウェイの実用化である。私たちは自転車や車、鉄道などさまざまな乗り物に乗って生活しているが、基本的に徒歩から逃れることはできない。
- 乗り物酔いをしない乗り物を実現してほしい。たとえば私は船に酔いやすいので乗ることができず、船でしか行けない場所にはどうしても行けない。
- 一番実現してほしいのは車の大きさを変えられる機能だと思う。

もし車の大きさが変えられるようになったら、土地利用の節約につながり、とくに都市部に住んでいる人にとって大きな価値があるのではないか。

※2021年秋学期第2回授業時のアンケート結果（回答者425人）

解説

モビリティーについて絞った質問も投げかけてみたが、自動運転車、空飛ぶクルマ、リニアモーターカーへの関心が高かった。面白かったアイデアとしては、都市間ロケット、乗り物酔いをしない乗り物、クルマの大きさを変えられる機能といったものが挙げられた。ユーザー目線で時間の短縮や快適性の向上を図ることができる乗り物への関心が高い一方で、土地利用の節約といった社会課題目線でのアイデアも挙げられたことは特徴的である。

Q 質問

わが国のイノベーション創出環境として、何が一番の課題と考えますか？

A 回答（抜粋）

- 学校教育が一番の課題と考える。日本の学校では、自分で考え自分で行動する教育があまりなされていないと感じている。
- 一番の課題は教育である。大人になってからイノベーションを創出しようと動くのでは地頭が追いつかないため、右脳左脳ともに自由に発育できるような幼少期からの教育環境が重要であり、それを実現できていない現在の教育が一番の課題であると考える。
- 新卒一括採用、年功序列終身雇用といった日本の人事・雇用制度に問題があると感じる。

- アルムナイ制度の欠如だと考える。日本企業は一度会社を離れた人を活用することができていないと思う。
- 新しいものへの抵抗感である。日本人は同調圧力が強い。「これまでうまくいっているから」と新しい取り組みを受け入れない傾向にある。日本のIT化がその最たる例である。
- イノベーションが生まれるような環境・人材に投資がなされないことが課題だと考える。
- 英語を話せず、国内や日本市場にしか目が行かない国民性が一番の課題だと考える。
- 大学等の研究機関においては、国からの規制が厳しかったり予算が縮小されたりしていること。企業においては、短期投資を重視するために長期投資につながるような研究開発に投資がなされないこともあると考える。

※2021年秋学期第10回授業時のアンケート結果（回答者391人）

解説

幼少期から社会人生活に至るまで延々と続く同調圧力と内弁慶の国民性に課題がある、という指摘が多く挙げられた。そのとおりだと思う。われわれSMART X LAB.が最重要視している行動指針に「美点凝視」というものがある。

人それぞれ得意とすることと不得意とすることがあるが、なぜか人は不得意なところにばかり注目して「Aさんはあの点がまだできていないから評価できない」「Bさんはこの点が不十分なので、プロジェクトマネジャーの役割を任せられない」といった発言をしがちである。しかし、得意なところ、すなわち美点に着目すれば「Aさんのあの点はすばらしいので、もっと生かせる場を創っていきたい」

「Bさんのこの点はすばらしいので、Cさんの得意な点と組み合わせることでうまくプロジェクトマネジャーの役割を果たせると思う」といった形で活躍の場を広げることができる。

また、活躍するデロイト トーマツ卒業生との交流も積極的に行っており、定期的に勉強会を実施していたり、グローバルファームであるため海外メンバーファームとの連携を当たり前のように行っていたりする。異なる価値観と接し尊重することで、視野が広がりイノベーションが生まれることは間違いない。われわれとしても自社のみならず、日本社会にこの行動指針を広めるべく努力し続けたい。

Q 質問

わが国において期待できるイノベーションの担い手はいますか？

A 回答（抜粋）

- 今、日本ではSDGsを耳にすることが多く、ほとんどの産業が持続性、未来の可能性を重視していて、誰もが担い手になると考えている。
- 産官学民の共創を推進するスマートシティはイノベーションの担い手になると考えられる。産官学民の共創を推進するスマートシティにおいては、社会問題の解決のためさまざまな分野間でのデータのやり取りが行える技術とスキームが必要になる。そうした異なる分野同士の融合やデータの活用が盛んに行われるようになれば今までにない社会問題の解決や技術革新が生まれやすくなる。そうした意味で、産官学民の共創を推進するスマートシティはイノベーションの担い手になりうると考える。
- わが国においてイノベーションの担い手は大企業だと考える。日本の大企業は年功序列型でありなかなかアイデアを強みにイノベーションを起こせずにいた。しかし、近年は大企業の中でも企業内起業制度を設けたり、スタートアップと提携したりすることによってさまざまな角度からイノベーションを促進している。したがって、大企業が担い手だと考える。

- ベンチャーではなかろうか。日系の大手企業は影響力こそ大きいもののいまだに新たな事業に対する動きにくさを抱えている。そこにイノベーションに特化したベンチャーが働きかけることこそ今後、期待できるのではないか。また、現状ではまだまだベンチャーの数が他国に比べて少ないというのも、伸びしろとなりうると考えている。
- 中小企業なのではと考える。大企業などは規模が大きいことや自社の抱えている強みや成功事例があるため、市場の破壊や0から1を生み出すことが難しいのではないか。また、大企業に勤めている人たちはオペレーションの遂行という点で秀でている人が多く、イノベーションを生み出すことに秀でているわけではないと考える。そのため、中小企業からイノベーションのアイデアやその種が生まれ、それを大企業のノウハウや技術力で世間に浸透させていくという流れが期待できるのではないか。
- 多くのイノベーションはフレキシブルな考え方を持つ若者から生まれていると思うので、若年層がイノベーションを担うことを期待している。また、若年層が持つアイデアを拾ってサポートできるような環境も重要だと考える。
- 「女性」は日本にとって新しいイノベーションを提供しうると考える。日本は他国と比較して女性の社会進出がいまだに進んでおらず、女性の不満やアイデアが反映されることはまだ限定的だ。女性も男性も暮らしやすい生活を実現するためのアイデア出しには、やはり当事者である女性の意見が一番必要だと感じる。
- いわゆるYouTuberと呼ばれる人々が担い手になる可能性はある

のではないかと思う。配信者という不安定な職業を終わらせるタイミングが来たときに、個人としては破格の資産を持っていることに加えて名が知れており、一定の支持者がいることから新しい事業を起こすことが容易なのではないかと考えるからだ。もちろんごく一部ではあると思うが、彼らに新事業を起こすことに興味を持ってもらう取り組みなどをすると面白そうだ。

● わが国におけるイノベーションの担い手は正直なところいないのではないかと思っている。それはイーロン・マスクやジェフ・ベゾスなど大企業のトップかつ世界で存在感を見せる動きをする人物が日本には見当たらないからである。

※2022年秋学期第8回授業時のアンケート結果(回答者327人)

解説

「誰もがイノベーションの担い手になれる」「大企業である」「ベンチャーである」「中小企業である」「若者である」「女性である」「YouTuberである」といった形でさまざまなアイデアがあった一方で、「期待できない」「見当たらない」といった悲観的なコメントも散見された。筆者は誰もがイノベーションの担い手になれると考えているが、それ以上に「見当たらない」というコメントがなくなる世の中にしたいと強く思った。

なお、固有名詞としては、トヨタ自動車、ソニー、楽天、ソフトバンク、NTT、KDDI、リクルート、サイバーエージェント、ZOZO、総合商社、ファーストリテイリングといった大企業の名前をよく目にした。

第4章

適応型アプローチの実践

システム開発アプローチの70年

ソフトウェアがビジネスの至るところで必要になり、ソフトウェアがコアになっているビジネスは増加の一途をたどっている。以前は企業の時価総額ランキングの上位には日本企業がランクインしており、製造業、社会インフラ業、金融業が多かった。だが現在のメインストリームはソフトウェアシステムを製品のコアにしている海外の企業になってきている（**図4-1**）。

図4-1 世界時価総額ランキングTOP10

1989年

順位	企業名	時価総額（億ドル）	国名
1	NTT	1638.6	日本
2	日本興業銀行	715.9	日本
3	住友銀行	695.9	日本
4	富士銀行	670.8	日本
5	第一勧業銀行	660.9	日本
6	IBM社	646.5	アメリカ
7	三菱銀行	592.7	日本
8	エクソン社	549.2	アメリカ
9	東京電力	544.6	日本
10	ロイヤル・ダッチ・シェル社	543.6	イギリス

2019年

順位	企業名	時価総額（億ドル）	国名
1	Apple社	9644.2	アメリカ
2	マイクロソフト社	9495.1	アメリカ
3	アマゾン・ドット・コム社	9286.6	アメリカ
4	アルファベット社	8115.3	アメリカ
5	ロイヤル・ダッチ・シェル社	5368.5	フランス
6	バークシャー・ハサウェイ社	5150.1	アメリカ
7	アリババ・グループ・ホールディングス	4805.4	中国
8	テンセント・ホールディングス	4755.1	中国
9	Facebook社	4360.8	アメリカ
10	JPモルガン・チェース社	3685.2	アメリカ

出所：「平成最後の時価総額ランキング。日本と世界その差を生んだ30年とは？」
STARTUP DB MAGAZINE（2019/07/17）を基に作成
（https://startup-db.com/magazine/category/research/marketcap-global）（2023/01/27アクセス）

　このことは情報の長距離伝達方法の変遷で捉えるとわかりやすい。人類史でいえば、情報の長距離伝達方法は馬や車や船による交通網の時代が長かったが、1900年代には電話に移り変わっていった。そして2000年代からはインターネットが主体になる。情報の伝達はビジネスをはじめとするさまざまな場面で根幹を成しており、その手段の変遷に適応した企業、その手段を主体的に扱う企業が活躍してきた。その意味では、スマートX社会は情報産業の多面的な拡大と捉えることもできる。

　ソフトウェアシステム開発の歴史を見ると、1950年前後から広まり始め、まだ約70年の歴史しかないが、その中でチームで開発をするアプローチは常に進歩してきた。本章ではソフトウェア開発のアプローチの変遷と2020年代の実践について紹介する。

カウボーイ型、計画型、適応型

　ソフトウェアシステム開発のアプローチは3つの変遷を経てきた。1950年代の当初はチームで開発をするには統制がとれていない現場が多くあった。このアプローチは、まるでカウボーイのように暴れながらも進むことからカウボーイプログラミングなどといわれてきた。ほかにもさまざまな呼称があるが、本書では「カウボーイ型」とする。

　1970年代にウィンストン・W・ロイスが発表した論文「Managing the development of large software systems」[注4-1]でいくつかのアプローチが整理された。ロイスは開発作業をいくつかの工程に分割すること、前工程へのフィードバックが前提になることを述べている。そして前工程に戻る影響の大きさを踏まえると、2回つくって2番目のバージョンをリリースすべきだと述べている。米軍はこの中の工程分割の考え方を採用し、各工程の成果物にドキュメントを含めて統制し始めた。企業もこのモデルの亜流を採用した。計画どおりに実施するやり方のことでウォーターフォールとよくいわれている。以降はこれを「計画型」と分類する。

だがこのやり方では、開発という「世の中に存在しないものをつくる」コンテキストではうまくいかないことがわかってきた。つくってみて、触ってみて、リリースしてみて、メンテナンスしてみて、初めてわかることが多いからだ。また、大量のドキュメント作成と承認フローが存在するため、学んだことをソフトウェアに反映することに対してオーバーヘッドが大きかった。

そこで、1990年から2000年にかけて計画や目標を定期的に現実に合わせながら進めていくやり方が模索され、提案された。2001年、これにアジャイル開発という名前がつけられ、多数の分野と連動しながら形になった。以降はこれを「適応型」と分類する。

この流れについては、ロバート・C・マーチンの著書『Clean Agile』[注4-2]で同様に概観が示されている。

これらをまとめると、おおよそ25年周期でパラダイムシフトが起きていることがわかる。1950年前後はソフトウェア開発が始まったところで手法自体が混沌としていたが、1975年前後に計画型の手法が台頭し、2000年前後には適応型の手法が台頭してきたのである（**図4-2**）。

適応型はスマートX社会に特徴的な課題に対応できる。

①2020年代は野心的で複雑性が高く、エキスパートにおいても未知の領域が多い。
②モノやデータの当初想定されていない活用方法を実現する必要がある。

スマートX社会で提案していること、実現してきたことはやって

図4-2 ソフトウェア開発手法のパラダイムシフト

1950	1975	2000
カウボーイ型	**計画型**	**適応型**
科学的管理手法（転用）	ウォーターフォール開発 シーケンシャル開発	アジャイル開発
	1970：MANAGING THE DEVELOPMENT OF LARGE SOFTWARE SYSTEMS 1985：DOD-STD-2167	1993：he Hillside Group 2001：アジャイルソフトウェア開発宣言 2011：スクラムガイド

出所：デロイト トーマツ コンサルティング作成

みないとわからない領域が多分に存在するのは前述のとおりである。戦略的に取り組むことも必要だが、小さく素早く社会実装を試し、そこからの学びを生かして徐々に拡大することが必要になる。未知の領域においてわれわれが持っているのはあくまで仮説にすぎない。仮説を立て、小さい仮説検証を繰り返して、その学びから社会の変革につなげていくのである。

適応型は仮説検証をチームで繰り返すアプローチの体系といえる。仮説の立て方、仮説の整理の仕方、仮説の優先順位のつけ方、仮説の検証の仕方、チームのマインドセット、繰り返すためのプロセス、フェーズごとに注力すべきことなどが整理されている。別の言い方をすれば、適応型は事業のアイデアを出したり、企画を立てたりするところから、計画を立てて、小さく検証しながら計画を修正していき、事業をグロースさせるために利用できる。そのため、企画をする人、デザインをする人、開発をする人、運用をする人と、さまざまな人が利用できる。

また、スマートX社会として戦略的にデザインしてモノやデータがつながりやすくなる部分がある一方で、常にそうではない部分も存在する。既存のモノやデータはそうなるし、戦略が必ずしも正しいわけではない。当初想定されていなかった活用方法を実現するには、多様なデータと通信方法に対応するプラットフォームが必要となる。プラットフォームの開発や運用を支える技術も適応型とともに発展してきた。クラウドサービスはその典型といえる。

ビジネス競争力におけるスピード

2002年に国際ITリサーチアドバイザリー会社のスタンディッシュ・グループ社が出したレポート[注4-3]によると、社内向けプロダクトにおける機能全体のうち64%は使われないとされている。競合製品に勝つために、よい体験をしてもらうために、機能の増設を検討することは多数あるが、つくっても使われない可能性が高い。

このことからもわかるように、たくさんの機能を備えた製品をリリースすることは競争力にはつながらない。最終的な製品の全体を設計する前や機能を追加するときにプロトタイプを製作してインタビューするなど、できる限りつくるコストを下げて素早く何をつくるべきかを判断することが求められる。機能を多くし過ぎるとメンテナンスコストが上がって、機能の追加や変更をしにくくなってしまう。そのため、メンテナンスコストの比率を一定以下で抑えるような判断も重要である。できる限り時間をかけずに仮説を検証し、ヒットしそうなものを厳選して素早く反映することで、ビジネスがグロースするスピードを上げるのである。

コロナ禍以降で加速する分散非同期なワークスタイル

コロナ禍以前からオフショアでの分散開発への取り組みは多数行われており、『My JOB Went to INDIA』[注4-4]のような書籍でも時折触れられていた。IT業界には初期からリモートワークを基本とする企業も多数存在しており、プロジェクトマネジメントツールであるBasecamp[注4-5]を開発する37signal社や、ソースコード管理ツールを開発しているGitLab社[注4-6]は、グローバルにリモートワークを推奨し、アジャイル開発をしている企業として有名である。

COVID-19が流行してからは、Zoomなどのビデオチャットツールを利用した分散非同期なワークスタイルが急速に広まり、IT業界では50%超がリモートワークを実施している。[注4-7]

先に挙げたような企業が10年近くリモートワークの実践を積み上げていたことや、PC上で動作するソフトウェアで自分たちの仕事をサポートできると、自分たちの仕事はスケールするようになることから、リモートワークと相性がよかった。ソフトウェア開発の分野では今も、分散非同期な働き方をより便利にするような取り組み、サービス開発が盛り上がりを見せている。

大学講義や新卒研修での取り組み事例

大学講義や新卒研修でも計画型アプローチから適応型アプローチへの変化、そして分散非同期なワークスタイルの取り組みは増えている。ソフトウェア開発のモノづくりを実際に自分たちの意思でチームで行うために、Project Based Learningというスタイルで行う大学は増えている。文部科学省が推進していた「成長分野を支える情報技術人材の育成拠点の形成（enPiT）」という産学連携プロジェクトでは、積極的に講義の一環として実践している。

受講生はチームで課題を設定し、その課題を解決するソフトウェアをつくっていく。とくに筑波大学のenPiTではこの際に、最初に立てた課題や解決方法を順守する計画型ではなく、ユーザーからフィードバックをもらえる最小量の実装をしてはフィードバックを得て、自分たちの解決方法や課題設定を適宜修正しながら進めてい

く適応型アプローチをとる、いわゆるアジャイル開発の実践を1年間行っている。[注4-8]

これらの講義も、コロナ禍以降ではビデオチャットツールやチャットサーバー、ホワイトボードアプリなどを駆使してリモートで行われている。

これと似たようなアプローチで新卒研修を行う国内企業も出てきている。たとえば、3週間ほど個別にSubject Based Learningで、いわゆる講義のような形でプログラミングやクラウドサービスなどを学習し、モノづくりに使う道具を学習。その後、5週間ほどかけてProject Based Learningでアジャイル開発を実践するというアプローチをとるといった形である。このような企業もコロナ禍以降は分散非同期なワークスタイルで行っている。

このように、実際のビジネスの場面だけではなく教育の場面でも、適応型アプローチと分散非同期なワークスタイルは広まりを見せている。

適応型アプローチの概観

適応型アプローチは多様に出現し30年で淘汰

前節で適応型アプローチの1つとしてアジャイル開発を紹介した。1990年代から2000年代にかけてアジャイル開発周辺だけでも7を超えるアプローチが出現した。[注4-9]これらのエキスパートのうち17人が2001年にアメリカユタ州スノーバードに集まって、自分たちの活動に一定の共通見解を見いだしたものが「アジャイルマニフェスト」で、ここで初めてアジャイル開発という名称が生まれた。[注4-10]

だが、現在も利用されている手法でこの当時から残っているものはScrumとXP（Extreme Programming）であり、そのうち70%以上の人がScrumを利用している。[注4-11]

アジャイルマニフェストにこそ関わっていなかったが、適応型アプローチとして広がりを見せている手法はほかにもある。VUCAの時代と呼ばれて久しいが、適応型アプローチはこれらを乗りこなすために進歩してきており、新規事業創出という点ではアジャイル開発、リーンスタートアップ、デザイン思考の3つを具体的なアプローチとして使いこなす企業が増えている。

この3つはどれもモノづくりのための手法であり、それぞれの利用者同士はそれぞれの手法を使うことで影響し合って成長してきた。適応型アプローチであり、モノづくりのための手法であることは共通しているが、それぞれ得意な部分は異なる。たとえば、デザイン思考は課題が何かを特定することに長け、リーンスタートアップは適切なモノをつくることに長け、アジャイル開発は適切にモノをつくることに長けている。

アジャイル開発だから課題の特定をしないわけではなく、デザイン思考だから適切にモノをつくらないわけではない。どのようなプラクティスが中心的に存在するのかという視点で考えると、このように捉えられるということである。[注4-12]

デザイン思考

デザイン思考は、デザイナーが得意としてきた課題の探索や洞察を基に、プロトタイピング（簡易に解決策を実装してみること）やテスト（ユーザーになりそうな人に触ってもらうこと）を結びつけたものと見ることができる。西海岸系、中西部派、イタリア派など3つから4つほどに大別できるが、Jonny Schneiderは自身のブログの中で「デザイン思考は、能力と学習に関するものである。スタンフォード大学のd.schoolのCarissa Carter主任は、デザイナーを高める能力について、素晴らしい記事を書いている。たとえば、曖昧さ、共感的学習、統合、実験などが、その能力として挙げられている。意味を生み出し、問題の枠組みを設定し、潜在的な解決策を探索する、デザイナーの能力が重要」であるとしている。[注4-12]

本書ではd.schoolのデザイン思考を中心に言及する。デザイン思考はユーザーとなる人々への深い共感から始まる問題解決のプロセスであり、ユーザーの観察やインタビューを幾度となく繰り返したり、分析したりする。これによってユーザー自身も気づいていない点に目を向けることができ、結果として未解決の課題を発見したり、イノベーションの源泉を見つけたりするきっかけになる。

そして、このプロセスのコアとなるのが「発散」と「収束」である。まず、アイデアや機会の幅を広げるために発散をさせる。そしてそれらを意思決定のために絞り込んで収束させる。この発散と収束を繰り返すことが基本形となる。発散をするときにはできるだけ多様な意見を取り扱いたいので、自分たちの問いに対するアイデアは誰かに対する人格的な攻撃でなければ、制限や非難をしないことが重要になる。この時点で何らかの制限をかけてしまうと、実は気づいている小さな違和感からの課題や洞察やアイデアを見逃してしまう。

そして、この発散と収束を繰り返す中でプロトタイピングとテストを繰り返して、課題を明らかにする。インタビューや市場調査から問題を正確に定義するより、実際に解決策の候補となりそうなものを通して発散と収束のプロセスを繰り返すことで問題を定義するほうがデータに基づいた判断をでき、より効果的である。故に、デザイン思考はデザイナーを中心にさまざまな人々がデザイナーの考え方とプロセスを用いて、社会課題を解決する方法として産業界で広く使われるようになり、大学でも教育がなされる分野になっている。

東京工業大学エンジニアリングデザインプロジェクト（EDP）では、デザイン思考を活用した講義を行っている。EDPは、東京工業大学の学生だけではなく美術大学の学生や社会人も交えた多様性の高いチームでデザイン思考を活用したモノづくりを学べる。

この講義で取り上げたプロダクトの１つに「ひーたんす」がある。これは下着などの小さな洗濯物用の乾燥機と、暖をとるためのヒーターを兼用する。「日常でも、災害時の避難所でも快適な下着の乾燥体験を提供したい」という思いからつくられている。パートナー企業より提示されたテーマは「災害と日常が隣り合う未来で、『災害に備えない』製品体験をデザインせよ」。避難所での生活を避難者のように考えながらも、日常と結びつけた洞察から生まれたプロダクトというのは、まさにEDPならではであるし、デザイン思考をうまく活用できている事例である。[注4-13]

スマートX社会では、多様な人々の生活に対するサービスを提供するため、人々の生活を観察し共感することは重要な要素である。観察を通して人々がどのような生活をしており、何に感動し、何につまずき、何を求めているのかを知っていく。観察が十分ではない状態で企画され、ローンチされたサービスでは、人々はサービスを利用したいという気が起きないだろう。文化人類学で中心的に発展してきたエスノグラフィー調査からユーザーリサーチで発展してきたインタビューまで、さまざまな方法を使って観察と分析を繰り返すことでパターンを見つけていく。

リーンスタートアップ

リーンスタートアップは、エリック・リースがつくった新規事業やスタートアップのための適応型アプローチである。『Running Lean――実践リーンスタートアップ』[注4-14]では「スタートアップとは実験です。現代の企業は、想像できるものなら何でも構築できます。したがって、答えるべき質問は、もはや『構築できるか？』ではなく、『構築すべきか？』なのです」とも語っている。2010年前後からクラウドコンピューティングが一般的に使われるようになったこともあり、ソフトウェアシステムの構築はどんどんやりやすくなっている。

そんな中で、どのようにいくつものプランを立てるのか、どのように安く学びを最大化するかに着目して、構築する(Build)―計測する(Measure)―学習する(Learn)のプロセスを高速に実践する大切さを説いている(**図4-3**)。

Build―Measure―Learnとあるが、つくってから計測して学ぶという考え方ではない。まず初めに学ぶことを考え、どのように学びを計測するかを考え、そのために何をつくるかを考える。このように自分たちが得たい学びから必要なことを考えていく。そして学びを最大化するために、ビジネスとして重要かつリスクが高い部

図4-3　BMLループ

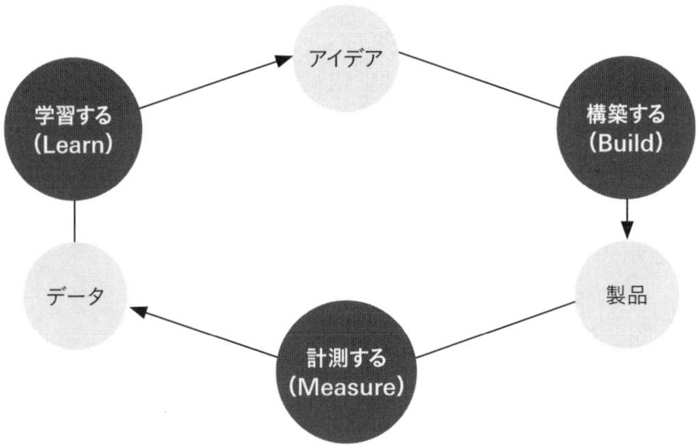

出所：Ash Maurya「The GOLEAN Framework for Growth」（2016/10/12）を基に作成
（https://blog.leanstack.com/the-golean-framework-for-growth/）（2023/01/27アクセス）

分から学ぶ必要がある。リーンキャンバスというツールでビジネスモデルを整理することが多く、この中でも顧客、課題、価値提案の3つを優先的に検証することは『Running Lean』でも推奨されている。

新規事業開発では、いかにつくらずにグロースするビジネスをつくり上げるかがポイントになってくる。つくったが売れないという無駄をできる限り減らし、売れるものをつくることに注力するために無駄なく高速に学びながらアイデアを創出してビジネスを確立することに重きを置いている。

リーンスタートアップを用いて新規事業開発を支援した例では、学習塾におけるプログラミング教育授業の新規事業開発がある。大学受験にも組み込まれること、エンジニアやデザイナーの需要が伸びていることから関心が高い領域であり、この数年で日本のプログラミング教育市場は低年齢層向けから大人向けまで大きく成長している。成長が見込まれる市場において他社と差別化を明確にしつつ、データに基づいて小さくビジネスをつくり上げ、売れないモノをつくるリスクを下げながら顧客を獲得することを目指した。

ビジネスモデルを考えるに当たって、それまでも顧客のジョブや課題やニーズを整理していたものの、多くが自分たちの意見であって、顧客の声ではなかった。つまり、データがなかったのである。その状態からユーザー像をつくり上げ、仮説を立て、ユーザー候補に多数のインタビューを重ねながら顧客のジョブや課題やニーズをデータに基づいて整理した。すると、想定と合致する部分もあれば、まったく想像もしなかったようなデータも出てきた。

ジョブや課題やニーズが見えてきたら、自分たちだからこそ提供する価値のある解決策を検討する。検討を重ねながら、そのアイデアをプロトタイピングしてユーザー候補にテストをして、観察と分析に基づいてプロトタイピングを繰り返した。一方で、自分たちがつくったプロトタイプだと、自分たちでは運用できないことがわかって捨ててしまうこともあった。また、ビジネスモデルやロードマップを変更しながら、自分たちの経営戦略に沿いつつユーザーのためのプロダクトをつくり上げることもあった。

できるだけつくらない／小さくつくるからこそ、自分たちの想定と違ったときに小さいコストを支払っただけで簡単に捨てられる。できるだけつくる／大きくつくる、をしていると、自分たちの想定と違ったときにコストも大きくなってしまい、新しい仮説検証のループ（Build―Measure―Learnループ）を回せなくなってしまう。Build―Measure―Learnループを大量に回すためにも小さく、ムダなく、捨てやすく検証することがポイントになる。

また、俯瞰してみると、前述のとおりスマートX社会のカギはエコシステム形成であるため、そのデザインは影響範囲が大きい。エコシステムのデザイン、ビジネスのデザインにおいてとくに重要になるのが、人々のジョブ（普遍的になしとげたいこと）と課題の特定である。多くのスタートアップは、ジョブと課題の特定ができていなかったために倒産するのである。ジョブと課題を特定してその解決のために自分たちで解決策をデザインしているはずが、いつの間にか自分たちの解決策ありきでジョブや課題を認知してしまう場合が非常に多い。人々は特定の解決策を好んでいるのではなく、自分のジョブを達成してくれる／課題を解決してくれる解決策を好んでいるということを忘れがちである。

不確実だからこそ、まだ解決策が安定していないからこそ、スタートアップがグロースする可能性やイノベーションが起こる可能性があり、そこでは失敗のほうが圧倒的に多くなる可能性が高い。そのうえで自分たちがどんなジョブや課題を発見し、選択するかが重要である。見つけたジョブや課題がそんなに大きな市場にはならない可能性もあるし、解決が不可能な場合もある。そのときにはすぐにもっと大きな市場のジョブや課題を発見しにいかなければ、企業としては採算がとれなくなってしまう。

スマートX社会は、大きな可能性を秘めているからこそ、多くの人が抱えるジョブや課題を多面的に解決するエコシステム形成が重要になる。解決策も重要であるが、ジョブや課題に寄り添ったデザインがより重要である。

アジャイル開発

アジャイル開発は、ソフトウェア開発者とビジネスの溝を埋めてチームで顧客に素早く機能するソフトウェアをデリバリーすることを主眼にしている。前述した「アジャイルマニフェスト」にその価値観がまとまっているので引用する。[注4-10]

「私たちは、ソフトウェア開発の実践あるいは実践を手助けをする活動を通じて、よりよい開発方法を見つけだそうとしている。この活動を通して、私たちは以下の価値に至った。
プロセスやツールよりも個人と対話を、包括的なドキュメントよりも動くソフトウェアを、契約交渉よりも顧客との協調を、計画に従うことよりも変化への対応を、価値とする。すなわち、左記のことがらに価値があることを認めながらも、私たちは右記のことがらにより価値をおく」

これは、アジャイル開発入門のプレゼンテーションや研修で必ずといってよいほど参照されるドキュメントであり、非常に重要視されていることがわかる。また、初期のアジャイル開発導入では「左記のことがらに価値があることを認めながらも」の部分が欠落して広まってきた経緯もあった。

そのためアジャイル開発では、ドキュメントやプロセスは不要と言われてしまうこともあり、アジャイルソフトウェア開発宣言をつくった人たちのバランスのとれた開発を実践できず、「アジャイル開発で失敗した」という話を聞くことも多くあった。だが、実際にはここにある価値観を読み違えて実践してしまったことが原因の1つと考えられる。現在ではこうしたことも徐々に減り始めている。

後述するスクラムでは、こうした価値基準が導入されたり、企業としてアジャイル開発に取り組むときのマインドセットやパーパスについての書籍が発売されたりするなど、組織的にマインドセットを変える取り組みについて知見が共有され、実践しやすくなっている。[注4-15]

適応型アプローチの事例

フェーズごとに見る適応型アプローチ

新規事業を起こすときに、どういったフェーズがあるのか、何を進めていけばいいのか。リーンスタートアップでは新規事業のフェーズを**図4-4**のように整理する。新規事業の立ち上げ支援では、これを活用して計画を立てる。

まずは対象となるCustomer（顧客）が誰なのかを特定する。そのCustomerにはどのようなProblem（課題）があるのか、あるいは「このCustomerにはこんなProblemがある」という仮説は当たっているのかを検証できれば、CustomerとProblemがFitしているといえるフェーズになる。CustomerとProblemの認識が非常に重要である。とくに「このProblemは既存の代替手段の何が不満なのか」「Customerが本来的にどのようなことを達成したいのか」「それはどういった優先順位なのか」といったことまでをデータ

図4-4　スタートアップ・フィット・ジャーニー

出所：馬田隆明「スタートアップ・フィット・ジャーニー　今どの段階にいて、何に取り組むべきかのガイド」（2020/11/18）を基に作成
（https://review.foundx.jp/entry/startup-fit-journey）（2023/01/27アクセス）

に基づいて分析しておく必要がある。そうでなければ、この後のフェーズで方向性がぶれたり、根拠のない施策を考えたりしてしまう。

次はそのProblemに適切なSolution（解決策）が何かを検討し、妥当なSolutionであると検証できればProblemとSolutionがFitしているといえるフェーズになる。このとき、Solutionが既存の代替手段よりもずっとよいものでなければいけない。さまざまな場面でいわれるように人の習慣の力というものは非常に強力である。故に、既存の代替手段から乗り換え、そして使い続けるには大きな力が必要になる。

たとえば「健康のためのダイエット方法論が多様に出現するが継続できる人がなかなかいない」ことにより、パーソナルトレーニング形式のダイエットサービスやゲーミフィケーションを活用したトレーニングサービスが流行したのはわかりやすい例だろう。

Solutionが十分によいと検証できれば、Solutionを実現するProduct（製品）の実装に進む。適切に実現できればSolutionとProductがFitしているといえるフェーズになる。Productを購入する顧客がいて、売上や利用者数が伸びていれば、ある種概念的であるSolutionに対して実際にCustomerがProblemをSolutionできるようなProductが実現できているといえるだろう。

最終的にそのProductを大きな市場としてのMarket（市場）に広めていくことができれば、ProductがMarketにFitしているといえるフェーズになる。これらのアプローチの得意領域を階層別に示したものが**図4-5**である。

なお、Customer Problem FitやProblem Solution Fitを中心とする企業はデザイン思考が洗練されており、Problem Solution FitやSolution Problem Fitを中心とする企業ではリーンスタートアップ、Solution Problem FitやProduct Market Fitを中心とし

図4-5　フェーズごとの手法の強み

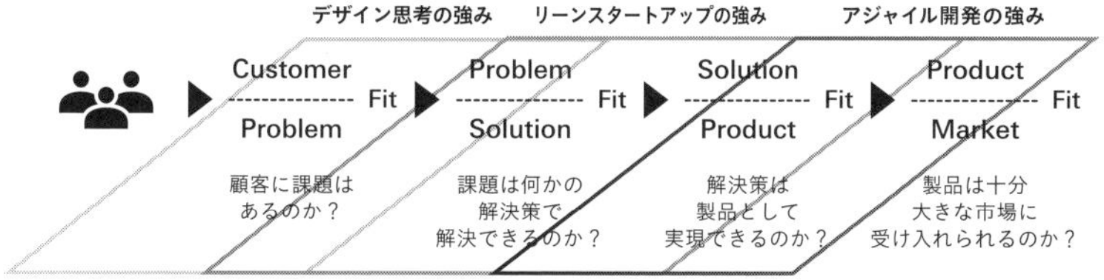

出所：馬田隆明「スタートアップ・フィット・ジャーニー　今どの段階にいて、何に取り組むべきかのガイド」（2020/11/18）を基に作成
（https://review.foundx.jp/entry/startup-fit-journey）（2023/01/27アクセス）

たところではアジャイル開発が洗練されている傾向にある。

パーパス、北極星、チームビルディング

スタートアップや新規事業をしていく中で多くの企業で課題になるのが、こうしたマインドセットやアプローチや手法をどのようにスムーズに取り入れるか、である。これは個人、ペア、チーム、事業、企業、グループ企業とさまざまな粒度で課題がある。このときにほとんどの状況で必要になるのが「何を目指すのか、何のためにコミットするのか」である。言い換えれば、Whyであり、パーパスである。第2章で述べたように、パーパス経営の重要性は増している。

それと共鳴するように個人、ペア、チーム、事業といった単位でもパーパスは重要であるとする考え方は広まっている。アジャイル開発ではこういったものを、チームの北極星（North Star）を定義するといった言い方をしている。チーム全員で価値観を調和させて、北極星を決め、チームとしての責務や自分たちのルールやアイデアなどについて話していく。こういったチームビルディングを通して、Whyに共感しつつ、お互いの多様性を生かすことで、価値

創造をしやすいチームとして活動できるようにする。

たとえば、Matt LeMay『みんなでアジャイル』[注4-15]で紹介されているアジャイルプレイブック（あらかじめ設定された問いにチームで議論した結果を埋めるワークシート。自らアジャイル開発を始めるときにゴールを議論するきっかけに使うもの）には北極星が取り込まれている。このプレイブックは3つのステップで作成する。

ステップ1：コンテキストを設定する
ステップ2：北極星をつくる
ステップ3：最初の一歩へのコミットと成功の計測

ステップ1でチームの現状を表し、ステップ2で組織の北極星とチームの北極星を表す。ステップ3で最初にやることの方向性を表す。ステップ2では次の8つの質問をチームで議論しながら明文化する。

①組織のシニアリーダーは顧客中心主義（Amazon社では「カスタマーオブセッション」と呼んでコアバリューに設定している）について、どう言っているか。
②組織のシニアリーダーはコラボレーションについて、どう言っているか。
③組織のシニアリーダーは変化に対してオープンであることについて、どう言っているか。
④顧客中心主義のためのアジャイルの原則は「顧客から始める」だ。チームの顧客中心主義の原則は何か。
⑤コラボレーションに関するアジャイルの原則は「早期から頻繁にコラボレーションする」だ。チームのコラボレーションの原則は何か。

⑥変化にオープンであることに関するアジャイルの原則は「不確実性を計画する」だ。チームが変化にオープンであることの原則は何か。
⑦定義した3つの原則のうち、一番喫緊のものは何か。
⑧その理由は何か。

アジャイル開発やスクラムは組織で見ればボトムアップなアプローチに見えることもあるが、このように組織のゴールとうまく重ねていくムーブメントも徐々に広まっている。ボトムアップにせよ、トップダウンにせよ、組織のゴールと重なる部分がないままのビジネスはどこかでつまずいてしまうものである。

アジャイル開発を中心とした適応型のシステム開発アプローチが2000年代前後から広まる中で、どのように組織のゴールと重ねていくのかは、不定期に話題に上がっていた。それらの試行錯誤が徐々に集まり、結果としてパーパス、北極星を定めてチームビルディングをし、適応型アプローチを実践する企業が増えている。

Intel社やGoogle社から広まってきた目標管理手法の1つであるOKRも、トップのゴールとボトムのゴールを結びつけるムーブメントと捉えることができる。OKRはObjectives（目標）とKey Results（主要な結果）の頭文字をとったものである。ここでいう目標は「何を達成すべきか」であり、主要な結果は「どのように達成しつつあるかをモニタリングする基準」である。

OKRで重要なこととして、Objectivesはなかなか達成できない野心的な目標であり、達成度合いとしてはおおよそ7割程度になりそうなものといわれている。どうにも達成できそうにない内容だと疲弊してしまうし、容易に達成できてしまう内容では意欲が高まりにくい。

OKRにおけるOやKRは組織のさまざまな部分で設定され、ある部分だと密接に、ある部分では緩くつながる。組織、チーム、個人のObjectivesが部分的に重なることで、ボトムアップだけでもなく、トップダウンだけでもなく、組織全体でパーパス、北極星を定めやすくしている。

第2章で述べたとおり、クリストファー・アレグザンダーはパタンランゲージを中心とした理論の中で全体と部分によるセミラティスな建築のデザインを推進していた。アジャイル開発のルーツの1つはクリストファー・アレグザンダーにある。彼が提案している全体性の議論はさまざまな場面で適用可能である。全体と部分が相互に影響し合いながらセミラティス構造であることが、その全体を生き生きとさせ、生成性の高いプロセスを生み出す。

この理論はチームにも当てはまる。組織にはさまざまな個人がいる。その個人がさまざまなペアを組んだり、さまざまなチームを組んだりする。あるペアでは強力に組み、あるペアでは緩く組むだろう。強力にチームにコミットしていることもあれば、緩くチームにコミットしていることもあるだろう。そしてそれらの総体として部署や会社が成立する。このように、さまざまな強さを持った部分から成る全体は生き生きとする。

人々が生き生きとしている状態を目指すというのは、Well-beingともいえるだろう。クリストファー・アレグザンダーが重要視している人々の全体と部分、そして生き生きとすること、人々が共感する美しさはWell-beingでいわれていることと共通する部分が多い。アジャイル開発はWell-beingなモノづくりチームを形成することでよいモノづくりにつなげていくといえる。

アジャイル開発は人々が生き生きと仕事をすることが、生き生きとしたシステムの生成につながるということに着目している。システムを開発する組織は、そのシステムに関わる人々やモノという全体の部分である。そのシステムに関わる人々やモノという全体を生き生きとさせる／グロースしていくために、その部分であるシステムを開発する組織を生き生きとさせていけばいいのではないのか。部分と全体は相互に影響し合っており、人々がWell-beingな状態で仕事をするのがパフォーマンスにつながりやすいということはさまざまな研究で言及されている。

故に、形骸化しやすいプロセスのみではなく、価値観を大事にしている。そして価値観や文化はともに行動することから生まれるという経験則から、共同作業を重んじている。組織のパーパス、北極星は、組織の役員や幹部が考えたものをダウンロードすることではない。人々の行動からつくられるものであるというのが、アジャイル開発を中心とした人々の考え方である。そしてそのように生成されるデザインとは何かを考えることが、アジャイルな組織設計やプロセス設計である。

課題を見つけるときのツールやプロセスや役割
——事業がヒットするまではノンプログラマーがモノづくりをする時代へ

この5年でモノづくりを直接的に支えるツールが多様に増え、何でもプログラミングをするという傾向は変わってきた。ソフトウェアでのモノづくりにおいてプログラミング的思考はどの場面でも重要ではあるものの、どの場面でもテキストプログラミングをするかというとそうではなくなっている。事業の根幹に関わる差別化要素は、要求が曖昧で変更も激しいため、依然として柔軟性が高くパフォーマンスも出やすいフルスクラッチでテキストプログラミングをすることになる。業界で流通しているサービスの最低限のことができればよいといった部分ではできる限り、SaaS（Software as a Service）、NoCode、LowCodeといった既存の手法を使う。アプリケーションにおける認証、チャットボット、課金管理、コンテンツ管理などは多くの場面で共通するため、SaaSが充実している。

SAP社のウェブサイトでは、LowCodeとは「直感的なグラフィカルツールと組み込み機能を使ってアプリケーションを設計・開発する手法で、従来のプロコード（テキストプログラミング）の記述要件を軽減するものである。プロコードの作成は依然として開発プロセスの一部であるが、ローコード開発では、ユーザーが迅速にアプリケーション開発を開始できるように、拡張され簡素化してくれる」とある。[注4-16]

また、NoCodeとは「LowCodeと同様のユーザー体験を実現する手法だが、技術者でないビジネスユーザーが1行もコードを書くことなくアプリケーションを開発できるようにすることで、一歩進んだ効果をもたらす」とある。[注4-16]

たとえば、スマートフォンアプリケーションをNoCodeで開発できるようなサービスも充実している。また、アプリケーションのテスト自動化においてもAIを活用したツールが増えてきている。このような手法やツールを取り入れたり、事業の差別化部分の開発にできる限り投資を集中したりする事例が多くなってきた。

一方で、NoCodeやLowCodeで開発したものを中期的にメンテナンスするのが難しくなり、ビジネスの足を引っ張ってしまうケースが増えているのも事実である。DXの文脈でもNoCodeやLowCodeの活用を考えることは多いが、解決しようとしている課題や手段の複雑さを基準にどのような手段をとるのかを検討する必要がある。常にその複雑さを低減できるようなビジネスモデル、組織モデルにできないかを検討することで、スケールしやすいビジネス・組織をつくっていくことが重要になる。

モノづくりのツール、プロセス、役割

ここまで適応型アプローチの概観を示してきたが、ここでは具体的に適応型アプローチでモノづくりをするときの進め方の例をプロセス・役割・ツールなどを挙げて紹介する。基本となる考え方として「スクラム」という手法におけるプロセスや役割を軸にして、デザイン思考やリーンスタートアップの実践をすることが多くあった。

「スクラムとは、複雑な問題に対応する適応型のソリューションを通じて、人々、チーム、組織が価値を生み出すための軽量級フレームワーク」である。[注4-17] とくにスクラムでは、自分たちで経験したことから、外部環境のニーズ、内部環境のケイパビリティを学習して進むべき方向と予測の精度を上げていく。そしてこれらを有限のリソースで最大の価値を提供することに集中し、それ以外の無駄を減らしていく。スクラムではこれらを経験主義とリーン思考に基づいていると説明している。

スクラムは適応型のソフトウェア開発手法として最も広まっている手法である。適応型の働き方をしている企業のうちスクラムを何らかの形で導入している企業は80%を超えている。

スクラムは3つのロール（責任）、5つのイベント（プロセス）、3つの作成物から構成される。また、ほかのプラクティスを組み合わせやすいように定義されている。そのため、ソフトウェア開発でよく利用されている技術的なプラクティスの導入や、組織的にスケールさせることが可能になっている（**図4-6**）。

ロール

スクラムチームは、プロダクトオーナー、スクラムマスター、開発者という3つのロールで構成されている。

「プロダクトオーナーは、スクラムチームから生み出されるプロ

図4-6 スクラムの構成要素（3つのロール、5つのイベント、3つの作成物）

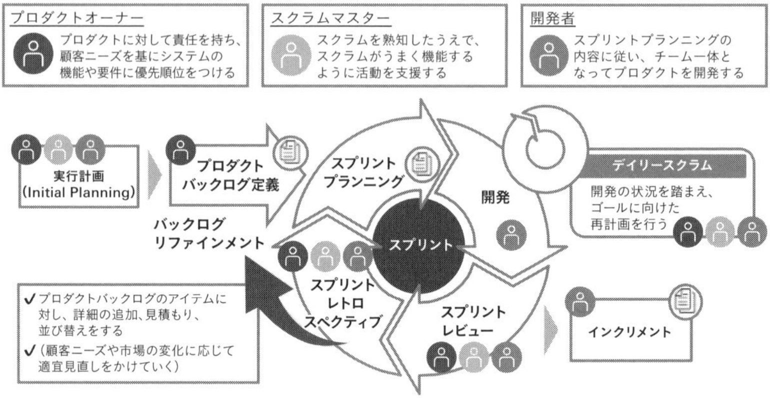

出所：デロイト トーマツ コンサルティング作成

ダクトの価値を最大化することの結果に責任を持つ。組織・スクラムチーム・個人によって、その方法はさまざまである」。[注4-17] スクラムチームとして仕事をすると、初期に想定していた「これからつくるもの」「これから検証すること」が実践しにくくなる事象が生じる。たとえば「自分たちにスキルが不足している」「買ってくれる人がいない」「オペレーションコストが高い」「大手競合が同様のアイデアを実装してくる」「実装されたものが考えていたものと異なる」など。これらに対して「適切なゴールを再度設計する」「これからやることをごっそり削除して新しく考え直す」「これからやることの順序を変える」「これからやることに対して詳細なチェックのケース（受け入れ条件）をつくる」などを行う。

「スクラムマスターは、スクラムガイドで定義されたスクラムを確立させることの結果に責任を持つ。スクラムマスターは、スクラムチームと組織において、スクラムの理論とプラクティスを全員に理解してもらえるよう支援することで、その責任を果たす」。[注4-17]

スクラムチームとして仕事をしようとすると、どのように仕事をするのか想像がつかない場合や、どのように自分たちのやりたいプラクティスと組み合わせればよいかわからない場合がある。スクラムマスターはこういった場合に対話を重ねてチームビルディングをし、スクラムチームにとって効果的にチャレンジをしていけるようにチームの成長をサポートする。

スクラムをスクラムたらしめることに注力するのがスクラムマスターであるが、サーバントリーダーシップといわれるタイプのリーダーシップを発揮することを求められる。プロダクトオーナーや開発者やチーム外の人々がスクラムを使ってうまく仕事をできるように、意見に耳を傾け、困っている部分をサポートして自律的な組織に成長することを促す。

「開発者はスクラムチームの一員である。各スプリントにおいて、利用可能なインクリメントのあらゆる側面を作成することを確約する。開発者が必要とする特定のスキルは、幅広く、作業の領域によって異なる」。[注4-17]

スクラムチームには、デザイナーやテストエンジニアやインフラエンジニアというロールは存在しない。チームとして機能するために細かなロールを設定するのではなく、細かなロールを設けないことでチームで補完し合いながら仕事を進め、お互いの仕事の相互理解が必要となるようにしている。結果として協力して機能するチームができ上がる。

また、開発者は、プロダクトオーナーやスクラムマスターと協調しながらスクラムチームとしてどう進めるのかについて自分たちで計画を立てる。また、その計画のゴールを達成できるように品質を高め、自分たちの計画を日々最適化する。

イベント

スクラムチームが実施するイベントはスプリント、スプリントプランニング、デイリースクラム、スプリントレビュー、スプリントレトロスペクティブの5つである。「スプリントは他のすべてのイベントの入れ物である。スクラムにおけるそれぞれのイベントは、スクラムの作成物の検査と適応をするための公式の機会である」。[注4-17]

スプリントは1カ月以内の固定された期間にして繰り返していく。スプリントが終わると同じ期間の新しいスプリントが始まるといった具合に進行する。スプリント期間中は、ここにあるスプリントプランニング、デイリースクラム、スプリントレビュー、スプリントレトロスペクティブ以外の時間は、このスプリントのゴール(目標)に向かって最適な作業をすることになる。

よく行われているのは、インタビュー、デザイン、プログラミング、テスト、データ分析、議論などである。このように、どのような作業をするのかを考えるのがスプリントプランニングであり、日々の最適な計画を考えるのがデイリースクラムであり、成果を確認するのがスプリントレビューであり、自分たちのやり方を考え直して改善を図るのがスプリントレトロスペクティブである。

スクラムで規定されているイベントは、チームがスクラムチームとして機能する最小限のもので構成されている。どれかを除いてしまってはスクラムの3本柱である「透明性」「検査」「適応」のいずれかが崩れることになる。スクラムを実践するときに、たとえば「時間がないからスプリントレトロスペクティブはやらない」といったことをしてしまうと、スクラムチームとして機能しなくなる可能性が非常に高くなる。

当社のアジャイルチームは以前に「スプリントレビューに価値を感じられないからやらない」ことにしていたが、やはりスクラムの目的である複雑な問題への対応や価値の創出がかなり限定的な達成となってしまった。それ以降、スクラムのイベントは欠かさないように実践してみた。すると透明性が上がったことでコントロールできる範囲が広がって品質は向上した。結果として労働時間も短縮でき、スクラムの目的を達成することができた。

スプリントプランニングは、スプリントの初めに今回やることを計画するイベントで、スクラムチーム全体で行う。「スクラムガイド」ではスプリントプランニングは次の質問に回答できているかどうかで完了しているかどうかがわかるとしている。「トピック1：このスプリントはなぜ価値があるのか？ トピック2：このスプリントで何ができるのか？ トピック3：選択した作業をどのように成し遂げるのか？」。[注4-17]

デイリースクラムは、毎日同じ時刻、同じ場所で15分程度行うイベントであり、開発者が主体的に実行する。スプリントで立てたゴールに対して進捗は順調かどうかを確認し、これから1日の作業を計画する。デイリースクラム以外でもこういった会話はもちろん日常的にしてよいが、少なくとも1日に1回、同じ時刻、同じ場所でチームが同期することが重要なのである。

スプリントレビューは、スプリントの成果を検査し、今後の適応を決定するためのイベントである。スクラムチーム外のステークホルダーに今回のスプリントの結果を提示し、スプリント期間より長い中長期的なゴールに対する進捗について議論することで、方向性やコストのかけ方を考えていく。この際、プレゼンテーションだけではなく実際にできたモノをデモしたり触ってもらったりすることが重要である。

スプリントレトロスペクティブは、チームの仕事のやり方を検査し、よりうまいやり方を考え適応するための機会である。日本ではスクラムに限らず「振り返り」といわれることも多く、どんなことが起きたか、何がうまくいったのか、何があまりうまくいかなかったか、どのように解決していたか、これからはどのように解決するか、といったことを考える。こうしたことを議論するときにはフレームがあるとやりやすいため、Fun Done Learn、KPT、タイムライン、YOW、＋／Δなどを使ってもいいだろう。[注4-18]

作成物

スクラムの作成物は次の3つ。これからチームが行うことのリストのプロダクトバックログ、スプリントバックログ、そして実際の作成物であるインクリメントである。プロダクトバックログは、次のスプリント以降に行うことのリスト、スプリントバックログは、今のスプリントで行うことのリストである。スプリントバックログはスプリントプランニング時にプロダクトバックログから作成する。

「プロダクトバックログは、創発的かつ順番に並べられた、プロダクトの改善に必要なものの一覧である。これは、スクラムチームが行う作業の唯一の情報源である」。[注4-17] プロダクトバックログに並んでいる項目は、1項目ずつユーザーにリリースできるような単位になっていると望ましい。仮にそれが「検索機能」のようなものだと、スクラムチームで議論が発散し過ぎたり、言語化できていない部分のつくり込みにて認識齟齬が生じたりする。なぜなら方向性がわからないからである。

そこで、少なくとも次のように表現されているといいだろう。「ユーザーがブログサイトで検索したらマッチするブログのタイトル、概要、リンクの一覧が表示される。なぜならユーザーは概要を眺めながら見たいブログがあればすぐに開きたいからだ」。このようなフォーマットはユーザーストーリーといわれており、リーンスタートアップやアジャイル開発でよく使われるフォーマットである。そして、これらが提供したい／検証したい順番に並んでいることも重要である。同程度に大事なものがあると、時間がなくなったときにどれを優先すべきか判断できないからである。

「スプリントバックログは、スプリントゴール（なぜ）、スプリント向けに選択されたいくつかのプロダクトバックログアイテム（何を）、およびインクリメントを届けるための実行可能な計画（どのように）で構成される」。[注4-17] スプリントプランニングの際、上から順にスプリントバックログに入れて細分化したり、やり方を考えていったりする。最終的にはタスクの一覧ができ、これらに優先順位をつけた状態で並ぶようにする。

「インクリメントは、プロダクトゴールに向けた具体的な踏み石である。インクリメントはこれまでのすべてのインクリメントに追加する。すべてのインクリメントが連携して機能することを保証するために徹底的に検証する必要がある。価値を提供するには、インクリメントを利用可能にしなければならない」。[注4-17] スプリントレビューでは、今までのインクリメントと今回のスプリントでのインクリメントを統合した状態でデモンストレーションをしたり、触ってもらったりする。そうすることで多角的なフィードバックをもらえるようにする。

適応型で非同期分散なチームがよく使うツール

前述のスクラムのような適応型の働き方を非同期分散（リモートワーク）で行うと、「共同編集ができること」「さまざまなPCやスマートフォンで動作すること」「ある程度高速に動作すること」などが求められる。おおむねどの場合でも外せないツールの分野がいくつかある。

①ホワイトボードツール
②ビデオ会議ツール
③チャットツール

④デザインツール
⑤ソースコード管理ツール

①②③はデザイン思考、リーンスタートアップ、アジャイル開発のいずれにおいても必要になる。④や⑤も多くの場合では必要になるが、⑤は主にリーンスタートアップやアジャイル開発で使われる。

ホワイトボードツール（①）でよく見かけるのは「Miro」や「Mural」である。基本的には1付箋に1意見を書いていく。もちろんこれらのツールは付箋だけではなく、線を引いたり、文字を書いたり、絵文字スタンプをつけたり、プレゼンテーションツールのように使ったり、タイマーをかけたりできる。このように、①の利点は非常に汎用性が高いことである。たとえば前述のスクラムにおけるプロダクトバックログ、スプリントバックログなども管理できるし、スプリントレトロスペクティブでの議論にも使える。

ビデオ会議ツール（②）でよく見かけるのは「Zoom」「Microsoft Teams」「Google Meet」である。スマートフォンさえあればどこでもビデオ会議ができる。これらは自分が使っているアプリの画面を共有することもできるし、チャット機能もある。多人数のビデオ会議だと、相手の音声を遮ってしまうことを恐れて意見を言えないことが起こりがちであるが、それを回避するのがこのチャット機能である。相手が話を続けることができつつ、他参加者は相手が話し終わるのを待つことなく自分の意見をチャットに書き込むことができて、お互いの意見を柔軟に表明できる。各種カンファレンスでもよく使われている。

チャットツール（③）でよく見かけるのは「Slack」「Microsoft Teams」「Discord」である。こちらも②と同様にスマートフォンにも対応していることから、気軽に使えるうえにさまざまなカスタマイズが可能である。システム開発ツールとの統合が容易という点でも幅広く使われている。そのため、③は人間が会話するための場所としてだけではなく、たとえばシステムのエラー状態や問い合わせの状況など、通知を受け取って監視することに使うケースもある。

逆に人間がシステムへの命令を送る場所としても使われることがある。③で特定のメッセージを書くと、それに応じてシステムに命令が送られ、それによってシステムのバージョンを最新にしたり、逆に前のバージョンに戻したりする用途にも使われることがある。

デザインツール（④）でよく見かけるのは「Figma」「Adobe XD」である。システムのGUI（グラフィカルユーザーインターフェース）としてPC、スマートフォンを検討する場合にはこのようなデザインツールで画面や部品を検討し、全体の流れの具体性を上げていくということがよく行われている。④で作成したGUIは、デザイナー以外とも簡単に共有できたり、複数人で1つのGUIを同時編集することも可能になっていたりする。

④があると本格的なものをつくる前に簡易的な体験をつくることができる。自分たちで確認することもできるし、ユーザーの候補にデザインツールで作成した画面でインタビューすることもできる。空想上の「これがあったらどう思うか」より、実際に見て触ってもらったときの表情や行動や感情などのデータは、自分たちがこれから何をつくるべきか、本当の課題は何かを考えるデータとして一層根拠のあるものになる。

本格的にハードウェアやソフトウェアを開発する前に、できるだけ小さいコストで自分たちが解決する課題は何か、自分たちが提供するソリューションは何か、を見つけることは適応型のビジネスにおいて重要である。

ソースコード管理ツール（⑤）でよく見かけるのは「GitHub」「GitLab」である。自分たちのビジネスの方向性が見えてきて、ビジネスの差別化ポイントを成長させようとすると、ほぼ必須になるのが⑤である。人間が読み書きしやすい文字列でソフトウェアを記述したものがソースコードであり、多くの場合は複数のテキストファイルで構成される。ソースコードが記述されたテキストファイルはお互いに関連している。

それらをさまざまなツールを使って変換してコンピューターが実行できるようにしたものがソフトウェアという実体になる。複数のソースコードを同時に編集しつつも、関連しているファイル同士の影響を考慮しながらソフトウェアが全体としては壊れないように、効率的に開発を進めることが可能になる。ほかにも、自分がつくったソースコードについて、チームメンバーにレビュー（チェック）の依頼をしたり、昔のバージョンに戻したり、一時的に複数のバージョンを開発したりすることもできる。

こういったことをスムーズに進める機能があらかじめ備わっている。また、現在ではセキュリティの問題を自動的に検査して修正するような機能も備わっており、安全にソフトウェアを開発するうえでは⑤の利用を強く推奨する。

SaaSやアセットを活用した銀行サービスの事例

ビジネスの世界は常に変化しており、ここ10年間でますます加速している。消費者のニーズも変化しており、企業は製品やサービスの構築を、新しいパートナーやエコシステムとの連携に移行することが不可欠である。デロイト トーマツでは、多くの顧客から従来型のITデリバリー方法から、現代的な提供モデルへの移行を支援する機会を得た。多くはDXという名の取り組みである。

これらの先にはプラットフォーム型ビジネスがある。消費者と提供者をつなぎ、両者の価値創造を促進する。一方で、直面する重要な課題はその先にある不確かさであり、消費者と提供者の将来のニーズを十分に知ることができないという現実を受け入れる必要がある。あらゆる人間中心の価値創造は、環境もユーザーも変化を続けているということをしっかり理解し、適応できるかどうかにかかってくる。

そのため、不確実性と同様に、ビジネスとともに成長できる適応可能なソリューションが必要となり、ビジネスの将来性を保証する(Future Proof)という文脈でプラットフォームについて説明することがよくある。これは、言うのは簡単だが従うべき観点では非常に困難なアーキテクチャの原則である。以下は同様の変革のジャーニーを経験した人に共通するアプローチである。

- アーキテクチャを通じて適切なレベルのテクノロジーの自由と選択を可能にする。
- 現代的で革新的であり続ける能力を証明し、それ自体で未来に耐えられる技術を選択する。
- 時間の経過とともに機能が重複する可能性のある複数のテクノロジーをソリューションにレイヤー化する。
- この動的な重複の緊迫感を活用して、任意の1つのサービス提供者へのロックインを最小限に抑え、将来の自由度を最大化する。

この指針に基づいて、当社ではデジタル変革プラットフォーム「ConvergePROSPERITY」を開発した。これは、顧客のデジタル変革のジャーニーを加速するための基礎的な構成要素を提供し、デジタルエンタープライズの基本的な機能の構築に費やす時間を減らすことで、代わりに個々の課題の解決や市場において差別化するものを開発することで、より多くの時間を使えるようにする。

プラットフォームの中核は、テクノロジー基盤としてデジタルスパインを中心に構築されており、そのうえに構築されたあらゆる顧客への提案を加速する最新のプラットフォームを提供するために必要な構成要素（機能とサービス）を追加できる。デジタルスパインはインテグレーションを中核として構築されており、実績のある技術やサプライヤーと事前に統合されている。

これらは、業界標準のAPI設計を使用して慎重に統合されており、結合（Coupling）を防ぎ、疎結合によりクライアントソリューションや他のプロバイダーを統合または交換できるようになっている。これにバリューストリーム、機能、メソドロジーを組み合わせることで、最短で3カ月以内にデジタルサービスを構築し、開始することが可能になる。

DXの成功例の1つとして金融業が挙げられる。銀行は伝統的で歴史が長いが故に、既存の顧客基盤を維持する必要があった。一方で革新的な商品を通じて新しい顧客、とくに若い世代を獲得し、それらの顧客のニーズを満たす方法を見つけなければならなかった。そこで既存のブランドを拡張してこれらの新しいサービスを提供するのではなく、ターゲット顧客が既知のブランドを活用することから始めた。

初めは大型投資をせず、既存のシステムを活用し、豊富で使いやすいUIで顧客に報いるシンプルなモバイルアプリを設計した。このモバイルバンキングアプリは、紙ベースのスケッチから始まり、完全に機能するプロトタイプの生産まで、流動的で俊敏なアプローチをとった。プロトタイプを使用して、銀行が顧客のニーズに対応するという目標をどのように達成できるかについて、参加者であるユーザーよりフィードバックを得た。

ただし、求められているエクスペリエンスを実現するには、バックエンドシステムと統合機能を再考する必要がある。銀行は既存のバックエンドシステム（とくに中核となる銀行プラットフォーム）が、顧客にその革新をもたらすために必要な銀行商品と機能を提供するには時代遅れであることを理解する必要がある。その結果、勘定系であるコアバンキングシステムの刷新を決意した。

これまでは、自前でシステムを導入するため大掛かりであったが、第3世代といわれるSaaS型のコアバンキングソリューション適用に踏み切った。新しい金融商品を提供し、アプリケーションを継続的に更新し、ビジネスの成長に合わせて拡張できるようにする必要性から、クラウドネイティブなソリューションやサービスが銀行の共感を呼んだ。当社も多くの経験とアセットを活用し、この銀行のパートナーとしてともにスモールスタートからDXに取り組んだ。

われわれは多くの場合、不確実な世界においてビジネスをうまく統合し、革新することを可能にするプラットフォームへの投資がDXの重要な成功要因であることを感じており、この実例でも実証した。

適応型アプローチの実践における課題と展望

規制、人、慣習

日本のソフトウェアシステム開発では、事業会社はエンジニアを採用せずにシステムインテグレーターなどに開発を依頼する受託開発が長く行われていた。その際「計画型」を採用することが多く、定義した要件をすべて満たすことで金銭のやり取りが発生していた。また、終身雇用と配置転換という慣習から、事業会社の各担当者は業務引き継ぎが頻繁に発生し、事業目的に対して率直な決定をなかなかできない場面があった。

J-SOX（内部統制報告制度）などのトレーサビリティを求められる制度や各業界における安全基準を満たす規制などは、計画型で行われてきた場面が多い。

こういった各種規制や商習慣などのため「適応型」には適さないものが多く存在する。たとえば請負契約は、定義した要件をすべて達成することが求められる。一方で適応型はそのときの最大の価値を顧客に提供することを目的としているため、最初に定義した要件をすべて達成することを目的にしていない。だが、請負契約である以上は契約書にある範囲すべてを何らかの形で達成しなければ契約違反になってしまう。定義した要件をすべて達成した場合に、本当に最大の価値を顧客に提供できたかという観点で議論をする余地がある。

ほかにも、厳密なトレーサビリティが求められるようなビジネスの場合だと、意思決定のオーバーヘッドが大きくなる。たとえば、未実装の機能（要件）の詳細について議論した結果、要件が変更になった場合にはそれに応じてドキュメントを変更し、その変更を各責任者に承認してもらう必要がある。そしてそれは監査の際、証明できるような形で保存しておく必要がある。要件に関するドキュメントを印刷し、各責任者が押印することがたびたび生じる。

これをそのままスクラムに適用すると、膨大なオーバーヘッドが発生してしまう。スクラムでは段階的に要件を詳細化したり、そのときの自分たちの最新の情報を使って要件を考え直して価値を最大化できるような要件にしていったりすることが推奨される。スクラムでは要件の変更は日常茶飯事であるともいえる。

そうなると、このように厳密なトレーサビリティ確保を求められるとスプリント計画やバックログリファインメントが現実的な時間で終わらず、スプリントを開始できなくなってしまう。無理矢理開始しても、ゴールが不明瞭であれば中途半端にしか実装できなかったり、やり直しが発生しやすくなってしまったりする。結果としてスクラムを適用するのが難しくなったり、スクラムを適用するのを諦めてしまったりする。

それぞれの対処事例

アジャイル開発は適応型アプローチであることから、計画型の請負契約ではなく準委任契約で行う事例が増えた。長らく、アジャイル開発の準委任契約が偽装請負ではないかという議論があったが、IPA（独立行政法人情報処理推進機構）が2020年のレポートでアジャイル開発での準委任契約は偽装請負ではないという見解を提示した。また、J-SOXで求められるようなトレーサビリティに対しては具体的なサービスで解決されている事例は少ないが、スクラムのイベントごとに要件のスナップショットと承認をとっておくことで対応している事例はいくつかある。

今後の展望

アジャイル開発チームは徐々に増えているが、どんな課題をどのように解決するビジネスをつくるのか、というプロダクトマネジメント人材の供給が追いついていない。この20年でどうやって安定的に開発をするのかといったことは議論されてきたが、今後はどうやってヒットする商品をヘルシーに生み出すかについての議論が加速すると予想される。

まとめ

ソフトウェアシステム開発の歴史を俯瞰すると、現在は適応型アプローチを中心に開発が進んでいる。歴史的にソフトウェア開発が行われてきた領域だけでなく、大学教育、新規事業開発など、さまざまな領域で使われている。ソフトウェアをビジネスのコアとした企業の時価総額が高くなってきており、今やそのエッセンスの1つである適応型アプローチをデザイン思考、リーンスタートアップ、アジャイル開発として分類することが多く、とくにアジャイル開発の領域ではスクラムが多く採用されている。

さまざまなツールを駆使して自分たちの差別化ポイントに注力することで、ビジネスを小さく始めてはグロースさせることに多くの企業がチャレンジしている。デロイト トーマツもその一企業である。ビジネスとしても、プロセスとしても自律的に機能するチームを多数抱えていくことで組織の文化を適応型にしやすくなる。適応型の組織では、脱予算経営——可能な限り大きな予算枠や年間単位での予算計画ではなく、より短期間での、まさに適応型の予算管理をしている。

適応型の組織という際には、製品レベルから経営レベルまで存在する。そして経営レベルで適応型の組織は時価総額が高くなる傾向がある。これからもこのトレンドはしばらく続くと思われる。一方で、本章の冒頭に示したアプローチの変遷から、25年周期で変化するとすれば、2025年から2030年頃にまた新しい型のムーブメントが起こる可能性は大いにある。

現在、さまざまなエキスパートが次世代に向けて仮説を立てては自分たちの手法をつくり上げようと試行錯誤している。それでも、適応型アプローチの考え方がなくなることはないし、おそらく、適応型アプローチと協調できるようなアプローチが考案されるであろう。どのような製品開発、顧客開発、組織開発のアプローチが生まれようとも適応型アプローチは大いに活用されるだろう。

注

4-1　Dr. Winston W. Royce「MANAGING THE DEVELOPMENT OF LARGE SOFTWARE SYSTEMS」（338ページ）（http://www-scf.usc.edu/~csci201/lectures/Lecture11/royce1970.pdf）（2023/03/14アクセス）

4-2　ロバート・C・マーチン、角征典＝角谷信太郎『Clean Agile——基本に立ち戻れ』24ページ（アスキードワンゴ、2020年）

4-3　Mike Cohn「Are 64% of Features Really Rarely or Never Used?」（2015/08/05）（https://www.mountaingoatsoftware.com/blog/are-64-of-features-really-rarely-or-never-used/comments）（2023/03/14アクセス）

4-4　Chad Fowler著、でびあんぐる訳『My Job Went To India——オフショア時代のソフトウェア開発者サバイバルガイド』viiページ（オーム社、2006年）

4-5　Basecamp
（https://basecamp.com/remote-resources）（2023/04/10アクセス）

4-6　GitLab
（https://about.gitlab.com/company/culture/all-remote/guide/）（2023/04/10アクセス）

4-7　総務省「情報通信白書」令和３年版
（https://www.soumu.go.jp/johotsusintokei/whitepaper/ja/r03/html/nd123410.html）（2023/04/10アクセス）

4-8　enPiTウェブサイト
（https://enpit.coins.tsukuba.ac.jp/）（2023/04/10アクセス）

4-9　Dean Leffingwell著、玉川憲監訳、橘高陸夫ほか訳『アジャイル開発の本質とスケールアップ——変化に強い大規模開発を成功させる14のベストプラクティス』８ページ（翔泳社、2010年）

4-10 アジャイルソフトウェア開発宣言
(https://agilemanifesto.org/iso/ja/manifesto.html)(2023/03/14アクセス)

4-11 digital.ai「16th State of Agile Report」
(https://digital.ai/resource-center/analyst-reports/state-of-agile-report)
(2023/03/14アクセス)

4-12 Jonny Schneider「組み合わせで理解しよう『デザイン思考、リーン、アジャイル』」ワイクル株式会社(2018/05/05)
(https://medium.com/waicrew/%E7%B5%84%E3%81%BF%E5%90%88%E3%82%8F%E3%81%9B%E3%81%A7%E7%90%86%E8%A7%A3%E3%81%97%E3%82%88%E3%81%86-%E3%83%87%E3%82%B6%E3%82%A4%E3%83%B3%E6%80%9D%E8%80%83-%E3%83%AA%E3%83%BC%E3%83%B3-%E3%82%A2%E3%82%B8%E3%83%A3%E3%82%A4%E3%83%AB-76b59988447f)(2023/03/14アクセス)

4-13 東京工業大学エンジニアリングデザインプロジェクト「日常でも、災害時の避難所生活でも、快適な下着の乾燥体験を」(2022/02/20)
(https://medium.com/@vaditeam2/edp-2021-%E3%81%B2%E3%83%BC%E3%81%9F%E3%82%93%E3%81%99-team-2-%D0%B2%D0%BE%D0%B4%D1%8B-%E3%83%B4%E3%82%A1%E3%83%87%E3%82%A3-3c906733ad42)(2023/04/10アクセス)

4-14 アッシュ・マウリャ著、角征典訳『Running Lean――実践リーンスタートアップ』xivページ(オライリー・ジャパン、2012年)

4-15 Matt LeMay著、吉羽龍太郎ほか訳『みんなでアジャイル――変化に対応できる顧客中心組織のつくりかた』151ページ(オライリー・ジャパン、2020年)

4-16 SAP「SAP Insights　What is low-code/no-code application develop-ment?」
(https://www.sap.com/insights/what-is-low-code-no-code.html)(2023/04/10アクセス)

4-17 Ken Schwaber & Jeff Sutherland「スクラムガイド――スクラム公式ガイド:ゲームのルール」(2020/11)
(https://scrumguides.org/docs/scrumguide/v2020/2020-Scrum-Guide-Japanese.pdf)(2023/04/10アクセス)

4-18 Fun Done Learn
(https://miro.com/miroverse/fun-done-learn-japanese/)(2023/03/29アクセス)
KPT(https://miro.com/miroverse/kpt-japanese/)(2023/03/14アクセス)
タイムライン(https://qiita.com/viva_tweet_x/items/2127531c37c170f39409)
(2023/03/14アクセス)
YOW
(https://speakerdeck.com/moriyuya/yow-practice-effect-sf-mikawa2022)
(2023/03/14アクセス)
+/Δ
(https://www.shoeisha.co.jp/book/detail/9784798168791)(2023/03/14アクセス)

第4章まとめ

適応型アプローチとは何か？

仮説検証をチームで繰り返すアプローチ。デザイン思考、リーンスタートアップ、アジャイル開発の総称。とくにアジャイル開発の領域では「スクラム」が多く採用されている。

適応型アプローチはどこで使われているのか？

学校の授業から産業界まで使われており、フェーズは事業を企画するところからグロースさせるところまでと幅広い。

適応型アプローチではどんなツールを使うのか？

ホワイトボード、ビデオ会議、チャット、デザイン、ソースコード管理などのデジタルツールを中心にさまざまなツールを組み合わせて使う。自分たちの差別化ポイントに注力して、ビジネスを小さく始めてグロースさせることに多くの企業がチャレンジしている。

適応型アプローチの課題は何か？

各種規制、法律、契約が課題になる場面はあるが、法曹界、各省庁、監査企業含めて徐々に変化している。

適応型アプローチの次に来るのは何か？

ソフトウェアシステム開発は25年周期でパラダイムシフトをしているため、2025年から2030年あたりで次のアプローチが台頭する可能性がある。それでも適応型アプローチの考え方がなくなることはないし、おそらくは適応型アプローチと協調できるようなアプローチが、今後、考案されるであろう。

Column

起業家的思考とプロアクティブ行動

慶應義塾大学経済学部教授　武山政直

はじめに

アジャイル開発などの適応型の製品開発手法の導入が広がっている。社会全般の不確実性が高まる中、さまざまな業務や活動に適応型のアプローチが求められている。一般に、適応行動とは、環境の変化に対して固定的な行動にとどまらず変化への柔軟な対応を行うことを意味するが、アジャイル開発では、要素単位の小さな開発を素早く繰り返し、環境変化に伴って生じる新たな潜在顧客ニーズを探り出しながら、製品の市場適合性を高めていくところに特徴がある。

このような学習を素早く繰り返す適応型アプローチは、環境変化がもたらすインパクトに対処する有効な方法であるが、環境の変化が激しく、そのスピードも加速する状況において、変動するニーズを探ることに振り回され、企業が自らの方向性を見失ってしまう危険性もある。

プロアクティブ行動への期待

起業家の思考法

環境の不確実性に対処するもう1つのアプローチは「将来を見越して環境に変化をもたらす目的で自発的に行動を起こす」プロアク

ティブ行動である。[文献4-1-1] プロアクティブ行動が表れる最も典型的な側が起業家の活動である。その特徴は、エフェクチュエーション理論によって理解できる。エフェクチュエーションとは、新しい製品、会社、市場を創出するといった、不確実性が高く、未来が予測できない状況において経験豊かな起業家が判断や行動に用いるヒューリスティクス（経験則）のことである。Herbert Simonの弟子のSaras Sarasvathyが、その特徴を意思決定プロセスモデルとして理論的に体系化したことで研究が始まり、[文献4-1-2] その後も発展し続けている。

当初は起業家が個人として新たなベンチャーを立ち上げるプロセスを対象としたが、現在は、スタートアップから歴史ある大企業までを視野に入れて、個人や組織のイノベーションや起業家的行動のフレームワークとして一般化されている。[文献4-1-3]

一般化されたエフェクチュエーションのフレームワークは、意思決定プロセスの起業家的志向性の特徴として、①手段への志向性、②パートナーシップへの志向性、③受け入れ可能な損失への志向性、④コンティンジェンシー（不測の事態）への志向性、⑤制御への志向性、の5つに注目するが、それぞれの意味は以下のとおりである。

■ ①手段への志向性

手段への志向性とは、不確実性の高い状況において、前もってゴールを定めるのでなく、個人や組織が、活用可能な有形・無形の手段に基づいて、そこからいかなる価値を生み出す可能性があるかの検討から活動を開始することを意味する。経営者の視点で見ると、これは、社員に自らの知識、経験、コンピタンス、興味関心などをレバレッジするように動機づける経営能力に関わるものと考えられる。

■ ②パートナーシップへの志向性

パートナーシップへの志向性は、単なる事業連携とは違い、組織が不確実性の抵抗に立ち向かう強い結びつきを追求することを指し、協働で活動を行おうとする自発的な意志と事前のコミットメント、それに伴うリスクと責任、収益を同等に分かち合う点を重視する。これによって、組織内には、組織を超えた他社メンバーと未来の製品や市場を共創する文化と拡大した影響力が培われる。

■ ③受け入れ可能な損失への志向性

受け入れ可能な損失への志向性は、リターンの最大化を予測できない不確実性の高い状況において、新たなベンチャーに伴うリスクや損失を受け入れられる上限を定め、どのイニシアチブを開始するかを判断するヒューリスティクスを指す。

■ ④コンティンジェンシー（不測の事態）への志向性

コンティンジェンシーへの志向性とは、将来において不測の事態が発生することを前提に、そのような不連続性や驚きの事象を障壁と捉えず、新たな機会創出の資源として積極的かつ柔軟に活用する姿勢を意味する。アジャイル開発などの適応アプローチにも通じる特徴である。

■ ⑤制御への志向性

制御への志向性は「未来を制御できるほど、それを予測しなくて済む」というSarasvathyの言葉に表れているように、[文献4-1-2] 環境の変化を予測しようとせず（そもそも予測できない状況で）、環境に介入し、制御可能な範囲でそれに影響を及ぼし、形成することで、予測を不要とする姿勢を表している。この志向性はエフェクチュエーションの土台として位置づけられている。

エフェクチュエーションのもたらす効果

エフェクチュエーションの志向性を実証的に測定する尺度も開発され、[文献4-1-3] 実際のデータに基づいて、その役割を解明する分析が多面的に行われている。たとえば、TaghvaeeとTalebiは、イランの中小企業を対象に、市場志向（顧客ニーズや顧客価値を重視する）の企業にとって、顧客や競合相手の行動に関して不確実性の高い状況で、エフェクチュエーションの志向性（とくに制御への志向性）を高めることが（調整変数として）、開発した新製品のパフォーマンス（売上、市場シェア、成長率、収益性）を向上させることを確認している。[文献4-1-4] この結果は、顧客ニーズに寄り添う適応的アプローチと、企業が手持ちの手段やパートナーの資源を基に市場の形成に挑むエフェクチュアルなアプローチを組み合わせることの有効性を示している。

また、SzambelanとJiangは、ドイツの歴史ある中小企業から大企業までを対象に、とくにエフェクチュエーション理論の中核にある制御への志向性に焦点を当てて、その高まりが起業家的行動（イノベーション行動およびプロアクティブ行動）の強化を媒介して、イノベーションの成績（開発した製品やサービスの売上、収益性、シェア）の向上に寄与することを明らかにした。[文献4-1-5]

さらに、Laskovaiaらがアメリカのさまざまな規模の企業の経営者に対して実施した調査研究では、経営者の調和性パッション（特定の活動に自律的な決定に基づいて熱中して打ち込むこと）の強さが、エフェクチュエーション行動の強化を媒介して、企業の成績（売上、成長率、利益、ROEなど18項目で評価）を向上させる効果があること、ただしその効果の大きさは経営者の過去の創業経験の豊富さに依存することが実証されている。[文献4-1-6]

プロアクティブ行動と仕事の意義

このように、エフェクチュエーションのプロアクティブな意思決定と行動の有効性が理論的かつ実証的に明らかにされつつあるが、とくにLaskovaiaらの研究[文献4-1-6]は、人的資本の側面から起業家的行動への動機づけやエンゲージメントに注目する点で、今後の組織の在り方や従業員の働き方の検討に示唆を与えている。

不確実性の高まる環境において組織のプロアクティブ性を高めることは、必ずしもすべての従業員に同様の行動を要求するものではないが、組織文化としてのプロアクティブ行動の重要性は高まっており、またそれが期待される業務の範囲もさらに広がるものと予想される。

予測できない世界で仕事の意義を生み出す

ドイツの組織心理学者のFayらが、ドイツとフランスの企業を対象に、従業員のプロアクティブ行動と仕事に感じる有意義性との関係を探る興味深い実証研究を行っている。[文献4-1-7]その分析から導かれたのは、①従業員のプロアクティブな職務行動が仕事を有意義なものと感じることに正の相関を持ち、②しかもその効果は、広く認められている「他者に便益を与えること」による有意義性の経験とは独立に生じるもので、③その影響は従事する職務のもたらす将来の結果の予測不可能性が高まるほど強くなるという発見である。[文献4-1-7]

仕事に感じる意義は、従業員の態度（コミットメント）や行動（組織市民行動や低欠勤）、業務成績やWell-beingにポジティブな影響をもたらすことから関心が寄せられ、その要因や発生メカニズムを解明する研究も盛んに行われている。しかしその多くが、職務の内容や職務環境の特性が仕事の有意義性にどのように寄与するかという側面に注目するのに対して、この研究は、主体的に仕事の意義を生み出す従業員の役割に焦点を当てたアプローチとなっている。

またFayらは、プロアクティブ行動による仕事の有意義性への影響を調整する職務上の予測不可能性の効果は、ある行いの意味の欠如を別の行いの意味性によって埋め合わせようとする「意味維持モデル」[文献4-1-8]によって説明できるとしている。つまり、仕事の意思決定の結果について将来の予測ができないことによって、個人の職務の意味意識が脅かされるため、それを補うために、プロアクティブ行動によって将来をコントロールできるという感覚をつくり出すというのである。[文献4-1-7] この見解は、エフェクチュエーションにおける制御への志向性に心理学的根拠を与えている。

プロアクティブ行動をどう促すか

プロアクティブ行動は、ポジティブな効果の一方で、従業員に多くの認知的資源やエネルギーを要求することから、業務における過緊張やストレスをもたらす可能性も高まる。そのようなネガティブな影響を回避するためには、プロアクティブ行動の動機づけの性質の理解が重要となる。

というのも、プロアクティブ行動は、自律的な動機づけ（それ自体の楽しさや価値を認めることで、自ら進んで遂行する）だけでなく、統制的な動機づけ（外部からのプレッシャーや強い責任意識、名声など）によっても促されるからである。多くの業務は、これらの動機づけが組み合わさって遂行されていると考えられるが、自律的動機づけが欠如、またはかなり低下して、統制的な動機づけを中心にプロアクティブ行動がとられる場合、過緊張状態に陥りやすく、[文献4-1-9] プロアクティブ行動が期待するパフォーマンス（個人の就職活動や組織の収益など）に至らないことが確認されている。[文献4-1-10]

一般的に、業務における自律的動機づけの高まりは、従業員のWell-beingの向上にも寄与することが知られている。[文献4-1-11] Fayらの研究結果と合わせると、従業員には、プロアクティブ行動がもたらす他者へのポジティブな影響や、未来（の変革）とのつながりを強く意識させ、その有意義性の実感を通じた自律的動機づけによって職務を促すことが有効と考えられる。

トランスフォーメーショナルなリーダーシップとパーパスの役割

またアムステルダム大学のビジネススクールでリーダーシップ論を専攻するDen HartogとBelschakは、魅力的で挑戦的な未来ビジョンを示し、業務に意義を組み込んで、フォロワーたちに知的な刺激を与えるトランスフォーメーショナル・リーダーシップに注目し、それが従業員のプロアクティブ行動にもたらす効果について調査している。[文献4-1-12]

実際にオランダの企業の従業員を対象に分析を行った結果、トランスフォーメーショナル・リーダーシップの強化は従業員のプロアクティブ行動の促進に寄与するが、業務の自律性が高い場合は自己効力感（自分の能力に対する自信の度合い）の高い従業員に、業務の自律性が低い場合は自己効力感の低い従業員に、それぞれ強い効果をもたらすことが明らかとなった。したがって、そのような変革を促すリーダーシップを組織に浸透させていく場合に、従業員や組織の特性の違いによって、得られる効果が異なることも考慮する必要があることがわかる。

トランスフォーメーショナル・リーダーシップの役割や効果からも推察されるように、未来のより望ましい社会への変革を組織のパーパスに掲げ、事業を推進することは、従業員だけでなく、その（顕在的および潜在的）パートナーや顧客からもプロアクティブな協調行動を引き出す効果を持つ。不確実性の高まる環境において、未来とのつながりを意識し、その創造に向けて自律的かつプロアクティブに働きかけていくことは、業務の意義を強く感じさせることになるが、その意義のナラティブを広く社会に共有し、共鳴を起こすことによって、組織や業界の境界を越えたコラボレーションが促されていくものと期待できる。

参考文献

4-1-1 Griffin, M. A., Neal, A. & Parker, S. K., 2007. A new model of work role performance: Positive behavior in uncertain and interdependent contexts. *Academy of Management Journal*, Volume 50, p.324-347.

4-1-2 Sarasvathy, S. D., 2001. Causation and effectuation: Toward a theoretical shift from economic inevitability to entrepreneurial contingency. *Academy of Management Review*, 26(2), p.243-263.

4-1-3 Werhahn, D., Mauer, R., Flatten, T. C. & Brettel, M., 2015. Validating effectual-orientation as strategic direction in the corporate context. *European Management Journal*, 33(5), p.243-263.

4-1-4 Taghvaee, S., Talebi, K. & Mauer, R., 2022. Market orientation in uncertain environments: The enabling role of effectuation orientation in new product development. *European Management Journal*, Volume in press.

4-1-5 Szambelan, S. M. & Jiang, Y. D., 2022. Effectual control orientation and innovation performance: Clarifying implications in the corporate context. *Small Business Economics*, 54(3), p.965-882.

4-1-6 Laskovaia, A., Lee, Y., Bogatyreva, K. & Herrmann, P., 2022. Harmonious passion, effectuation and firm performance: the moderated mediation effect of entrepreneurial experience. *Management Decision*, 60(8), p.2331-2348.

4-1-7 Fay, D., Strauss, K., Schwake, C. & Urbach, T., 2022. Creating meaning by taking initiative: Proactive work behavior fosters work meaningfulness. *Applied Psychology*, p.1-29.

4-1-8 Heine, S. J., Proulx, T. & Vohs, K. D., 2006. The meaning maintenance model: On the coherence of social motivations. *Personality and Social Psychology Review*, 10(2), p.88-110.

4-1-9 Strauss, K. & Kelly, C., 2017. An identity-based perspective on proactivity: Future work selves and beyond. In: S. K. Parker & U. K. Bindl, eds. Proactivity at work: *Making things happen in organizations. London*: Routledge, p.330-354.

4-1-10 Grant, A. M., Nurmohamed, S., Ashford, S. J. & Dekas, K., 2011. The performance implications of ambivalent initiative: The interplay of autonomous and controlled motivations. *Organizational Behavior and Human Decision Processes*, 116(2), p.241-251.

4-1-11 Deci, E. L., Olafsen, A. H. & Ryan, R. M., 2017. Self-determination theory in work organizations: The state of a science. *Annual Review of Organizational Psychology and Organizational Behavior*, 4(1), p.19-43.

4-1-12 Den Hartog, D. N. & Belschak, F. D., 2012. When does transformational leadership enhance employee proactive behavior? The role of autonomy and role breadth self-efficacy. *Journal of Applied Psychology*, Volume 97, p.194-202.

受講生アンケート　その4

寄附講座「都市と地域のモビリティー産業論」での講義において受講者の皆さんに投げかけた質問への回答の中で、本章に関係しそうなものをいくつか紹介する。

Q 質問

計画やスコープを順守するように活動したグループワークやチームワークの経験にはどのようなものがあるでしょうか？

A 回答（抜粋）

- 大学のゼミにおけるグループでの発表が挙げられる。プラットフォームビジネスに対する各国の法的課題を研究しており、3人グループで3カ国のケースに分担して調査を行い、プレゼンテーションを行った。その結果、自分の担当した国については深い分析ができたものの、3カ国の共通する課題に関する質問に対しては、十分な受け答えができなかった。発表において重要なことは、事例の紹介よりも、法的課題のアプローチを示すことであり、3人で横断的に調査をしてまとめたほうがよかったかもしれないと感じた。
- 学習塾で講師と教務（進路アドバイザー）をしていた経験がある。その塾では、本部の教材開発部が決めたカリキュラムと教材に従って講義を行っていく。各講師・教務は基本的にはこの範囲内で指導を行い、生徒たちの学力を最大限に引き上げる。仮に非常に優秀な学生がいたとしても、彼のために特別なカリキュラムを設定することはなく、同じ進路で進める。
- 高校時代の修学旅行では事前に行動班で旅行計画を立て、それにのっとった形で行動するよう求められた。修学旅行に限った話ではないが、学校でのイベントは計画やスコープを順守するように活動したグループワークやチームワークに大きく当てはまると考える。学校生活という、メインの教育現場においてアジャイル型を推進することで企業でのアジャイルワークスタイルの普及に役立つのではないかと考える。

※2021年秋学期第11回授業時のアンケート結果(回答者310人)

Q 質問

得られる成果を重視し変化に対応するように活動したグループワークやチームワークの経験にはどのようなものがあるでしょうか?

A 回答(抜粋)

- 大学の部活動において、主務として先輩方から寄付を集めた経験が挙げられる。例年、行事の際に部のポロシャツを1着5,000円で販売し、その利益を活動資金にしていたが、COVID-19を機に方法を見直した。目的はシャツを売ることではなく資金を得ることであると考え、「COVID-19の特別寄付」と名目を変え、1口5,000円として2口以上寄付した人にシャツを進呈するという形をとった。その結果、シャツは持っているが支援をしたいとして賛同してくれた先輩方が多く、目標の2倍近い金額が集まった。
- 私が大学時代にサッカーコーチとして中学生に指導した経験が近いのではないかと考える。コーチは約5人おり、基本的な指導方針を共有したうえで、日々の練習内容や生徒の反応・今後の方針を協議していた。これは最終成果物としての製品はないが、練習メニューや声かけの部分で短期のスパンでフィードバックを生かした変化を実現していると考える。

- ダンスサークルで大会に向けた練習を行う際に、成果を重視し、変化に対応するようにした。初めは練習の計画を立て、それに沿って進めようとしたが、それでは効率が悪いことに気づき、柔軟に対応するようにした。具体的には、メンバー内での意見交換を活発にすることで足りない部分を集中的に練習したり、技術面だけでなく表現力も伸ばせるように研究を行ったりした。

※2021年秋学期第11回授業時のアンケート結果（回答者310人）

解説

学校や塾などにおいて日常的に行う活動に対してはウォーターフォール型の計画やスコープを順守する形での取り組みとなっているケースが多く挙げられていた。一方で、スポーツや文化祭などのケースにおいてはアジャイル型の成果を重視し、変化に対応する形での取り組みとなっているという声が多く上がった。アジャイル型だけがすばらしいということではなく、ウォーターフォール型・アジャイル型の双方を使いこなせる能力こそが必要なのだが、現在の教育現場はひょっとするとウォーターフォール型に偏りがちなのかもしれない。アジャイル型の取り組みを実践できる場もより増やしていけるとよいのではなかろうか。

おわりに

これから迎える新たな時代に対して、VUCAという言葉が当たり前に使われるほど不確実性が高いと感じてしまう時代、低い経済成長が続いており物質的な喜びに限界を感じながら生きていく時代、少子高齢化が一層加速して将来の社会保障負担の増額を気にしながら暮らす時代、といった表現をすると、非常に悲観的なシナリオに沿っているように見えてしまうかもしれない。

しかしながら、実際には決して悲観的に捉える必要はない。むしろ、経済成長・物質的成長に追い立てられるのではなく、人と地球の本質的な価値を高めることに成長余地を見いだしながら暮らす時代と捉えれば、非常によい時代を生きていけるのだと思えるのではなかろうか。

ここで、タイトルの日本語訳である「スマートX社会」という表現に込めた思いについてお話ししたい。スマートという単語は「賢い」と訳されるように、ともすると非常に効率的に物事を進められていくようなニュアンスがあり、少々無機質に聞こえてしまうかもしれない。しかし、スマートX社会を「さまざまなモノやデータがつながり、エコシステムで社会課題を解決しながらWell-beingを向上させるサービスが絶え間なく提供されているという世界」と定義したのは、スマートという単語に技術やエコシステムで「賢く」社会課題を解決し、幸せの総量を最大化していこうという意味合いを込めるとともに、「X」という文字を加えることで、そこに無限に広がる可能性を込めたつもりである。人のアイデアがあればこそ、無限の可能性が生まれる。無限の可能性を信じて挑戦し続けられるところに人間らしさがあるのではなかろうか。

世界経済フォーラム会長のクラウス・シュワブ氏と「マンスリー

バロメーター」代表ティエリ・マルレ氏による著書『グレート・ナラティブ』[注1]では、アイデアを経済財とたとえている。少し長いが、引用する。

「アイデアを経済財として考えるなら、経済学者は専門用語を使って『非排除性』『非競合性』の財と呼ぶだろう。アイデアは自由に利用できる性質から非排除性のものであり、利用できない（または生み出せない）ことは実質的にあり得ない。また、誰かが利用しても他の人が利用できる量が減らないため、非競合性のものでもある。すべての人が、他人の邪魔をすることなくアイデアを消費できる。（中略）このような特質のため、『全体としての収穫逓増につながる自然な特性』がある。わかりやすく言えば、『アイデアは多ければ多いほどいい』のであり、『アイデアが多ければ多いほど、より多くのアイデアが生み出される』のだ」

非常に端的にアイデアの可能性の広がりを表現していると思う。

また、大川内直子氏の著書『アイデア資本主義』[注2]においては、アイデアは資本主義にとってのフロンティアであり、現在はアイデア資本主義の時代であるとも語っている。フロンティアとは、資本主義にとっての余白、すなわち新しい成長余地を指している。資本主義にとってのフロンティアがどこなのか、時代とともに移り変わってきており、アジアからアフリカまで地球上のあらゆる地域がグローバルなマーケットに取り込まれた今、物理的なフロンティアはほとんど消滅していて、代わりにここ20～30年は、インターネット空間や宇宙空間といった領域に新たな成長余地が見いだされ、模索されてきている。

さらには、近年はアイデアというフロンティアの開拓が生じている。アイデアの持ち主が同一である必要がなく、よいアイデアさえあれば、そこに資本が集まってくる構図になっている。いわば資本とアイデアの力関係の逆転現象が起きている。このような変化を大川内氏は「アイデア資本主義」と表現している。文化人類学者の視点からは、資本主義は容易に適用したり変更したりできるシステムのようなものではなく、個々人の「将来のより多い富のために現在の消費を抑制し投資しようとする心的傾向」から生じる経済行為の総合的な表出である、とも述べている。まさにそのとおりだと思う。

われわれはスマートX社会を「新しい社会を創ることを通じて幸せが生み出される社会である」とも定義した。将来のより多い「富」が、金銭的報酬ではなく、新しい社会を創るという行為から生まれる幸せに置き換わるという世界観である。そして、それを実現する価値の源泉はアイデアである。

パーソナル・コンピューターの父といわれることもある計算機科学者、アラン・ケイの言葉がある。

“The best way to predict the future is to invent it.”
未来を予測する最善の方法は、それを発明することだ。

本書の読者の中から未来の発明者が1人でも多く生まれれば最高の喜びだ。われわれも未来の発明者となるべく、これからも挑戦を続けていく。

最後に、寄附講座「都市と地域のモビリティー産業論」において受講者の皆さんに投げかけた質問への回答から、受講満足度について紹介する。

Q 質問

今回の授業について、どのくらい満足していますか？

A 回答

満足：78%、やや満足：20%、どちらともいえない：2%、やや不満／不満：0%

※2022年秋学期第1回授業時のアンケート結果（回答者320人）

手前みそではあるが、高い満足度を獲得できた。「大学でこれまで受けた中で最も楽しい授業だった」「就職先が決まる前に受講しておきたかった」といったコメントもいただいており、講師チーム一同大変うれしく思っている。ありがたいことに多くの方に満足していただけた理由は、おそらく学生の皆さんにとって意義ある新しい発見を提供できたからなのではないかと思っている。実は受講生からポジティブなコメントが多くあったことが、本書を執筆・出版しようと考えたきっかけになっている。

今回の書籍化において企画・編集を担ってくださった東洋経済新報社の清末真司氏、藤田万弓氏、寺門侑香氏をはじめ、関与いただいた同社の皆様にお礼申し上げたい。執筆者が十数名にわたるため、1つにまとめる難易度が高い中、豊富な経験からアドバイスをいただき、なんとか出版にこぎつけることができた。

また、実践知を提供してくださった企業や自治体の皆様に感謝申し上げたい。公開情報にとどまらない事例を読者の皆様に提供することができた。

そして、慶應義塾大学の寄附講座に関与いただいた企業や自治体の皆様、学生の皆様にも感謝申し上げたい。本書の内容は、学生のアンケート結果をはじめ、講義でのインタラクションを通じて生まれたさまざまな意見やアイデアが盛り込まれており、講義がなければ完成させることはできなかった。

最後に、本書出版に向けてご尽力いただいた皆様に心より感謝申し上げる。

2023年5月　デロイト トーマツ コンサルティング合同会社・
慶應義塾大学「都市と地域のモビリティー産業論」
講師チーム一同

注

1　クラウス・シュワブ、ティエリ・マルレ著、北川蒼訳『グレート・ナラティブ――「グレート・リセット」後の物語』17ページ（日経ナショナル ジオグラフィック、2022年）
2　大川内直子『アイデア資本主義――文化人類学者が読み解く資本主義のフロンティア』17ページ（実業之日本社、2021年）

デロイト トーマツ コンサルティング合同会社・慶應義塾大学「都市と地域のモビリティー産業論」講師チーム

デロイト トーマツ コンサルティング合同会社（DTC）のSMART X LAB.メンバーが「Smart X Society――経済発展と社会課題解決の両立に向けた挑戦」と題し、慶應義塾大学経済学部にて講義を実施。複雑性の高いビジネス、社会アジェンダを取り扱う。産業政策からエコシステム形成、デジタル化まで、幅広いテーマに触れ、時には実際のプロジェクト事例も交えて解説する。講師チームは、慶應義塾大学の教授4名、DTCメンバー10名で構成される。

講師チーム　メンバー紹介

デロイト トーマツ コンサルティング合同会社

北川史和 | Fumikazu Kitagawa |

執行役員／パートナー

製造業を中心とした開発体制の改革や新規事業開発およびブランドビジョンの開発など、成長戦略の領域において30年以上のコンサルティング実績を有し、国内外の製造業界に広く深く精通している。投資銀行にも従事した経験を持ち、昨今ではSMART X LAB.を立ち上げ、クロスインダストリーで構成されるエコシステムの創造やデジタルエンジニアチームを抱えるなど、End to Endでのコンサルティングサービスを実施。これからの時代の新しいコンサルティングへの挑戦をリードしている。

井出 潔 | Kiyoshi Ide |

執行役員／パートナー

グローバルに事業展開する日系企業に対して、事業ドメイン見直し、新規事業領域立ち上げ、事業構造改革など、全社にインパクトを及ぼすプロジェクトを多数手がける。自社の東南アジア事業立ち上げも経験。現在は業界横断でのCSVの実現に取り組むSMART X LAB.に所属し、スマートモビリティー領域をはじめ、さまざまな領域で新規事業開発や新領域の社会実装プロジェクトを手がけている。

小林恭平 | Kyohei Kobayashi |

執行役員／パートナー

クラウドを活用したテレマティクスサービス基盤開発、IoTプラットフォームPoC、新規事業立ち上げ、基幹システムにおける大規模アジャイルにおけるアーキテクト、アジャイルコーチに従事。筑波大学でアジャイル開発の非常勤講師および新卒研修の講師を務める。ソフトウェア開発チームで10年以上システム開発、アジャイルコーチを提供し続けている。

菅原泰広 | Yasuhiro Sugawara |

執行役員／パートナー

化学・石油業界における製品開発・マーケティング・製造分野での15年以上の実務経験を生かし、素材・部材・部品業界などの製造業や商社などに対し15年以上のコンサルティングを行った実績を有する。全社長期戦略、中期事業戦略、新規事業・新興国市場参入戦略、オペレーション改革を数多く支援しており、現在はR&Dに関するビジョン策定・組織設計やサステナビリティ関連の新規事業戦略を中心に手がけている。

加藤健太郎 | Kentaro Kato |

執行役員／パートナー

銀行系シンクタンク、米国系戦略コンサルティングファーム、再生可能エネルギー事業会社を経て現職。専門は再生可能エネルギーであり、黎明期よりコンサルティングおよび事業開発に携わる。2017年にDTCに入社後、次世代エネルギー領域のリーダーとして、実事業を通じた経験を基に、官公庁のエネルギー政策から企業の戦略立案・M&A・入札支援まで、幅広く従事している。

谷本浩隆 | Hirotaka Tanimoto |

ディレクター

10年以上にわたり、一貫して航空宇宙・防衛分野において、新規事業策定、中長期戦略策定、サプライチェーン改善などのコンサルティングサービスに従事。近年は、空飛ぶクルマ・宇宙領域などの新技術の実用化・社会実装に向けたプロジェクトを多数リードしている。

高橋 敦 | Atsushi Takahashi |

シニアマネジャー

大手広告代理店にて日系自動車メーカー担当・出向を経て現職。民間企業（保険、不動産、ゼネコンなど）や官公庁向けに、モビリティーを核とした異業種横断での都市開発関連の構想・戦略策定に関するプロジェクトを多数支援。スマートシティに加え、新規事業やマーケティングの戦略立案に強みを持つ。

前田祐希 | Yuki Maeda |

シニアスペシャリストリード

経済産業省、大手電機メーカーへの出向、米国留学（UCLA Anderson）、大手IT企業を経て現職。主に技術戦略、R&D戦略、知財戦略の策定支援を多数実施。近年は、CTO Vision、技術インテリジェンス・知財部門改革、知財×サステナビリティ、知財×DXなどのプロジェクトに参画し、クライアントのCTO機能強化、知財部門のトランスフォーメーションに貢献している。

高橋祐児 | Yuji Takahashi |

マネジャー（兼 大阪府 商工労働部 成長産業振興室 産業化戦略マネージャー〈非常勤〉）

航空宇宙・防衛分野の民間企業・官公庁に対し事業戦略策定、業務改革支援等のさまざまな案件に従事。2017年頃より空飛ぶクルマ・ドローンの領域を中心に、新規事業戦略・参入戦略の策定、実証実験の企画・推進支援、地域での社会実装に向けた官民連携モデルの構築など、幅広いクライアントに対してプロジェクトを手がけている。

小野美和 | Miwa Ono |

アソシエイトスペシャリストリード

コンサルティングファーム、投資ファンドを経て現職。企業のサステナビリティ戦略立案や新規事業立ち上げ支援、「ビジネスと人権」に関するプロジェクトやルール形成支援に従事。またテクノロジーを活用した社会課題解決に向けたプロジェクトを推進、西アフリカにおける児童労働防止のためのブロックチェーンを活用したトレーサビリティシステム構築等にも従事している。

慶應義塾大学

武山政直 | Masanao Takeyama |

慶應義塾大学経済学部教授

1993年、カリフォルニア大学大学院博士課程地理学専攻修了（Ph.D.）。都市生活者に向けたサービスデザインの手法開発や、その成果をビジネスに応用する研究や実践に従事。サービスデザインの国際機関Service Design Network日本支部共同代表。内閣府経済財政諮問会議政策コメンテーター（2014～2016年）。著書に『サービスデザインの教科書』（NTT出版）など。

河端瑞貴 | Mizuki Kawabata |

慶應義塾大学経済学部教授

1995年、慶應義塾大学経済学部卒業。1997年、同大学大学院政策・メディア研究科修士課程修了。2002年、米国マサチューセッツ工科大学大学院博士課程都市計画専攻修了（Ph.D.）。専門は空間情報科学、経済地理、都市地域政策。東京大学空間情報科学研究センター准教授などを経て2014年より現職。著書に『経済・政策分析のためのGIS入門』シリーズ（古今書院）など。

栗野盛光 | Morimitsu Kurino |

慶應義塾大学経済学部教授

1997年、京都大学工学部土木工学科卒業。2009年、ピッツバーグ大学経済学部博士課程修了（Ph.D.）。2018年より現職。専門はマーケットデザインで、マッチング市場や予約システムのデザイン、転売防止などを研究。著書に『ゲーム理論とマッチング』、共著に『次世代モビリティの経済学』（いずれも日本経済新聞出版）など。

直井道生 | Michio Naoi |

慶應義塾大学経済学部教授

2001年、慶應義塾大学経済学部卒業。2006年、同大学大学院経済学研究科博士課程単位取得退学。2008年、博士（経済学、慶應義塾大学）。東京海洋大学海洋工学部助教などを経て現職。専門は都市経済学・応用計量経済学。著書に『都市・地域・不動産の経済分析』（慶應義塾大学出版会）など。

SMART X SOCIETY《スマートエックスソサエティ》
テクノロジーの実装で新たな社会を創造する

2023年6月13日発行

著　者――デロイト トーマツ コンサルティング合同会社・慶應義塾大学
「都市と地域のモビリティー産業論」講師チーム
発行者――田北浩章
発行所――東洋経済新報社
〒103-8345　東京都中央区日本橋本石町1-2-1
電話＝東洋経済コールセンター　03(6386)1040
https://toyokeizai.net/

ＤＴＰ…………NOAH
装　丁…………株式会社dig
印　刷…………港北メディアサービス
製　本…………積信堂
Printed in Japan　　ISBN 978-4-492-96222-0